Buchwissenschaftliche Beiträge

Begründet von Ludwig Delp

Herausgegeben von Christine Haug,
Wolfgang Schmitz und Werner Wunderlich

Band 80

Harrassowitz Verlag · Wiesbaden · 2010

Wissen im Druck
Zur Epistemologie der modernen Buchgestaltung

Herausgegeben von Christof Windgätter

Harrassowitz Verlag · Wiesbaden · 2010

Gedruckt mit großzügiger Unterstützung durch:

AKADEMIE
SCHLOSS
SOLITUDE

(Programm *art, science & business*)

**Antiquariat
Urban Zerfaß**

Fachantiquariat für Psychoanalyse

HOLSTEIN

Jürgen und Waltraud Holstein

Verband Deutscher Antiquare e.V.

Bibliografische Information der Deutschen Nationalbibliothek
Die Deutsche Nationalbibliothek verzeichnet diese Publikation in der Deutschen Nationalbibliografie;
detaillierte bibliografische Daten sind im Internet über http://dnb.d-nb.de abrufbar.

Bibliographic information published by the Deutsche Nationalbibliothek
The Deutsche Nationalbibliothek lists this publication in the Deutsche Nationalbibaliografie; detailed
bibliographic data are available in the internet at http://dnb.d-nb.de.

Informationen zum Verlagsprogramm finden Sie unter
http://www.harrassowitz-verlag.de
© Otto Harrassowitz GmbH & Co. KG, Wiesbaden 2010
Kreuzberger Ring 7c-d, 65205 Wiesbaden, produktsicherheit.verlag@harrassowitz.de

Gedruckt in Adobe Garamond und Frutiger
Layout und Satz: Claudia Menke
Lektorat: Lidia Westermann

ISSN 0724-7001
ISBN 978-3-447-06194-0

Inhaltsverzeichnis

Vom »Blattwerk der Signifikanz« oder:
Auf dem Weg zu einer Epistemologie der Buchgestaltung

von Christof Windgätter

»Ich vergesse den Einband nicht.«[1] Diese Behauptung ist einem Vortrag zu entnehmen, den Jacques Derrida 1990 in Baltimore »aus Liebe zu Lacan« gehalten hat und der einige Jahre später in der Aufsatzsammlung *Vergessen wir nicht – die Psychoanalyse!* auf deutsch publiziert wurde. Der Titel allerdings geht auf die Überschrift eines anderen Aufsatzes aus dem gleichen Band zurück, von dem es dann im Bericht des Übersetzers heißt, er sei im französischen Original »nicht mehr auffindbar« gewesen.[2] Selbst Derrida habe ihn auf Anfrage und nach langem »Stöbern« in seinen Unterlagen nirgends finden können und also mutmaßlich verlegt, verloren oder gar vergessen. Die deutsche Übersetzung konnte folglich nur auf die vorhandene englische Fassung des Textes zurückgreifen: *Let us not forget – psychoanalysis,*[3] die sich daher als ursprungslose Schrift erweist, deren erstes Erscheinen bereits eine Transposition oder Verschiebung darstellt. Zwar räumt der Übersetzer ein, hier mit einer gewissen »Eigenmächtigkeit« gehandelt zu haben, weshalb »die fertige Übersetzung Jacques Derrida vorgelegt worden« sei, doch ungeachtet solcher Versicherungen, die jeden Editionsphilologen ehren, bleibt es dabei, dass hier der Autor ›seinem‹ Text nachfolgt. Die Chrono/logie von Erzeuger und Erzeugnis ist umgekehrt. Erst rückwirkend, in einer Geste der nachträglichen Autorisation kann Derrida als der Ursprung eines Textes eingesetzt werden, von dem seither der Namenszug auf dem Buchdeckel bezeugt, dass er ihn hervorgebracht hat. Anders ausgedrückt: Das Eigene konstituiert sich hier zunächst als Eintrag. Es entsteht im Zuge einer Überschreibung, die ihre Vorgeschichte tilgt, um als Überschrift eine Verbindlichkeit zu erlangen.

Dabei könnte man, um diese Situation zu nutzen, auch die Verschiebung selber als den Ursprung des Textes annehmen, sodass, wie Derrida an anderer Stelle und mit Blick auf »unsere Epoche« erklärt, der »›Signifikant des Signifikanten‹ nicht länger eine akzidentelle Verdoppelung und abgefallene Sekundarität definiert«.[4] Stattdessen hat sich, in einer »behutsamen Bewegung, deren Notwendigkeit kaum wahrzunehmen ist«, das Signifikat, sogar »jedes Signifikat im allgemeinen«, in eine »Struktur [...] aufeinander verweisender Signifikanten« aufgelöst – Autorennamen inbegriffen.

Bekanntlich hat Derrida in diesem Sinne auch von einer »Logik des ›Supplements‹«[5] gesprochen, die zwei Bewegungen ineinander verschränkt: Denn einerseits fügt sich das Supplement hinzu, »es ist ein Surplus«, eine »Fülle, die eine andere Fülle bereichert«, andererseits ist es zugleich eine Stellvertretung, es »substituiert«, es »gesellt sich nur bei, um

---

1   Derrida 1990b, S. 35.
2   Derrida 1998; Gondek 1998, S. 231. Ebenso das direkt folgende Zitat.
3   Derrida 1990a.
4   Derrida 1967b, S. 17. Zur Verkehrung jener Chrono/logie

5   Ebd., S. 18.

der Erzeugung ließe sich mit Derrida auch ergänzen: »Sie ist das, was mit der konstituierten Normalität vollständig bricht und also nur in der Gestalt der Monstruosität sich kundtun, sich *präsentieren* kann.« Ebd., S. 15.

sich einzuwechseln«, um an den Platz des Originals zu treten.[6] So fallen Zusatz und Ersatz in eins. Ihre Ergänzungen funktionieren gleichermaßen als Ersetzungen, deren Kaskade deshalb niemals abreißt. In Derridas Worten: Die Logik des Supplements kennt nicht nur keinen Ursprung (als »absoluten Ausgangspunkt«), sondern sie verläuft auch »indefinit«, als ein wiederholtes, sich ständig wiederholendes, ebenso räumliches wie zeitliches »Spiel von Differenzen«, das außerdem »Schrift« oder »graphematische Struktur« genannt wird.[7] Man darf also annehmen, dass Derrida das Verlieren seines Textes gefallen hat, wenn man nicht ohnehin dem Verdacht nachgeben möchte, es sei von ihm inszeniert worden.

Jacques Lacan

Écrits

Le champ freudien
collection dirigée par Jacques Lacan

aux Éditions du Seuil, Paris

Abb. 1: Titelansicht von Jacques Lacans *Écrits* (1966).

Allerdings, das Eingangszitat mitsamt seines Buchtitels behauptet zunächst das Gegenteil: Es will *nicht* vergessen; den Einband ebenso wenig wie die Psychoanalyse – und beides scheint Derrida in der Folge auch eingelöst zu haben. Seine Liebeserklärung von Baltimore jedenfalls behandelt die *Écrits* des berühmten Freud-Lesers: auch ein Sammelband, dazu in einer Reihe publiziert, die Lacan selber begründet und herausgegeben hat, mit einem Titel, der noch einmal aufs Graphematische verweist.[8] Mit ›Schriften‹ ist hier deshalb nicht nur die Zusammenfassung verschiedener Texte gemeint, sondern gleichermaßen der Aufdruck des Buches selber: als typographische Gestalt (zweifarbig und in gemischten Graden), die 1966 einen Stapel von mehr als 900 Druckseiten eingeschlagen hat. (Vgl. Abb. 1).

---

6   Ebd., S. 250.
7   Derrida 1968, S. 32 f.; ders. 1971, S. 311, 301.

8   Lacan 1966a.

›Ich vergesse den Einband nicht‹, so also Derrida. Und diese Behauptung könnte ein Motto sein, unter das sich die Beiträge dieses Bandes stellen. Aber seien wir vorsichtig, denn man muss kein Psychoanalytiker sein, um zu wissen, was einfache und doppelte Verneinungen zur Folge haben können, in welchen Zirkeln der Verweisung, der Ersetzung oder des Entzugs sie sich stets wiederfinden.[9] Derrida nämlich wird den Einband vergessen haben, indem oder während er über ihn schreibt; genauer noch, indem er an Lacans papiernem Objekt jenes Schicksal wiederholt, das schon für die verschiedenen Fassungen seines eigenen Aufsatzes galt: In der Kette der Übersetzungen bleibt der Ursprung vakant. An seine Stelle tritt ein Wuchern der Differenzen, eine ebenso unaufhaltsame wie unhintergehbare Bewegung der Supplementarität, die immer schon ersetzt, was sie ergänzt; oder, um die These zuzuspitzen: Bei Derrida verschwindet die Materialität des Einbandes hinter dessen Metaphorisierung (die ja auch wörtlich ›Übertragung‹ meint). So kommen der Text und sein Thema ins Einvernehmen: Er zielt auf »[d]ie Schrift vor dem Buchstaben«[10]. Was bleibt, ist der Einband als »Konstruktur«, wie Derrida es nennt, die als Verbindung des Lesers mit den Theoremen des Textes verstanden wird oder als Versammlung einzelner Schriften zu einer Anthologie.[11]

Ironischerweise (weil unter Verwendung Lacan'scher Begriffe) könnte man sagen, dass Derrida einen Weg vom ›Realen‹ zum ›Symbolischen‹ eingeschlagen hat, und an zumindest einer Stelle seiner Liebeserklärung ist diese Bewegungsrichtung auch explizit geworden: »[A]ls ich Lacan zum ersten Mal 1966 in Baltimore begegnet bin und ein wenig *mit* ihm gesprochen habe«, hat er »zu mir vom Einband und eben vom Einband der *Écrits* gesprochen [»deren Veröffentlichung unmittelbar bevorstand«]«. Aus diesem Grunde, so Derrida, »ist es mir gerechtfertigt erschienen, [...] mich dieses Wortes *Einband* zu bedienen«.[12] Des *Wortes* Einband also (durch die Kursive eher versteckt), nicht des Einbandes selber, wie er dann an den *Écrits* zu sehen und zu begreifen gewesen wäre.

Hinzu kommt, dass Derrida, indem er Lacan begegnet ist, nicht nur ›ein wenig *mit* ihm‹, sondern auch mit *ihm* gesprochen hat. Was aber als Hinweis auf die gemeinsame Erfahrung, auf den Ort und die Zeit der persönlichen Aussprache beginnt, wird schon im Folgesatz durch die Hinwendung zur Verbindungsfunktion des Einbandes ersetzt. Das heißt: Derrida hat jene Metaphorisierung der Materialität durch eine Serie weiterer Verschiebungen flankiert, die auf unterschiedlichen Ebenen und doch solidarisch gegen ein ›Außen der Schrift‹ gerichtet sind: von der Person zum Buch, vom Gespräch zum Text, von Baltimore nach Paris, von der Gegenwart des Freundes zu der Zukunft seiner Publikation und schließlich: von einem (zunächst noch) Lebenden zu einem (dann schon) Toten. Zwar bezieht sich Derrida nur wenige Absätze später auf die Begegnung als »*Tyche*«, ein Begriff, über den wir aus einer Fußnote erfahren, er sei »von Lacan als ›Begegnung mit dem Realen‹ interpretiert« worden,[13] gleichwohl weicht der Grammatologe auch von dieser Spur ab, indem er über die »Signatur des Ereignisses« zu sprechen beginnt,[14] über dessen Unter-

---

9   Vgl. z.B. Freud 1925. Auch Derrida 1967a, S.385ff. be-
    schreibt diese Abhängigkeiten in einem Text, der Hegels
    Phänomenologie mit Batailles Hegelianismus konfrontiert.
10 Ebd., S.9.
11 Derrida 1990b, S.29f. Dazu passen Derridas Kommentare
    über die Reihenfolge der *Écrits*-Aufsätze, deren Erscheinen

    in der Reihe *aux Éditions du Seuil,* Paris (vgl. Abb. 1) er aber
    mit keinem Wort erwähnt.
12 Ebd., S.30, 32, 34.
13 Ebd., S.30. Vgl. auch Lacan 1964, S.59ff.
14 Derrida 1990b, S.30.

schrift also, von der er, wiederum an einer anderen Stelle gezeigt hat, das sie sich »von der Anwesenheit (des Seins) gemäß all ihren Modifikationen *absetzt*«.[15]

Doch damit nicht genug; das Spiel der Verschiebungen wird durch die wechselseitige Lektüre der beiden Meisterdenker noch gesteigert: Denn erstens reagiert Derridas ›Schrift vor dem Buchstaben‹ auf die kurz zuvor in den *Écrits* veröffentlichte These von der »Instanz des Buchstabens«, der als »materielles Substrat, [...] und sei es bloß in der Form des Eigennamens« den »Platz« der Subjekte definiert,[16] weshalb zweitens Lacan in deren Wiederveröffentlichung 1970 die Buchstabenbezogenheit um den Zusatz »vor jeder Grammatologie« ergänzt,[17] die dann drittens von Derrida noch einmal durch die Metaphorisierung des Einbandes beantwortet wird.[18] So entwickelt sich ein Diskurs, der nicht nur zwischen dem Realen und dem Symbolischen pendelt, indem er die jeweils andere Position verkehrt, sondern der darüber hinaus auch einen Wettstreit der Unhintergehbarkeit austrägt.[19] Buchstabe oder Schrift: »bibliographical code« oder »linguistic code«, das ist der Spannungsbogen, den dieser Streit eröffnet und der bis heute nicht ausgefochten ist.[20]

Zweifellos erinnert das an die *années lumières* des Strukturalismus; aber es wäre auch nicht schwer, hier eine Komplizenschaft mit der Hermeneutik nachzuweisen: als »textualer Idealismus«, wie Jerome McGann geschrieben hat,[21] da als ihr Fluchtpunkt immer noch das Lesen und also Interpretieren graphematischer Spuren erscheint. Zumindest die Dekonstruktion bleibt deshalb im Horizont einer von ihr selbst kritisierten Textumgangsweise verhaftet:

> Die Schrift [...] ist nicht das Beförderungsmittel von Sinn, der Austausch von Intentionen und Meinen, der Diskurs und die ›Kommunikation der Bewußtseine‹. Die Schrift [...] gibt, ›in letzter Instanz‹, keinen Anlaß zu einem hermeneutischen Dechiffrieren, zur Entzifferung eines Sinns oder einer Wahrheit.[22]

Aber es soll an dieser Stelle keine Kritik des Kritikers veranstaltet werden. Vielmehr ist es für die folgenden Ausführungen von Belang, dass jene Metaphorisierung (das Übertragen des papiernen Einbandes in die Register des Symbolischen) als »transphänomenales Begehren« funktioniert.[23] Derrida, ließe sich deshalb über seine Schriften zur Schrift behaupten, ist ein Theoretiker des Textes geblieben – und als solcher ist er nicht einfach anzuklagen oder gegen andere Theorieformen auszuspielen, sondern er kann von einem Diagnostiker der Gegenwart zu deren bevorzugtem Symptom gemacht werden; was wenigstens zweierlei bedeutet:

---

15 Derrida 1971, S. 314.
16 Lacan 1966b, S. 19f. Das dazugehörige Seminar (*L'instance de la lettre dans l'inconscient ou la raison depuis Freud*) hat Lacan bereits im Mai 1957 gehalten.
17 Lacan 1970 = 2. veränderte Auflage.
18 Vgl. Derrida 1990b, S. 34.
19 Michel Serres 1985, S. 49f. nennt diese Aktivität »hypokritisch«: Ihre »Methode besteht darin, dass man sich stets hinten anstellt und damit zugleich eine Schlange produziert. Dann gilt es, rasch hinter den letzten in der Schlange zu springen [...] und den eigenen Rücken freizuhalten«, damit niemand »auf den Gedanken kommt, einem nun seinerseits in den Rücken zu fallen. [...] Anders gesagt, die

Philosophen, die sich auf die Humanwissenschaften stützen, versuchen, an solche Stellen zu heranzukommen; [...] sie versuchen, das letzte Glied der Kette oder das Ende der Schlange zu finden.«
20 Vgl. den Überblick bei McGann 1991, S. 13ff., 56f., 67, 76f., 177ff.
21 Ebd., S. 7.
22 Derrida 1971, S. 313. Zur späteren Umarbeitung dieser Position vgl. Derridas »ununterbrochene[n] Dialoge« mit Hans-Georg Gadamer in Forget 1984 bzw. Derrida/Gadamer 2004.
23 McGann 1991, S. 7.

1. Von der Schrift als einer Struktur und dem Text als einem differenziellen Gewebe zu
sprechen heißt nicht selten, die konkrete Drucksache zu übersehen. Noch das Zauber-
wort der ›écriture‹, das seit den 1960er Jahren weit über Frankreich hinaus die verschiedensten Diskurse erobern konnte, ist von dieser Gleichgültigkeit infiziert. Feder-, Ma-
schinen- und Druckschriften aber müssen, worauf schon Michael Giesecke hingewiesen
hat, als skriptographische und typographische Medien auseinandergehalten werden;[24]
ebenso, wie man eine Drucklegung nicht für deren wechselseitige Integration halten
darf: als ob die Maschinenschriften die Handschriften nachahmen oder abbilden würden, als ob Gedrucktes nur die typographische Version von Manuskripten wäre.

2. Derridas Textumgangsweisen partizipieren zwar an einer Entmaterialisierung der Schrift,
gleichzeitig aber haben seine Bemühungen zur »Destruktion des Begriffs ›Zeichen‹« als
»Differenz zwischen dem Weltlichen und dem Nicht-Weltlichen, dem Draußen und
dem Drinnen, der Idealität und der Nicht-Idealität« allererst die Voraussetzungen geschaffen, sich von »logozentrischen«, d.h. vor allem auf Semantik und Signifikate fo-
kussierten Modellen des Wissens abzuwenden, um stattdessen die Frage nach der »Ein-
Schreibung« und der »Spur« der Signifikanten zu stellen.[25]

Vielleicht also kann man rückblickend sagen, dass sich bei Derrida die Texttheorie bis zu
jener Grenze bewegt hat, an der sie dann von anderen und andernorts in Medientheorie
umgelenkt wurde. Mit der Konsequenz, dadurch nicht nur einer Technisierung moderner
Vermittlungsprozesse Rechnung zu tragen, sondern auch die Perspektive ihrer Erforschung
zu verschieben.[26] Konnte Derrida noch das »Ende des Buches« als den »Anfang der Schrift«
erkennen,[27] hat sich dieser Diskurs medientheoretisch neu ausgerichtet, um nach der Diffe-
rentialität des Textes ein Interesse für die Materialität der Einschreibung selbst zu wecken.
Bei McGann etwa wird daraus die Forderung nach einer »thick description«; mit dem
Ziel: »to thicken the medium as much as possible«.[28] Eine Forderung, die nicht selten
gegen den Widerstand sog. Geisteswissenschaften aufgestellt wurde und die hier noch
um Aspekte der druckgraphischen Gestaltung sowie deren Präsentationsformen ergänzt
werden soll.

Drucklegungen (*Suhrkamp* und *Merve*)

Vom Buch zum Text zum Buch: von der »Furchen-Schrift«, die bei Derrida den Buchdruck
mit der Agrikultur und der Sesshaftigkeit verbindet[29] über das Spiel der Signifikanten zu
den Visualisierungsmomenten des Drucks. So wird es möglich, auch als Ausgangspunkt für
diesen Sammelband, einen Blick auf die Schrift (zurück)zugewinnen, dem sich vor der Ver-
mittlung ihrer Inhalte immer schon die jeweiligen Erscheinungsweisen mitgeteilt haben.

24 Vgl. Giesecke 1991, S. 29 ff.
25 Derrida 1967b, S. 11, 18 f., 21, 55.
26 Bahnbrechend waren hier sicherlich McLuhan 1964 und
    Kittler 1985. Seither hat die Medientheorie nicht nur eine
    beeindruckende Konjunktur erlebt, sondern ist im Zuge
    ihrer Institutionalisierung auch stark ausdifferenziert wor-
    den. Vgl. dazu u.a. Engell/Pias/Vogl 1999; Lagaay/Lauer
    2004.
27 Derrida 1967b, S. 16. »Wenn wir den Text vom Buch abhe-
    ben, dann wollen wir damit sagen, daß der Untergang des

Buches, wie er sich heute in allen Bereichen ankündigt, die
Oberfläche des Textes bloßlegt.« Ebd., S. 35.

28 McGann 1991, S. 14.
29 Derrida 1967b, S. 494. Diese Vorstellung einer linearen, an
    die Arbeit der Pflugschar gebundenen Schrift scheint für
    den Grammatologen auch die wesentliche Eigenschaft des
    Buchdrucks zu sein: als die Etablierung eines »Gesetzes«,
    das diese »Organisierung der Oberfläche« mit einer »visu-
    ellen Ökonomie des Lesens« verbindet. Ebd., S. 495.

Im Falle Derridas aber würde man dann nicht nur den Umschlag der Lacan'schen *Écrits* zu sehen bekommen, sondern auch seinen eigenen, für die deutsche Übersetzung zusammengestellten Psychoanalyse-Band:

Abb. 2: Titelansicht von Jacques Derridas *Vergessen wir nicht – die Psychoanalyse!* (1998).

Das ist bemerkenswert, denn wie man weiß, sind die Bücher der *edition suhrkamp* seit ihrem Erscheinen 1963 immer wieder und nicht zuletzt von Siegfried Unseld als »neue Phase der Umschlaggestaltung in unserem Jahrhundert« bezeichnet worden.[30] Ihr Gestalter Willy Fleckhaus, ein ehemaliger Journalist und »erster Art Direktor der Bundesrepublik«,[31] ist damit über die Grenzen seiner Zunft hinaus berühmt geworden, nachdem er ja schon von 1959 an für die Ausstattung der *Bibliothek Suhrkamp* verantwortlich war.[32]

Damals allerdings galt es noch, sich mit den Vorgaben Peter Suhrkamps auseinanderzusetzen, der zwar eine vorsichtige Modernisierung der Schriften- und Farbwahl in seinem Verlag gebilligt hatte, der ansonsten aber, wie Unseld berichtet, eine ebenso »dauerhafte Neigung zur geschriebenen Schrift beim Buchumschlag« zeigte, wie ein »unentschiedenes

---

30 Unseld 1976, S. 23. Derridas Aufsatzsammlung zur Psychoanalyse erscheint als *Neue Folge Band 980*.

31 Koetzle/Wolff 1997, S. 9. Sein Freund und Kollege Heinz Edelmann (1995, S. 233) nannte ihn auch den »ersten deutschen Graphikerfürst«. Fleckhaus' Karriere begann in den Jahren nach dem Zweiten Weltkrieg. Mit seinen Arbeiten für den *Suhrkamp*-Verlag, aber auch mit seinen Entwürfen für *Insel*, *Piper* oder *Boringhieri*, der Gestaltung des Lifestylemagazins *twen*, der Illustrierten *Quick*, des

Merian oder des *Frankfurter Allgemeine Magazins* sowie dem Logodesign des WDR hat er die »visuelle Kultur der jungen Bundesrepublik maßgeblich geprägt«. Koetzle/Wolff 1997, S. 10.

32 »Der Beginn des Reihenbuches – und damit auch des reihenmäßig konzipierten Einbandes und/oder Umschlags – wird bekanntlich mit Langewiesches *Blauen Büchern* von 1902 gesetzt.« Haefs 1996, S. 355 (und Abb. 13).

Verhältnis zu klaren Farben«.[33] Entsprechend sind die Titelschriften der frühen *Suhrkamp*-Bände zumeist »mit dem Pinsel oder mit der Feder« entworfen worden und auch die *Bibliothek Suhrkamp*, die von 1951 an mit stetig wachsenden Verkaufszahlen ihre Leser fand, zeichnete sich noch durch »geschriebene, aufgerissene, ›krakelige‹« Umschlagschriften aus.[34] Von ihrem Gestalter, dem Leistikow-Schüler Rudolf Kroth, wurden sie stets als »Individual-Versalien« entworfen, für Umschlagfarben in »gedecktem und gebrochenem Grün, Blau, Rot«. So sollte in jedem Fall die »Personifizierung des Buchkörpers« erreicht werden, die der Reihe nicht zuletzt auch den Zugang zu »Liebhaberbibliotheken« öffnen würde.[35]

Hermann Hesse

Die Morgenlandfahrt

Bibliothek Suhrkamp

Abb. 3: Hermann Hesses *Morgenland-fahrt.* Einband-gestaltung von Rudolf Kroth (links) und Willi Fleckhaus (rechts). Privatbesitz.

Mit Fleckhaus freilich, der nach Suhrkamps Tod von Unseld an den Verlag gebunden wurde, hat ein neuer gestalterischer Impuls die Frankfurter Firma erreicht: Jetzt wurden nicht nur die handgeschriebenen Versalien durch »feste Druckschriften« ersetzt, sondern bei der Umschlaggestaltung insgesamt auf »rein typographische Lösungen« umgestellt.[36] Seither kommt für die *Bibliothek Suhrkamp* die *Baskerville* zum Einsatz, eine vorklassizistische Antiqua, mit der Autor-, Titel- und Reihenbezeichnung im selben Schriftgrad linksbündig aufgedruckt werden. Noch ist Weiß die dominante Umschlagfarbe, deren Fläche jedoch durch ein umlaufendes »Band« in ein Quadrat und ein Rechteck unterteilt wurde, die auf allen Büchern dieser Reihe bis heute zu sehen sind.[37] Damit »die Vorderseiten der Umschläge besser zur

33 Unseld 1976, S. 15 f.
34 Ebd., S. 8 f. Ebenso das direkt folgende Zitat.
35 Ebd., S. 16; Fellinger/Schopf 2003, S. 10. Unseld spricht auch vom »Kult der schreibenden Hand«; etwas »intim Zärtliches, […] jedenfalls Privates geht davon aus«. Unseld 1976, S. 35 f. Vgl. auch Koetzle/Wolff 1997, S. 161 f.
36 Unseld 1976, S. 22. Vgl. auch Fellinger/Schopf 2003, S. 23. Erst Ende der 1960er Jahre hat sich auf dem deutschen Taschenbuchmarkt der Übergang von der »kalligrafischen

Schriftgestaltung« zur »Satzschrift« allgemein durchgesetzt. Koetzle/Wolff 1997, S. 160.
37 Ebd., S. 30. Ebenso das direkt folgende Zitat. »Weiß als Umschlagfarbe löste zunächst einen Proteststurm beim Sortiment aus«. Man befürchtete die »Verschmutzung und Empfindlichkeit« der Bücher. Allerdings war das Kunstdruckpapier der Umschläge mit Cellophan überzogen, sodass »die Bedenken allmählich schwanden«. Ebd. S. 22, 30.

Wirkung kommen konnten«, hat man außerdem auf die zunächst mitgelieferte Verpackung in Kassetten verzichtet.

Eine Entwicklung, die Fleckhaus nur wenige Jahre später mit der *edition suhrkamp* als erster und anfangs umstrittener Taschenbuchreihe des Verlages weiter vorantreiben sollte.[38] Schon die Kleinschreibung des Reihennamens weist ja auf Veränderungen hin. Statt der *Baskerville* gab Fleckhaus als Umschlagschrift nun der *Garamond* in Doppelcicero den Vorzug,[39] durch deren Anordnung sich die Schauseite in zwei Hälften teilte: Die eine blieb leer, als »medialer Raum«, wie Unseld kommentiert, die andere wurde, je nach Länge des Titels, von mehreren parallelen Linien durchzogen:

> Kein Lack, keine Folie, nichts Glänzendes, kein zierendes Ornament. [...] Auch die Typographie der Titelei und der Impressumseite wurde sofort festgelegt und blieb bis heute [= 1976] unverändert. [...] Diejenigen, die mit dieser [= zeitgenössischer] Literatur aufwachsen, wollen nicht mehr warten, bis auch ihnen der Erwerb teurer Bücher möglich ist.[40]

Eine besondere Aufmerksamkeit ist darüber hinaus der Farbgestaltung dieser Reihe geschenkt worden, denn von der Konkurrenz wurde nicht nur der handschriftliche Duktus der frühen *Suhrkamp*-Umschläge, sondern auch, wie der 1961 gegründete *Deutsche Taschenbuchverlag* zeigt, das Weiß als Umschlagfarbe nachgeahmt.[41] Fleckhaus schlug deshalb vor, mit »klaren und starken Farben« zu arbeiten, die zunächst »in einer spektral aufgelösten Palette« die verschiedenen literarischen Gattungen der Reihe hervorheben sollten: die Blautöne für die Epik, die Skala von Dunkelrot bis zu aggressivem Orange für das Drama usw.[42] Durch den zeitlichen Abstand ihrer Veröffentlichung aber hätten sich dann die einzelnen Bände einer Gattung weder im Buchhandel noch beim Leser je zu einem Farbkreis zusammengeschlossen, sodass Fleckhaus diesen Bezug wieder verwarf. Stattdessen ließ er die Bände nach der Reihenfolge ihres Erscheinens in den »48 Farben des Sonnenspektrums« drucken: von Blauviolett über

---

38 Die Geschichte des modernen Taschenbuches beginnt 1935 in London mit den *Penguin Books*. Die ersten deutschen Taschenbücher erschienen im Juni 1950 bei *Rowolth* als sog. Rotationsromane *(rororo)* mit einer Startauflage von je 50.000 Exemplaren: Das waren, in Anlehnung an amerikanische »pocket books«, oktavformatige Bücher mit farbenfrohen Kartoneinbänden in kostengünstiger Klebebindung. Gestaltet wurden sie vorwiegend von Karl Gröning, Gisela Pferdmenges und Werner Rebhuhn. Konkurrierende Verleger allerdings warfen Rowolth »Pro(roro)stitution« vor. Vgl. Rössler 1996, S. 72 f.; Fellinger/Schopf 2003, S. 10 ff. Noch die Vorbehalte gegen *Suhrkamps edition* gingen in diese Richtung: Vor allem Max Frisch und Hans Magnus Enzensberger wehrten sich heftig gegen die Frankfurter »Taschenbücherei«, der sie eine Anpassung an die Konsumgewohnheiten der Massengesellschaft unterstellten. Zu Details vgl. Unseld 1976, S. 27; Koetzle/Wolff 1997, S. 159 ff.; Beintker 2003; Fellinger/Schopf 2003, S. 20 f., 25 f.

39 Cicero ist wie der Didot-Punkt die Bezeichnung eines Schriftgrades. 1 Cicero entspricht mit 4,512 mm 12 Didot-Punkten; 2 Cicero bzw. 1 Doppelcicero entsprechen 24 Didot-Punkten = 9,024 mm.

40 Unseld 1976, S. 42 f.; Ankündigungsprospekt der *edition*, zit. nach Fellinger/Schopf 2003, S. 28. Als Lektor der Reihe firmiert Günther Busch, der 1980 von Raimund Fellinger abgelöst wurde und mit dem sie ab Band 1001 in *edition suhrkamp Neue Folge* umbenannt worden ist. Vgl. Unseld 1976, S. 71 f.; Fellinger/Schopf 2003, S. 61 f.

41 Vgl. Ebd., S. 22. Die *dtv*-Umschläge mit ihrem strahlend weißen Einbandkarton wurden vom Schweizer Graphiker Celestino Piatti entworfen. Vgl. dazu Koetzle/Wolff 1997, S. 163 f.; Fleckhaus 1973, S. 276 bzw. Abb. 6.

42 Unseld 1976, S. 41 f. »Der Regenbogen«, berichtet Fleckhaus 1973, S. 276, »liegt sozusagen auf der Straße. Jeder hätte ihn benutzen können. [...] Aber ich habe ihn gesehen und benutzt.«

Violett, Rot, Orange, Gelblichrot und Gelb bis Grüngelb, Grün, Blau und schließlich wieder Blauviolett.[43]

Am 2. Mai 1963 startete die *edition* mit 20 Bänden im Format 10 x 18 cm zu einem Preis von 3 Mark. Die Regelerstauflage betrug 10.000 Exemplare. Wie in der Folgezeit auch, wurden neben literarischen vor allem theoretische Texte in der Reihe publiziert.[44] Was Skeptiker damals noch »Ostereierfarben« nannten, hatte Fleckhaus selber ein »Lichtband« getauft, das anfänglich sogar mit Umschlag ausgeliefert wurde.[45] Erst sechs Jahre später, ab Nummer 355, ist die Farbe direkt auf den Einband (ein 170 gr. Snolin-Karton) gedruckt worden. So war das Spektrum auch dauerhaft an die Bücher gebunden.

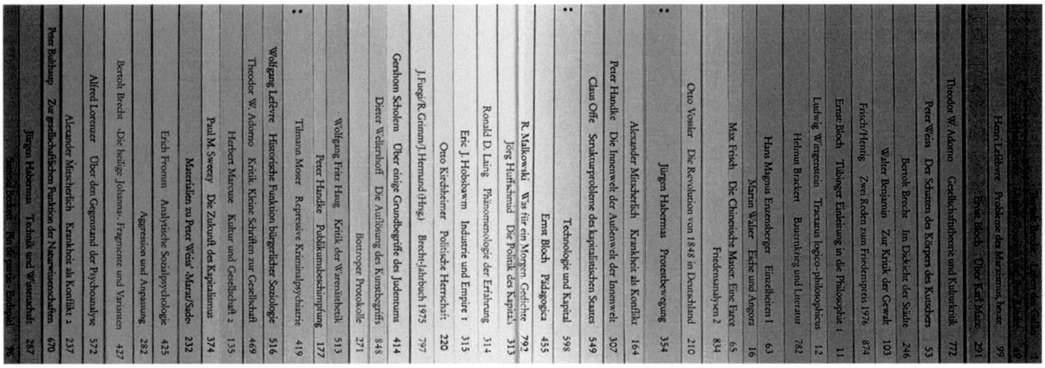

Abb. 4: Das Farbspektrum der *edition suhrkamp*. Aus Unseld 1976, S. 40 f.

Die Gestaltung folgt einem »unveränderlichen Raster«[46], das es ermöglicht, die vorhandenen Elemente auch für zukünftige Titel dieser Reihe in eine formale Einheit zu bringen. Dabei tritt die Typographie diskret hinter die Farbe zurück. Sie »ist schön«, wie Fleckhaus schreibt, aber »die Musik macht der Regenbogen«, der weniger ein Effekt ist, als vielmehr »Gesetz«: Man kann keine Farbe hinzufügen und keine wegnehmen. Auch »fragt niemand mehr: ›Welche Farbe hat der nächste Band?‹«, denn »der Regenbogen diktiert«. Ausdrücklich erinnert Unseld daran, dass den Büchern auf diese Weise nicht nur ein ästhetisch gelungener Auftritt verschafft werden sollte, sondern die Aufmachung war darüber hinaus auch der Versuch, ein deutlich erkennbares »Umschlag-Schrift-Bild« hervorzubringen.[47] Die Reaktion der Buchhändler, Leser und Kritiker hat das zweifellos bestätigt. Von einem »Triumph der Moderne« war da die Rede, bei dem es Fleckhaus gelungen sei, die »Zauberformel« zu finden:

---

43 Unseld 1976, S. 42. Grundlage dieses Sonnenspektrums war der gerade entwickelte Farbfächer der rheinischen Farbenfabrik *Gebrüder Schmidt*. Vgl. Fleckhaus 1973, S. 276.

44 Fellinger/Schopf 2003, S. 41 f. schreiben über die programmatischen Richtlinien der Reihe zusammenfassend: »Erstausgaben, deutsche und übersetzte Literatur, steigender Anteil von Theorie gegenüber Literatur.«

45 Unseld 1976, S. 43. Vgl. auch Fellinger/Schopf 2003, S. 28 f.

46 Fleckhaus 1973, S. 276. Ebenso die direkt folgenden Zitate.

47 Unseld 1976, S. 14, 36. Das Unseld diesen Schritt über die Ästhetik hinaus auch wieder zurücknimmt, ist wahr und wird weiter unten thematisiert. Überhaupt muss man konstatieren, dass der Verleger in seinem *Marienbader Korb* zwischen sehr verschiedenen, teils widersprüchlichen Positionen zur Buchgestaltung hin und her pendelt.

> Die einheitliche Ausstattung, zu deren weiteren Vorzügen das feste weiße Papier und
> der saubere übersichtliche Druck gehören, könnte es allein schon rechtfertigen, die
> ›edition suhrkamp‹ ein revolutionäres Novum zu nennen.[48]

Im Rückblick glaubte man sogar noch einen Schritt weiter gehen zu können, indem man
die Regenbogenbücher zum »wesentlichen ›Resonanzboden für die Frankfurter Schule‹«
erklärte.[49] Unseld spricht überdies von einem »›Munitionspark‹ für die Jugendbewegung,
für Reform und Protest in den Jahren achtundsechzig und vierundsiebzig«[50]. Und von
Klaus Podak ist aus Anlass des 50-jährigen Verlagsjubiläums zu lesen, die *edition* habe »das
Denken einer Generation geformt, war zugleich Heimat und Ausgangshafen der ›Kritischen Theorie‹«[51]. Auch wenn das empirisch nur schwer überprüft werden kann, interessant ist dennoch die interne Logik dieser Wahrnehmungen, die das Erscheinen und die
Erscheinung einer verlegerischen Reihe mit der Relevanz einer konkreten Theorieform
koppelt. Anders ausgedrückt: Hier werden Buchgestaltung und Wissensbildung in einen
epistemisch konnotierten Zusammenhang gebracht, der sich neben oder schon vor einer
inhaltlichen Beschäftigung mit den Texten artikuliert. »In diesem Sinn«, kann deshalb Unseld resümieren, »wird alles Äußere bedeutsam«.[52] Die Aufmachung eines Buches ist nicht
mehr nur ein Gewand für die Gedanken seines Autors, nicht mehr nur eine nachträgliche,
den Textgehalt repräsentierende Form, sondern selber schon inhaltlich, propositional;[53]
eine Botschaft, der man sich als Leser zwar selten bewusst wird, die aber dennoch den Er-
trag der Lektüre anleitet, bereichert und in das Feld eines bestimmten Wissens hineinträgt.
Statt der Abbildung wird die Auslösung zur Funktion des Layouts.
So deutet sich eine Umkehrung an, die entgegen der üblicherweise angenommenen Pro-
duktionsabfolge für literarisches oder wissenschaftliches Wissen (von der Idee über Gesprä-
che, Notizen und Manuskripte bis zur Drucklegung) auch die Buchform in jenes Ensemble
von Bedingungen aufnimmt, durch die Ideen, Notizen und alles Weitere erst hervorgebracht werden:

> Der Kanon der Literatur setzte sich lange Zeit nicht aus Texten, sondern aus Farben
> zusammen. Noch bevor man sich zum ersten Mal mit der Frage beschäftigen muß-
> te, wo die Grenze verlief zwischen relevanten und weniger relevanten Büchern, war
> das eigene Unterscheidungskriterium schon gefunden. [...] Und tatsächlich haben
> Umschlaggestaltung, Schriftart und Größe dieser Bände so etwas wie einen Maßstab
> festgelegt. Das Suhrkamp Taschenbuch ist die DIN-Norm der Literatur.[54]

---

48 Ramseger 1963; Wolfgang Werth (1964 in *Magnum*
    Nr. 52), zit. nach Unseld 1976, S. 44. Vgl. auch Fellinger/
    Schopf 2003, S. 34.
49 Rühle 1993. Tatsächlich haben zahlreiche kritische Theo-
    retiker ihre Bücher in der neuen Reihe veröffentlicht; da-
    runter Adorno, Bloch, Fromm, Marcuse, Mitscherlich und
    Habermas. Vgl. Abb. 4.
50 Unseld 1996, S. 233.
51 Podak 2000, S. 91. Michalzik 2000, S. 104 f. ergänzt:
    »Wenn es stimmt, dass die Bundesrepublik Deutsch-
    land auch intellektuell und kulturell gegründet werden
    mußte, wenn es nicht nur einen Staatsakt brauchte, um
    Deutschland wieder zu einer Nation zu machen, dann

hatte diese Gründung in Suhrkamp ihre zentrale Institution.«
52 Unseld 1976, S. 40.
53 Vgl. Wehde 2000, S. 65, 150: »Die Gegenständlichkeit des
    Zeichens kann selbst zeichenhafte Funktion erlangen und zur
    Basis von Signifikationsprozessen werden.« Entgegen Weh-
    des Folgerung aber, wird dadurch die semiotische Differenz
    von Denotation und Konnotation immer schon unterlaufen.
    Es gibt bei Drucksachen keine semantischen Einheiten ohne
    den Weg übers graphische Erscheinungsbild. Die Konnota-
    tion ist deshalb kein zweiter, der Denotation aufsitzender
    Sinn, der auch wieder abgezogen werden könnte.
54 Bernhard 2000, S. 145 f.

Soll einer ehrwürdigen Tradition gemäß der Zeichenkörper eine Nekropole des Geistes sein, zeigen die Regenbogenbücher, dass und wie sie demgegenüber zu Akteuren eines öffentlichen Raumes werden konnten, den sie ebenso initiieren wie inventarisieren. Bücher also sind Drucksachen auch im übertragenen Sinn; keine nur nachgeordneten, den Produktionsprozess abschließende Werke, sondern prägende Erscheinungen. Sie gestalten unser Denken durch die Gestalt, die sie selber sind.

Mit seinem Begriff des »Paratextes« hat Gérard Genette den Ort und die Pragmatik dieser doppelten Gestaltung angegeben: als jene »Zone« nämlich, die festlegt, nach welchen Regeln und in welcher Form ein Buch »vor die Öffentlichkeit tritt«.[55] Neben organisatorischen und strukturellen Eigenschaften, beispielsweise der Seriennummer, dem Erscheinungsdatum, der Kapitelfolge, dem Vorhandensein von Überschriften, Motti oder Fußnoten gehört dazu insbesondere die »äußere Aufmachung des Buches« mit seinen Farben, Typographien und Linien. Ihr Einsatz ist variabel und historisch wandelbar; in jedem Fall aber sorgen sie dafür, Gedrucktes »im vollsten Sinn des Wortes zu *präsentieren:* [es] *präsent* zu machen«[56]. Das heißt: Hier werden graphische Elemente als rezeptionsbedingende Faktoren ernst genommen, da sie »in Wirklichkeit jede Lektüre steuern«. Ihre Aufgabe »besteht nicht darin, [...] hübsch zu wirken«, sondern Erwartungen hervorzurufen, Perspektiven einzuleiten und Orientierungen zu geben. Auch leitet das Umschlagdesign eine erste Positionierung des Buches in ideologischen oder institutionellen Kontexten ein; es werden Zuordnungen und Abgrenzungen ermöglicht, Klassifikationen und Hierarchisierungen vorgenommen. An den verschiedenen Layoutelementen kann der (gewünschte) Status eines Autors oder Werkes abgelesen werden und es sind Rückschlüsse auf dessen diskursive Verankerung möglich; je nachdem etwa, welche Schrifttype eingesetzt wurde, ob ein Buch in Broschur, Leinen oder Halbleder, als Taschenbuch, im Rahmen einer Werkausgabe, in einer Reihe oder in extravagantem Großformat publiziert worden ist.[57] So formen Paratexte ein Vorwissen, ohne das es kein Lektürewissen geben kann. Und so fordern sie auch von jeder Analyse eines Textes, dessen Randbezirke und Äußerlichkeiten zu berücksichtigen, durch die er überhaupt erst als analysierbares Objekt entstanden ist. Michel Foucault spricht diesbezüglich von einem »Feld des Entstehens«, das gebildet worden sein muss, damit Aussagen als Erkenntniselemente auftauchen und zirkulieren können. Denn »[d]as *Sichzeigen*«, ergänzt Dieter Mersch, »geht dem *Sagen* voraus«: Es ist »keineswegs gleichgültig, ›dass‹ ein Zeichen gegeben wurde und nicht vielmehr nicht«. Seine Gegenwärtigkeit ist daher ein »Zuvorkommendes«, ein »›Daß‹ (*quod*) vor dem ›Was‹ (*quid*)«, eine »*Ekstatik* der Materialität« noch »*bevor* die Frage nach seiner Bestimmtheit, seiner Bedeutung sich stellt«.[58] Die Signifikation, mit anderen Worten, erfolgt immer *post festum*.

Dabei muss man nicht gleich an solche *Suhrkamp*-Freunde denken, die »statt Frisch oder Beckett zwei Grüne kaufen, um die Lücke daheim zu stopfen«[59], auch wenn es sie gegeben

---

55 Genette 1987, S. 10. Die direkt folgenden Zitate S. 11.
56 Ebd., S. 9, 11. Die direkt folgenden Zitate S. 10, 388.
57 Nicht weniger wichtig und von Genette gänzlich ignoriert sind freilich die Begegnungsorte des Buches; neben den Lesemöbeln, Schreibstuben und Bibliotheken insbesondere, wie noch zu zeigen sein wird, das Schaufenster. Vgl. dazu auch Schleif (in diesem Band) bzw. Windgätter 2010.

58 Foucault 1969, S. 85; Mersch 2002, S. 21, 24, 37. Vgl. auch Strätling/Witte 2006.
59 Das erzählt Fleckhaus 1973, S. 276. Vgl. auch Cahn (in diesem Band), S. 159, der die Serie als »quasi-Subskription« beschreibt.

hat; genauso wie jenen Buchhändler, von dem Unseld berichtet, er habe seine Regenbogenreihe in einem gut sichtbaren, für die Kunden jedoch unerreichbaren Regal aufgestellt.[60]
Schon Fleckhaus selber hatte sie ja in der von ihm gestalteten Zeitschrift *twen* als »pop-
artiges Element« zwischen Glastisch, Chromlampe und einer edlen *Braun*-Stereoanlage
gezeigt.[61]

Allerdings: Die Karriere der *edition* als Einrichtungsgegenstand spricht nicht gegen ihre
nachhaltige Bedeutung, sondern kann als Bestätigung gewertet werden, dass sich die Buchgestalt, genauer noch der Einband als Medium *sui generis* etabliert hat. Freilich mit pa-
radoxer Konsequenz, denn einerseits entwickelt er sich nun losgelöst vom Mengensatz,
dessen Gestaltung funktionsbedingt auf leichte Lesbarkeit zielt, andererseits aber erscheint
er auch als Bedingung einer jeden Lektüre, deren »Vestibül« oder »Schwelle«[62] er darstellt
und ist. Mit anderen Worten (auch wenn der Verleger und sein Gestalter das gelegentlich
bestreiten): Es geht hier nicht um die Identität von Form und Inhalt, nicht darum, das
Äußere eines Buches als die »Äußerung eines Inneren« zu entwerfen,[63] sondern es zeigt
sich gerade an *Suhrkamps* Regenbogenbüchern, dass die Einbandgestaltung als ein ebenso
eigenständiges wie eigensinniges Statement gegenüber den Theoremen (einiger) ihrer Autoren aufgetreten ist, die sie nichtsdestoweniger verbreitet hat. Zum Beispiel Walter Benjamin, der in seinem *Kunstwerk*-Aufsatz die »Zertrümmerung der Aura« in den technisch
hochgerüsteten Massengesellschaften analysiert. So sei, wie er schreibt, die »Signatur einer
Wahrnehmung« entstanden, »deren ›Sinn für das Gleichartige in der Welt‹ so gewachsen
ist, daß sie es mittels der Reproduktion auch dem Einmaligen abgewinnt«.[64] Zum Beispiel
Max Horkheimer und Theodor W. Adorno, die in ihrer *Dialektik der Aufklärung* feststel-
len, dass für die moderne abendländische Zivilisation nicht die »technische und soziale
Differenzierung«, sondern die Durchsetzung einer »Immergleichheit« charakteristisch ist:
»Kultur heute schlägt alles mit Ähnlichkeit. Film, Radio, Magazine [man müsste das Buch
ergänzen] machen ein System daraus.«[65] Dessen Programm ist die Standardisierung und
Wiederholung des Bestehenden, durch die sich Individualität in »Konformismus«, Wirklichkeit in »Uniformität« verwandeln.

Sofern man Unseld Glauben schenken mag, ist die *edition* als Gegenentwurf zu diesen
Diagnosen entstanden. Aus der Gleichheit ihrer Bücher nämlich sollte ein Unterschied
gemacht werden, aus der Massenhaftigkeit ihrer Auflagen »Luxus und Leidenschaft einer
Linie«.[66] Neben der Assoziierung der Regenbogenbände mit Frankfurter Theorien ging es
deshalb immer auch um die »Typisierung« der Frankfurter Verlagsprodukte.[67] Erst »Wie-
derholungszwänge«, so Fleckhaus, »schaffen ja einen Stil«, im Falle der *edition* eine »Gram-
matik des Optischen«, die weit über geographische Koordinaten hinaus modell- und wahr-

---

60 Vgl. Unseld 1996, S. 233.
61 Koetzle/Wolff 1997, S. 166 f. (mit Abbildung). »Wie in
    ›bürgerlichen‹ Bibliotheken der vergangenen Epochen die
    leder- oder leinengebundenen Bände oft reinen Reprä-
    sentationscharakter hatten, erfüllte die *edition suhrkamp*
    teilweise ein ähnlich geartetes Bedürfnis der jungen Gene-
    ration in den [neunzehnhundert]sechziger Jahren.« Ebd.
62 Genette 1987, S. 10.
63 Unseld 1976, S. 14 bzw. 70, 97; Fleckhaus 1980, S. 280.
    Ebenso Koetzle/Wolff 1997, S. 171 ff. Der Ausdrucks-
    charakter der Schrift ist freilich ein alter Topos; vgl. dazu über-

blickshaft Haefs 1996, S. 359 ff.; Wehde 2000, S. 64 ff.,
149–165; Rahn 2006; S. 2 f., 19 ff.
64 Benjamin 1936, S. 441.
65 Horkheimer/Adorno 1947, S. 128, 142. Die direkt folgen-
    den Zitate S. 4, 132.
66 Unseld 1976, S. 29 (in Anspielung auf ein Enzensberger-
    Zitat aus dessen *Einzelheiten* von 1962).
67 Ebd., S. 16. An anderen Stellen (S. 12, 34) ist vom »Typus
    Suhrkamp-Buch« bzw. »*dem* neuen Suhrkamp-Umschlag«
    die Rede.

nehmungsbildend gewirkt hat.[68] Nicht der einzelne Band, das besondere oder womöglich spektakulär gestaltete Buch stand deshalb im Vordergrund, vielmehr der Versuch, durch die »Festlegung einer visuellen Sprache« etwas Wiedererkennbares zu etablieren.[69] So wird aus der Ähnlichkeit nach Innen ein Alleinstellungsmerkmal nach Außen. Der Umschlag (oder Einband) ist einerseits »Attraktion und Signal«, um die Aufmerksamkeit des Lesers zu erregen, andererseits macht er auch die »Herkunft und Familie« des jeweiligen Bandes aus einem verlegerischen »Gesamtklima« sichtbar.[70]

Bekanntermaßen ist dieser Zusammenhang schon 1973 auf seinen Begriff gebracht worden, der seither vor allem von den Verlagsmanagern wie ein zweites Logo weitergetragen wird. Im *Times Literary Supplement* dieses Jahres jedenfalls hatte George Steiner erklärt, die Leistung des *Suhrkamp*-Verlages »[a]lmost single-handed [...], to create a modern philosophical canon« habe in Deutschland zur »Suhrkamp culture« geführt. Eine zweifellos historische Aussage, die aber durch ihr konstitutives Moment, »as it has filled the bookshelves with the presence of that German-Jewish intellectual« (= Adorno), auch als Widerspruch zu den Diktaten der »Kulturindustrie« auftritt.[71]

Wie auch immer: Die »Speerspitze [»der *Neuen Linken*«] wackelt« schon einige Jahre, als ihr die Weihen einer Kulturinstitution verliehen wurden. Nachdem Mitte der 1970er Jahre der Absatz der *edition* um mehr als 25 % einbricht,[72] hat *Suhrkamp* nicht nur den Anschluss an aktuelle Theoriebildungen verloren, sondern auch seine Hoheit über die Druckgestalt des Wissens. Statt deutscher Sozialphilosophen prägen nun französische Poststrukturalisten die Stichworte der Diskurse – und mit ihnen ein kleiner Verlag in Berlin Schöneberg: *Merve*, benannt nach der ersten Frau des Verlegers Peter Gente, dessen ebenso schlecht gebundenen wie oftmals copyright-freien Bücher Autoren wie Baudrillard, Cixous, Deleuze, Foucault, Klossowski, Lyotard, Serres oder Virilio auf der anderen Rheinseite bekannt gemacht haben.[73] Zwar hatte auch *Suhrkamp* schon vereinzelt ›neue Franzosen‹ publiziert, aber erst *Merve* machte sie im deutschsprachigen Raum zu jenen bis heute bekannten »Denkstilikonen«, die auch außerakademisch, in subkulturellen und künstlerischen Milieus rezipiert worden sind.[74] Kein Wunder also, dass hier noch einmal die Buchgestaltung eine zentrale Rolle spielt, denn *Merves* Publikationen sind nicht nur billig, sondern folgen mit den Entwürfen des Dresdener Graphikers Jochen Stankowski auch einem einheitlichen Design. (Vgl. Abb. 5).

Die ersten Bände sind noch im Format A 5 auf grauem Karton erschienen; ab 1976 aber, mit Band 63 wurde auf das bis heute gültige B 6 Format (= 12,5 x 17,6 cm) umgestellt.[75] Von Anfang an wird auf den Umschlägen neben der *Helvetica*-Schrift auch die *Merve-*

68 Fleckhaus 1980, S. 280; ders. 1973, S. 278. In Frankreich etwa sind die Spektralfarben und die Linienführung der *edition*-Einbände von der *petite collection* des Verlages *Maspéro* übernommen worden und zu den Jubiläen der Frankfurter Reihe hat kein Gratulant je vergessen, auf ihre ästhetisch ebenso wie intellektuell maßgebliche Rolle hinzuweisen. Vgl. etwa *50 Jahre Suhrkamp. Eine Dokumentation zum 1. Juli 2000.*

69 Koetzle/Wolff 1997, S. 93.

70 Unseld 1976, S. 35, 45.

71 Steiner 1973, S. 254; Horkheimer/Adorno 1947, S. 128.

72 Vgl. Fellinger/Schopf 2003, S. 56 f., 61, 66. In der Presse sorgte diese Mitteilung für erhebliche Aufregung, befürch-

tete man doch, dass neben dem Ende einer der »wichtigsten deutschen Büchersammlungen unserer Zeit« auch die »kritische Theorie ihres Ortes beraubt« würde. Der Verlag reagierte darauf mit einem Relaunch der Reihe: Das Farbspektrum blieb, ebenso die Schrift und die Linien; sie rückten allerdings von unten links an den oberen Einbandrand, wo sie seither auf »optischer Mitte« stehen (vgl. Abb. 2).

73 Die Geschichte des *Merve*-Verlages ist noch gänzlich unbearbeitet. Allerdings sind bei Felsch 2009 erste Schritte in diese Richtung zu finden.

74 Ebd., S. 12.

75 Ich danke Jochen Stankowski für diese und die folgenden Auskünfte zu seiner *Merve*-Gestaltung!

typische Raute verwendet: zunächst als Linie, seit Band 53 als weißer Ausschnitt auf einem farbigen Fond und schließlich ab Band 110 selber vollflächig sowie in verschiedenen Farben. Deren Reihenfolge ist zwar nicht vorgegeben, wie bei der *edition*, aber auch in ihrer freien Farbwahl sind die Bücher unmissverständlich als *Merve*-Bändchen zu erkennen. Außerdem erlaubt das Design weitere Anwendungen auf Plakaten, in Inseraten und sogar als Handtasche. Pointiert ließe sich sagen: So wie nach der *Suhrkamp*-Kultur eine »Merve-Kultur« begonnen hat, so sind, vor allem in den 1980er Jahren aus dem Regenbogen monochrome Rauten geworden, die bei aufgeklappten Umschlägen »an Schmetterlinge erinnern«.[76] Mit diesen Flügeln gelang den Büchern ein imposanter Höhenflug: Was bei *Merve*

Abb. 5: *Merve-*
Buchstand. Aus
Stankowski 2005
(Foto: Heidi Paris).

verlegt wurde hatte nicht einfach Leser, sondern »Fans«[77], denn mit den französischen Autoren zwischen Berliner Umschlägen hat sich das Verhältnis zur Theorie grundlegend verändert. »Man kann das«, schreibt Philipp Felsch, auch »›Pop‹ nennen«, oder: »In den Händen von *Merve* wurde Theorie hedonistisch« – wodurch ja zunächst ein Karriereaspekt der *edition* fortgesetzt wird, nur unter dezidiert anti-bibliophilen Vorzeichen und als Übergang zu einer Intellektuellen-Bohème jenseits der Universitäten. Darüber hinaus ist es vor allem aber die serielle *Merve*-Gestalt gewesen, durch die eine in Frankreich eher heterogen agierende und verlegte Autorengeneration hierzulande immer wieder im Kollektivsingular, gerne auch angeführt durch ein ›Post-‹, wahrgenommen wurde. Ebenso, wie sie ohne ihre Bündelung unter der Raute nicht zu einem der meistzitierten Feindbilder in der deutschen Gelehrtenrepublik avanciert wäre.

---

76 Altwegg 1983; Vogel 2008. Bezeichnend für diesen Übergang ist sicher auch die Änderung des Reihentitels von *internationaler marxistischer diskurs* in *Internationaler Merve Diskurs.*

77 Felsch 2009, S. 12. Ebenso die direkt folgenden Zitate.

Markierungen (Objekte, Funktionen, Strategien)

Im Gegensatz zu *Merve* ist die *Suhrkamp*-Geschichte schon zu verschiedenen Gelegenheiten und aus unterschiedlichen Blickwinkeln beschrieben worden; nicht selten gespickt mit Autorennamen oder gestützt auf Anekdoten. Auch einige Würdigungen des Reihenlayouts finden sich darunter, die sich jedoch meist als ästhetische Urteile geben. Selbst Fleckhaus scheint seine Arbeiten vorwiegend in dieser Richtung verstanden zu haben: »[D]er schöne Rücken kann entzücken«, schreibt er 1973 über seine Erfindung des Regenbogens, und Unseld ergänzt nur wenige Jahre später, mit seinem Art Director habe der Verlag auch bei den Taschenbüchern »das schöne Buch« verwirklichen können.[78] Dabei ist »seine Ästhetik nie Selbstzweck« gewesen, denn sie »diente einer Ordnung. Und diese diente der Lesbarkeit«.

Wohlgemerkt, gegen schöne lesbare Bücher ist nicht das Geringste einzuwenden; nur bleibt unter solchen Vorzeichen die Funktion und Bedeutung des Buchäußeren drastisch unterbestimmt. Zudem besteht die Gefahr, der schließlich auch Genette erlegen ist, die Paratexte trotz ihrer thematischen Hervorhebung als »Beiwerke« oder »Zubehör des Textes« aufzufassen.[79] So aber würde lediglich eine klassische Differenz und Hierarchie wiederholt, nach der Gestaltungen und Formen zwar das Interesse, vielleicht sogar den Genuss des Betrachters hervorrufen können, gleichzeitig jedoch von Semantisierungsprozessen ausgeschlossen bleiben. Das Wesentliche des Buches wäre dann noch immer der »Text«: zwischen oder hinter den Zeilen, in den Absichten des Autors oder den Deutungen des Lesers; als ebenso »ideale« wie »unwandelbare Identität«.[80] – Ein Schema, das in der abendländischen Theorietradition vielfach bedient und variiert worden ist. Als ›Logozentrismus‹ gerät es bei Derrida in die Kritik; der Neutralisierung medialer Effekte wegen soll es hier außer Kraft gesetzt werden.

Der Fleckhaus-Stil nämlich ist zugleich eine epistemische Praxis gewesen. Mit dieser These arbeitet der vorliegende Aufsatz; das heißt, um die Schwierigkeiten nicht zu verleugnen, die daraus folgen: Er macht sich auf den Weg zu einer Epistemologie der Buchgestaltung, die einen nicht nur vernachlässigten, sondern darüber hinaus auch verstellten Objektbereich eröffnen will. Ästhetisch, ökonomisch oder technisch versierte Diskurse über das Buch werden seit Langem geführt, neuerdings auch aus semiotischer, systemtheoretischer oder kulturwissenschaftlicher Perspektive.[81] Ebenso weiß die Buchwissenschaft um die Nähe ihres Gegenstandes zur Literaturgeschichte, zur Leseforschung und zur Logistik.[82] Eine epistemologisch orientierte Untersuchung der modernen Präsentationsformen des Buches jedoch ist bis heute weitestgehend ausgeblieben. Selbst die Bibliothekswissenschaften folgen dieser Tendenz; entweder aus praktischen Gründen, weil es in den Sammlungen üblich war (und ist), die oftmals labilen, manchmal auch schlecht verarbeiteten Masseneinbände durch stabile Einheitsdecken zu ersetzen, oder aber aus evaluatorischen Gründen, wie im Fall der ›Einbandforschung‹, die sich vornehmlich um das Erfassen, Kategorisieren und Erhalten wertvoller Handeinbände bemüht, mit Schwerpunkt in der frühen Neuzeit. Zudem kommt diese noch

---

78 Fleckhaus 1973, S. 276; Unseld 1976, S. 95. Das direkt folgende Zitat ebd. S. 83.
79 Genette 1987, S. 10, 391.
80 Ebd., S. 11.
81 Vgl. exemplarisch Eisenstein 1979; Jäger 1990; Giesecke 1991; Füssel 1997; Wehde 2000.

82 Vgl. die Untersuchungen von Liede 1963 zum typographischen Spiel der Dichtung sowie Ernst 1985 und Wende 2002 über Figurengedichte des Barock bzw. Sehtexte um 1900.

junge Teildisziplin der bibliothekarischen Forschung nur selten über einen deskriptiven Modus sowie provenienzgeschichtliche oder stilkundliche Darstellungen hinaus.[83]

Die Wissenschafts- und Mediengeschichte ist demgegenüber zwar wesentlich analysefreudiger, dazu folgt sie nicht selten einem Interesse an der ›Materialität der Kommunikation‹,[84] mit Typographien, Umschlagfarben, Seitengestaltungen oder Formatfragen aber hat auch sie sich bisher kaum beschäftigt. Pointiert könnte man sagen, sie scheut das Design wie einst die Philologie die ›Aufschreibesysteme‹.

Auf der anderen Seite lässt sich seit etwa zwei Dekaden die Entwicklung eines designtheoretischen Diskurses beobachten, der im Anschluss an das »Design Methods Movement« der 1960er Jahre nach den »designerly ways of knowing« fragt.[85] Dabei geht es neben einer Systematisierung gestalterischer Prozesse, der Professionalisierung der Lehre und deren Ausrichtung auf die Erfordernisse der neuen Informationstechnologien auch um das Selbstverständnis und die impliziten, weil vielfach auf Erfahrung beruhenden Muster des eigenen Handelns. Nicht das Design im Wissen, sondern das Wissen im Design stellt deshalb die Priorität dieser Bemühungen dar. Aus einer Berufsbezeichnung soll zunächst eine akademisch anerkannte Disziplin werden, um schließlich deren Methoden, Forschungen und Erkenntnisse als »eigenständige ›Wissenskultur‹« zu etablieren.[86] Mit der Konsequenz, dass die Designforschung zurzeit vor allem mit sich selbst beschäftigt ist: zur Durchsetzung ihrer Fachgrenzen und zur Profilierung ihres Gegenstandsbereiches. Die eigene Unruhe auch in andere Forschungszusammenhänge hineinzutragen, bleibt da allenfalls eine Zukunftsvision; oder: So wie für die Wissenschafts- und Mediengeschichte das Design noch zu entdecken ist, so steht der Designforschung ihr Austausch mit zeitgenössischen Epistemologien noch bevor. Das wechselseitige Desinteresse nämlich würde nur eine Entwicklung des frühen 19. Jahrhunderts verlängern, in dem sich Bücherkunde und Buchkritik, die Kenntnis von den äußeren Merkmalen eines Werkes und die Erläuterung seiner Inhalte voneinander gelöst und in verschiedenen Disziplinen angesiedelt haben.[87]

Demgegenüber soll hier die Buchgestaltung als konstitutives Element in der Geschichte des Wissens und der Wissenschaften erforscht werden. Ausgangspunkt ist, dass neben den materialen und operationalen Aspekten der Erkenntnisgewinnung, die in den letzten Jahrzehnten ihre Konjunktur hatten, nun eine Aufmerksamkeit für deren druckgraphisch-visuelle Konfigurationen erforderlich ist. Seit nämlich Theorie und Praxis, Zeichen und Ding in der Forschung nicht mehr getrennt werden müssen, ist es möglich, sich der epistemischen Funktion des Layouts zu nähern. Was aber auch heißt: Die Bedingungen der Szientifizierung sind nicht (mehr) nur szientifisch. Ob Daten, Hypothesen, Theorien, Erfindungen etc. eine wissenschaftliche Akzeptabilität erreichen, hängt in der Moderne nicht allein von Experimentalanordnungen, Argumentationsverfahren oder hermeneutischen Geschicklichkeiten ab, sondern überdies von Regimes der Äußerlichkeit, die bis weit in das 20. Jahrhundert hinein an die Erscheinungsweisen des Buches gebunden waren. So zeigt sich, dass und wie die (Be-)Gründung von Wissenschaft auf vermeintlich wissenschaftsfremde Faktoren angewiesen ist. Anstatt Ursprungsmythen zu erzählen oder ideen-

---

83 Ausnahmen bestätigen die Regel: vgl. Petersen 1994; Holstein 2005; Fouquet-Plümacher/Krauthausen 2008.
84 Vgl. besonders Kittler 1985; Rheinberger 1991.
85 Cross 1982. Vgl. außerdem die Zusammenfassung von Bayazit 2004 bzw. als Anschluss und Übergang zur Designforschung Mareis 2009.
86 Ebd., S. 98. Vgl. auch Ernst 2005, S. 83 ff.
87 Vgl. Schneider 1997, S. 53 ff.

geschichtliche Ableitungen zu verfolgen, geht es darum, Legitimierungsprozesse mit verlegerischen Strategien zu koppeln; anstatt auf Vaterfiguren, Autorinstanzen oder heroische Gründungsgesten zu setzen, kann die Erkenntnisgewinnung mit Werbekampagnen und Öffentlichkeitsarbeit verknüpft werden; anstatt die Ansprüche auf wissenschaftliche Anerkennung vor allem an Zeichenverwendungen, Institutionalisierungen oder Diskursregeln zu knüpfen, kommt es darauf an, das Verhältnis zwischen Darstellung und Herstellung, im vorliegenden Fall zwischen den graphischen Elementen des Drucks und den Produktionsprozessen des Wissens herauszuarbeiten. Mit dem Funktionswandel des Layouts ist deshalb zugleich die Frage nach Veränderungen in der Genesis und Geltung wissenschaftlichen Wissens aufgeworfen. Eine Frage mit offenem Horizont, zweifelsohne,[88] da sie sowohl Fächer- als auch Themengrenzen, sowohl disziplinäre Logiken als auch den Kanon der etablierten Wissenschaftsobjekte durchkreuzt.

Vermutlich ist Michael Cahn auf diesem Weg bisher am Weitesten gegangen. Mit seinen Arbeiten zur Typographie der Fußnote, zur diskurspolitischen Bedeutung der Gesamtausgaben oder den sammelnden Formen des Lesens hat er vor einigen Jahren das Projekt einer »Rhetorik des Drucks« begonnen,[89] von dem hier aus- und weitergegangen wird. Neben der Feststellung, die Medien und deren jeweiligen Gestaltungen seien »so etwas wie das Unbewußte des Wissens«, wäre daraus in programmatischer Absicht vor allem der Leitsatz zu gewinnen, dass Bücher in der Moderne einen zentralen »Richtplatz des Wissens« darstellen, »wo Theorien aufgerichtet, aber auch hingerichtet werden«.[90] Drucksachen, mit anderen Worten, sind nicht nur Speichermedien, papierne Gedächtnisträger, die reproduziert, verbreitet und überliefert werden können, sondern zugleich (oder vielmehr) persuasive Gebilde, wirkungsorientiert und handlungsleitend schon auf den ersten Blick, Agenturen der Wissensbildung, die ihren Benutzern weder passiv zur Verfügung stehen noch sich als neutrale Vermittler in den Dienst nehmen lassen. »The medium«, schreiben Marshall McLuhan und Quentin Fiore, »is the massage. [...] [I]t leaves no part of us untouched, unaffected, unaltered«.[91]

Nachstehend werden dazu Aspekte einer Epistemologie der Buchgestaltung herauspräpariert, die neben den Voraussetzungen und Folgen ihrer Perspektive auch die Differenziertheit des Objektbereiches anzeigen:

Eins
Design ist kein beliebiges Element, das dem Ensemble wissen(schaft)skonstituierender Bedingungen nur aufgepfropft würde, sondern zentrales Merkmal der *condition moderne*. Sofern nämlich Wissen in den europäischen Kulturen spätestens seit Beginn des 19. Jahrhunderts nicht mehr offenbart wird oder unmittelbar sich zeigt, muss Erkennen, wie Peter Sloterdijk schreibt, von der »dingfrommen [...] Meditation« Abschied nehmen und sich

88 Vgl. Krohn 2006, S. 3 f. der schon als Behauptung formuliert, was hier noch gefragt werden soll: »[D]er Geltungsanspruch, den ein Wissensproduzent gegenüber einem Rezipienten erhebt, entspringt einem Gestaltungsprozess.«

89 Cahn 1991, S. 50; ders. 1994; ders. 1997; ders. 2004; vgl. außerdem seinen Beitrag in diesem Band.

90 Cahn 1991, S. 40; ders. 1997, S. 95. Eine wichtige Allianz für diesen druckrhetorischen Ansatz stellen die Überlegungen zur »Rhetorik des Designs« dar, die Mitte der 1960er Jahre vor allem von Gui Bonsiepe (»visuelle Rhetorik«) und Richard Buchanan (»Theorie des ›Design-Arguments‹«) formuliert worden sind. Vgl. dazu auch Joost/Scheuermann 2008.

91 McLuhan/Fiore 1967, S. 26.

92 Sloterdijk 2007, S. 153 f. »Alles Design«, heißt es dort auch, »entspringt einer Anti-Andacht.«

einem »Willen zur Neufassung aller Dinge« überantworten.[92] Wissen kann fortan nur werden, was fabriziert und dabei in Form gebracht wurde; ihm »wohnt ein dingstürmerischer Funke inne«, der seine Praktiken und deren Medien an Gestaltungskompetenzen bindet. Schon deshalb ist die Epistemologie der Buchgestaltung Teil einer »Geschichte vom Aufstieg des Designs zum fast unumschränkten Machthaber [...] über das Weltalter, in dem wir leben«.[93]

Norbert Bolz hat in diesem Sinne das Design als moderne »Leitwissenschaft« bezeichnet, die mit der Herstellung, Organisation und Wirkung graphischer Oberflächen befasst ist und deren Analysen neuerdings unter den Kennworten »Interface Kultur« oder »Informationsdesign« durchgeführt werden.[94]

Zwei

Druckgraphische Elemente sind keine sekundären oder bloß dekorativen Mittel im Dienst eines irgendwie sonst oder irgendwo anders befindlichen ›Inhaltes‹, sondern sie stellen einen ebenso selbstständigen wie primären Kontaktbereich dar, der Lektüren und Interpretationen erst ermöglicht. »Die Bedeutung eines Textes«, heißt es bei Roger Chartier, »ist von den Formen abhängig, in denen ihn die Leser rezipieren und aneignen«. Sie werden »nie mit abstrakten, ideellen, aller Dinglichkeit enthobenen Texten konfrontiert«; vielmehr gehen Leser »mit Objekten um, deren Organisation [...] das Erfassen und Verstehen des gelesenen Textes bestimmt«.[95]

Mit Gestalt und Gehalt moderner Bücher ist es deshalb so ähnlich wie mit dem Backpulver: Während die Substanz (als Verbindung aus Natriumhydrogencarbonat und einem Säuerungsmittel) schon in den 1860er Jahren durch den Chemiker Justus von Liebig entwickelt wurde, brauchte es noch die Erfindung eines Dr. August Oetker, Apotheker aus Bielefeld, der 1899 das Pulver in kleine Tüten verpackte, ausreichend für ein Pfund Mehl und versehen mit dem »Hellkopf« als Warenzeichen, um daraus einen weltweiten Erfolg zu machen.[96]

Drei

Das Außen der Bücher ist immer auch ein »Schauplatz von Strategien«, die Genette zufolge »räumliche, zeitliche, stoffliche und funktionale Eigenschaften« umfassen.[97] Das heißt zum einen: Ihre Präsenz meint kein *factum brutum*, als ursprüngliches oder unmittelbares Dasein, sondern sie stellt eine ebenso gemachte wie historisch wandelbare Positivität dar: erschienen erst im Durchgang verschlungener, diskontinuierlicher und nicht zuletzt kontingenter Pfade.

Zum anderen verhält sich ihre Gestaltung niemals neutral gegenüber Autoren oder Lesern; ihr jeweiliges Arrangement, die Kombination der Farben, Typographien, Formate etc. versucht nicht ›interesseloses Wohlgefallen‹ herbeizuführen; der Aufdruck von Autor- und

---

93 Ebd., S. 138, 155. Neben der Verbindung von Design und Wissen gehört zu dieser Geschichte auch die Ausbreitung des Sportkultes seit den 1880er Jahren, die Secessionsbewegung mit ihren Forderungen nach einer umfassenden Gestaltung der Alltagsbereiche, die Bemühungen des *Deutschen Werkbundes* um Allianzen künstlerischer und industrieller Tätigkeiten, die an Nietzsche anknüpfende und vielleicht bis zu Foucault reichende Karriere der »Le-

benskunst« sowie der zeitgenössische »Durchbruch des Designs auf die Ebene der Selbststilisierung und der Biographien«. Ebd., S. 158.
94 Bolz 1999, S. 89 f. Außerdem Johnson 1999; Hartmann 2007.
95 Chartier 1982, S. 7 f.
96 Vgl. Bongard 1964, S. 52 f. bzw. Abb. 6.
97 Genette 1987, S. 10.

Verlagsnamen, Titel- und Reihenbezeichnung auf der Vorderseite, vielleicht sogar eines Zitates oder eines Kritikerwortes auf der Rückseite von Umschlägen meint nicht die Bereitstellung von Informationen, sondern bedeutet in jedem Fall, ob gut oder schlecht gemacht, ob grell oder sachlich, farbig oder schwarz/weiß, die Inszenierung von Autorität. Ihr Ziel ist stets der Eingriff in die Leser-Autonomie sowie die Abgrenzung von der verlegerischen Konkurrenz. Und so darf man sich auch durch das Kompositum ›Kultur‹ bei *Suhrkamp* nicht täuschen lassen: Der Frankfurter Verlag »war eine Macht«, wie Klaus Podak zu dessen 50-jährigen Bestehen resümiert, »er formte das Denken einer Generation«.[98]

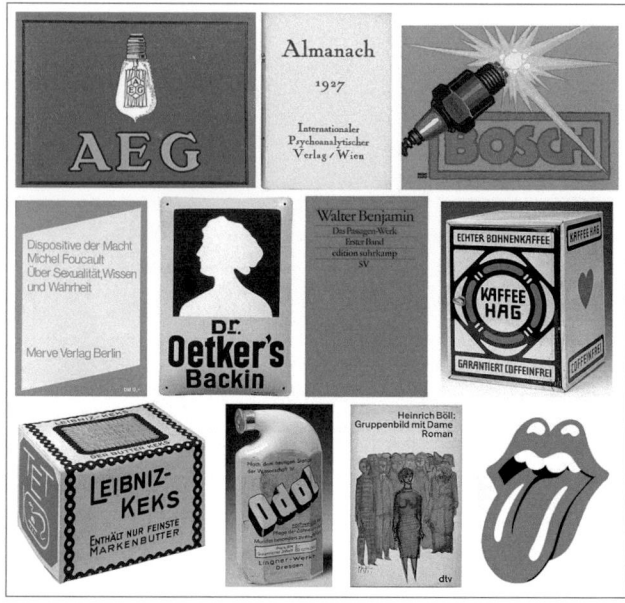

Abb. 6: Einige der hier besprochenen Marken (in alphabetischer Reihenfolge).

Vier

Mit der ›Suhrkamp-Kultur‹ ist auch der Markenartikel *Suhrkamp* entstanden. Im Rückblick jedenfalls schreibt Unseld, man habe vor allem mit der *edition* ein »unverkennbares Schrift-Bild-Zeichen« in die Welt setzen wollen.[99] Fleckhaus selber hatte da schon erklärt, seine Umschläge funktionierten »wie Buttons, die man sich ans Revers heften kann«, und die Berliner *tageszeitung* stellt nach der Frage »warum denn eigentlich nicht?« pointiert fest: »Suhrkamp gehört zur Bundesrepublik wie Adidas-Turnschuhe, Nivea-Creme und Tempo-Taschentücher.«[100] Nicht dass es Markenartikel gibt, ist hier bemerkenswert, bereits um 1900 begannen ja standardisierte Verpackungsformen oder Namenszüge die Warenwelt zu erobern, wohl aber die Übernahme des *Brandings*, *Product-Placements* oder *Labelings* in die Produktionsprozesse wissenschaftlichen Wissens.[101] Was Max Frisch 1962 von Rom aus

98   Podak 2000, S. 91.
99   Unseld 1976, S. 91.
100 Fleckhaus 1973, S. 277; Knipphals 2000, S. 108.
101 Als erster moderner Markenartikel gilt das Mundwasser *Odol,* das der Dresdener Unternehmer Karl August Lingner ab 1893 in der typischen Seitenhals-Flasche verkaufte und mit großem Aufwand bewarb, gefolgt von Hermann Bahlsens *Leibniz-Cakes,* die zwar schon 1891 auf den Markt kamen, doch erst 1904 in der bis heute bekannten Verpackung des Hannover'schen Malers Heinrich Mittag erschienen. Vgl. Abb. 6 bzw. Bongard 1964, S. 11 ff., 168 ff.; Engel 1996, S. 124 ff.; Hellmann 2003, S. 53 ff.

noch geißeln konnte: »Suhrkamp in Leinen, Suhrkamp in Dosen, Suhrkamp als Brotaufstrich, [...] der Name wird grassieren, je weniger er heißt«[102], sollte sich schon kurz darauf bestätigen; freilich mit entgegengesetzten Vorzeichen: Die Frankfurter Markenbildung, als Namenspolitik ebenso wie durch die Hausschriften und Verlagsfarben hat nicht nur zu erhöhten Gewinnspannen beigetragen, sondern auch epistemische Effekte erzielt: Keine ›Kritische Theorie‹ in der Bundesrepublik ohne *Suhrkamps* Regenbogen. Vor der Produktkenntnis steht deshalb die Markenkenntnis, vor der Semiotik die Signalerkennung – Kompetenzen, die auch für die Leser von Sachtexten oder Fachbüchern relevant geworden sind; zumal es inzwischen wohl keinen Bereich des Wissenschaftsbetriebes mehr gibt, der ohne Strategien der Aufmerksamkeitssteigerung, des Theoriemarketing oder der Verwandlung von Begriffen und Methoden in Warenzeichen auskommen könnte.

Die Wissenschafts- und Mediengeschichte, mit anderen Worten, muss auch zu einer Erforschung der Markengeschichte des Wissens und der Wissenschaften werden.[103]

Fünf

Unter den Bedingungen der modernen Konkurrenzwirtschaft und erst recht seit der ›Bücherflut‹ des späten 19. Jahrhunderts übernehmen Markenartikel mit ihrer uniformen Gestaltung die Rolle von Orientierungsmarken. Eine Farbkodierung, wie sie Fleckhaus für die *edition* oder Stankowski für *Merve* entwickelt hat, schafft deshalb Oberflächen, die nicht als ›Verblendungszusammenhänge‹ funktionieren, um Subjekte zu betrügen oder Objekte in *black boxes* zu verwandeln, sondern sie stellen ein Leitsystem dar, das Lesern im agonalen Feld des Wissens und der Wissenschaften hilft, Positionen wahrzunehmen, aufzusuchen oder zu übergehen. Im Wettstreit der Literaturen sorgt schon das Erscheinungsbild für Distinktionen, führt zu Profilbildungen und verspricht eine Zuverlässigkeit des Produktes, die nicht zuletzt für dessen überregionalen Vertrieb von Bedeutung ist. Gleich einem Logo, das sich vor den ›Logos‹ eines Werkes gesetzt hat, supplementieren Layoutstrategien das Vertrauen in Autoren oder ihre Verkäufer durch Embleme des Vertrauens: Farben, Linien, Typographien usw. Mit anderen Worten: »Markennamen verwandeln eine Terra incognita aus unbekannten Texten in eine markierte Landschaft.«[104] Seit aus Lesern ein Massenpublikum geworden ist, gilt es eben nicht nur massenhaft Bücher herzustellen, sondern die Verlage müssen sich genauso um deren Wieder/erkennbarkeit bemühen.[105] In Gestalt der Einbände und Umschläge realisiert sich diese Notwendigkeit: Sie verleihen Büchern, wie der »Markentechniker« Hans Domizlaff resümiert, ihr »unverkennbares Gesicht«, formen aus ihrem Erschei-

102 Max Frisch an Siegfried Unseld, 6. Juli 1962, zit. nach Fellinger/Schopf 2003, S. 25.

103 Das Phänomen der Marke wird bisher nur von der Alltags- und Wirtschaftsgeschichte erforscht; z. B. Leitherer/Wichmann 1987; Borscheid/Wischermann 1995; Spiekermann 1999. Selbst Hellmann 2003 kennt in seiner einschlägigen Studie keine Wissen(schaft)smarken. Allerdings gibt es erste, wenngleich vereinzelte Ansätze, diese Exklusivität zu unterlaufen: etwa Wegmann/Schütz 2002 und Wegmann 2005a, die sich zudem mit Werbekonzepten beschäftigen sowie Niefanger 2002 mit seiner Arbeit zur »Labelfunktion des Autornamens« oder Hagner 2008 über die Bildpolitik in der Gehirnforschung.

104 Wegmann 2005b, S. 148. Ebenso Reinhardt 1993, S. 44. Schon etymologisch meint ja die ›Marke‹ das Setzen einer Grenze; zunächst auf landschaftliche Besitztümer bezogen, heute durch das Verpackungsdesign auch auf die Abgrenzung konkurrierender Produkte übertragen. Vgl. Bongard 1964, S. 13.

105 Nach dem »Gesetz zum Schutz der Warenbezeichnungen« von 1894 (vgl. Hellmann 2003, S. 11 ff.) wurde bereits 1903 durch Fritz Henkel und August Oetker der erste »Markenverband« gegründet, der sich neben der Bekämpfung des »unlauteren Wettbewerbs« und der »Preisschleuderei« mit dem Aufbau konkreter Markenschutzrechte befasst hat. Vgl. Schindelbeck 2004, S. 72.

nungsbild eine charakteristische Physiognomie, eine Art »Persönlichkeitsbild« ohne Person,[106] sodass Publikation und *Public Relations,* Wissenschaft und Werbung nicht mehr jene Gegensätze darstellen, die sie traditionell gewesen sind oder sein sollten.[107]

Sechs

Die Verschiebung von der Produktgestaltung zum Markendesign zeigt, dass in der Moderne die Begegnung mit Büchern die Fabrikation von Images einschließt. Das Layout ist die Basis dieser Imagologie, die Werbung ihr vielseitiger Motor.[108] So aber fallen nicht nur Information und Inszenierung, Semantik und Strategie in eins, sondern es wird auch, anders als Benjamin meinte,[109] eine Wunsch- und Bildermaschine in Gang gesetzt, die historisch wohl nur mit dem Kino vergleichbar ist.

Überdies knüpfen solche imagologischen Aspekte an einen »Fetischismus« der Ware an, dessen Konzeptualisierung im 19. Jahrhundert eine rasante Konjunktur erlebt.[110] Schon Rudolf Cronau, einer der ersten Reklameforscher, hatte seinen Gegenstand aus der Praxis von »Zauberern, Schamanen und Medizinmännern« abgeleitet, sodass Domizlaff ein halbes Jahrhundert später erklären kann, Werbung wolle den »massenpsychologischen Hang zu Fetischbildung systematisch nutzbar machen«.[111] Marken inaugurieren deshalb nicht nur und noch nicht einmal in erster Linie Tauschbeziehungen (als kausales, auf rationalen Motiven beruhendes Handeln), sondern »Ansteckungsverhältnisse«; ihre Materialität beschränkt sich keineswegs auf verfügbare Sachverhalte, sondern bildet immer auch »magische Zeichen«, aufgeladen mit Phantasien, Kräften, Versprechen und Direktiven, aus denen ein epidemisches Modell der *Public Relations* folgt.[112] Noch anders ausgedrückt: Als Markenartikel verwandeln sich Waren in Erregungskörper. Sie verlassen ihre angestammte Objekt-Position und werden selber zu »Aktanten«, in der Sprache Bruno Latours, zu »nichtmenschlichen Wesen«, die dennoch »vollwertige Akteure in unserer intellektuellen Kultur« sind.[113] Und so beginnt auch bei Büchern deren Fetischisierung nicht erst mit den Sammlern, sondern bereits beim Verleger, der ihnen speziell durch die Einbandgestaltung eine »aktoriale Rolle«[114] für alles Lektürewissen und die damit verbundenen Wissenschaften überträgt.

106 Domizlaff 1939, S. 88 f. »*Eine Marke hat ein Gesicht wie ein Mensch*«. Im überregionalen Güterverkehr jedenfalls ersetzt die Personalisierung der Marke die Persönlichkeit des Herstellers oder Händlers – bis hin zu Markenbiographien, in denen Charakter, Attraktivität und Schicksal ebenso vorkommen wie das Leben und der Tod einer Ware. Vgl. ebd., S. 110 bzw. Hellmann 2003, S. 217 ff., 431, der von »Markenfamilien« spricht.

107 Eine knappe Skizze des Nicht-Verhältnisses von Wissenschaft und Werbung liefert Wischermann 1995, S. 9 ff. Ebenso Wegmann/Schütz 2002 bzw. Wegmann 2005a. Dabei würde die Geschichte der Wissenschaftswerbung mit einer Feststellung von Cronau 1887-3, S. 91 f. beginnen können: »Strebertum und Reklamewesen finden wir auch unter den gereifteren Männern der Wissenschaft«, denn »sie bilden untereinander sogenannte ›Cliquen‹, Lobesassekuranzgesellschaften, deren Mitglieder sich stillschweigend verpflichten, sich durch gegenseitige Unterstützung und Nachhilfe die Karriere günstig zu gestalten.«

108 Für seine Regenbogenreihe spricht Fleckhaus 1973, S. 277 von einem »Suhrkamp-Image«. Hellmann 2003, S. 20 f.

erinnert daran, dass »ein Produkt erst mit der Imageverleihung durch die Werbung seine eigentliche Adelung als Wirtschaftsgut« erfährt.

109 »Der Kapitalismus ist die Zelebrierung eines Kultes sans rêve et sans merci.« Benjamin 1921, S. 100.

110 Vgl. die Übersicht bei Böhme 2006, S. 283 ff., 373 ff.

111 Cronau 1887-2, S. 2 f.; Domizlaff 1939, S. 7 – wobei hier der Zusammenhang von Medizinmännern und Marketing (man denke nur an Lingner, Oetker oder Liebig) nicht weiter verfolgt wird.

112 Böhme 2006, S. 57; Domizlaff 1939, S. 68, 163, für den Werbemittel »Bazillenträger« sind, »um eine entwicklungsfähige Idee in das Gehirn einer Masse hineinzubringen«. Diese »Ideeninfektion« ist mit einer »Inkubationszeit« verbunden, die schließlich zur »Keimung« führt. Ebd., S. 159.

113 Latour 1999, S. 219, 263, der bekanntlich den Zusammenhang von fabrizierenden Fakten und faszinierendem Fetisch als »Faitiche« bezeichnet hat. Ebd., S. 334 ff.

114 Ebd., S. 221. »Wir müssen lernen, Handlungen sehr viel mehr Agenten zuzuschreiben.«

Sieben

Durch Design als imagologisches Verfahren wird mit der Produktgestaltung zugleich die Produktbeziehung gestaltet. Farben und Typographien, Raster und Serien formen also nicht nur das Aussehen der Bücher, sondern auch die Modalitäten ihrer Wahrnehmung und ihres Gebrauchs. Das heißt: Lektüresteuerung ist jenes *Surplus*, das Gestaltungsstrategien an der Materialität der Drucksachen erzeugen; oder: Buchdesign funktioniert als papierne Kybernetik. Sie koppelt die Attraktivität des Layouts mit der Führung der Leser. Dabei allerdings geht es weniger um eine »Kritik der Warenästhetik«, die das Sinnliche ihrer Objekte »von der ökonomischen Basis« und deren »Tauschwertinteressen« herleitet,[115] als vielmehr darum, ein visuelles Marketing als ebenso neue wie eigenständige Begründungsressource wissenschaftlichen Wissens aufzuzeigen. Statt des schönen Scheins steht das rhetorische Sein der Bücher im Vordergrund, statt der Indienstnahme des Ästhetischen für kommerzielle Zwecke die Auf- und Umwertung von Äußerlichkeiten zu einer Bedingung epistemisch relevanter Prozesse.

Acht

Als Imagologie betreibt das Drucksachendesign die optische Konditionierung ihrer Leser. So versucht sie, eine zunächst willkürliche Beziehung zwischen bestimmten inhaltlichen Absichten und ausgewählten gestalterischen Merkmalen zu konventionalisieren und zu kollektivieren; oder, wie Unseld über Fleckhaus' *editions*-Design schreibt: Er hat »das Zufällige zum Typischen, zum Kennzeichnenden, [...] zum Bild« gemacht.[116] Ziel ist die Verselbstständigung dieser Bilder, um zugleich einen Automatismus in die Wahrnehmung des Betrachters und späteren Lesers einzupflanzen, beispielsweise: Regenbogen + *Garamond* = ›Kritische Theorie‹. Der Wissenschaftshistoriker Ludwik Fleck hat diese Konditionierung auch als »passive Koppelung« bezeichnet, die ihre Wirksamkeit jenseits »formal-logischer Verhältnisse« oder den »individuellen Prozessen eines theoretischen Bewusstseins« entfaltet.[117] Neue »Motive« für die Produktion und Legitimation wissenschaftlicher Tatsachen müssen deshalb hinzugezogen werden; nur dass damit im vorliegenden Fall kein »Denkkollektiv« gemeint ist, dessen Erforschung die »soziale Bedingtheit allen Erkennens« aufzeigt, sondern eine Art Drucksachenkollektiv, das durch seine integrale Gestaltung einen gleichermaßen verbindlichen »Zwang auf das Denken ausübt«.

Neun

Indem sich eine Epistemologie mit Layoutstrategien beschäftigt, unterläuft sie die neuzeitliche, seit Lessings *Laokoon* immer wieder aktualisierte Dichotomie von Bild und Schrift, von ikonographischer und typographischer Ordnung. Hier der Bilderdienst, dort das Bilderverbot: Während die eine Seite als simultane Komposition gesehen wird, gilt die andere Seite als sukzessiv fortlaufende Zeichenreihung.[118] Im Unterschied dazu hat Sabine Groß auf die

---

115 Haug 1971, S. 21, 41, 82, dessen »Kritik« zwar die Protagonisten der »monopolkapitalistischen Warenwelt« in den Blick nimmt (von den *Rolling Stones* über die Kaffeehäuser bis zu *Chiquita* und Goebbels), dafür aber das Buch und den eigenen Erscheinungsort unerwähnt lässt: *edition suhrkamp*, Band 513 in grün.

116 Unseld 1976, S. 83. Neben den Büchern als Bilder gibt es freilich auch die Bilder der Bücher in Verlags- und Buchhandelskatalogen, deren Inszenierungen sich gleichfalls

vor die Lektüreerfahrung zu schieben versuchen. Vgl. Cahn (in diesem Band), S. 151 ff.

117 Fleck 1935, S. 131, 40, 54. Die direkt folgenden Zitate S. 54, 57, 59.

118 Noch Flusser 1987, S. 11, 17 f. erklärt: »[D]as Schreiben überhaupt ist ikonoklastisch.« Sein »zeilenförmiges Aneinanderreihen von Zeichen [...] wendet sich gegen Bilder. [...] Wer schreibt zerfetzt Bilder. Inschriften sind zerfetzte, zerrissene Bildkadaver«.

(schon aus der Vorneuzeit bekannte) Verwandtschaft beider Ordnungen in der europäischen Kultur hingewiesen.[119] Unter dem Stichwort »Schriftbildlichkeit« kann seither eine Debatte gefasst werden, die sich vor allem gegen phonozentrisch-sequenzielle Bestimmungen der Buchstabenschrift wendet. Allerdings spielt diese Debatte hier weniger durch ihren Hinweis auf »ideographische« Potenziale der Schrift eine Rolle (als »Sichtbarmachung von Inhaltsaspekten« oder »Versinnlichung der ›logoi‹«), auch geht es nicht nur darum, vom »Linearitätsdogma« der Schrift auf die *Zweidimensionalität der Fläche*« umzuschalten;[120] vielmehr sollen wissenskonstituierende Bedingungen in den Blick genommen werden, die mit dem Erscheinen und der Präsenz des jeweiligen Druckschrift-Körpers beginnen. Ein Buch oder eine Zeitschrift, erinnert uns Fleckhaus, »ist etwas Dreidimensionales, [...] nicht nur Höhe mal Breite«[121]. Denn nur so finden neben den Schau- oder Textflächen auch Rückseiten, Banderolen und Einklapptexte, der Einsatz von Waschzetteln oder Lesezeichen sowie die Umgebung der Bücher, ihre Serialität, der Ort der Lektüre oder der Platz ihrer Aufbewahrung eine Berücksichtigung.

Zehn

Mit der Gestaltung der Regenbogenreihe schließt Fleckhaus an den Erfolg eines anderen, ebenfalls viel beachteten Mediums des 20. Jahrhunderts an: das Plakat; oder, wie sein Verleger ein paar Jahre später schreibt: »Charakteristisch für diesen neuen Suhrkamp-Buchtypus war das Plakative des Umschlags.«[122] Wie der Aushang an Häuserwänden, Zäunen, Straßenbahnen oder (seit 1855) den Litfaßsäulen, muss also auch das Buchäußere einen »Blickfang« darstellen, muss durch das Arrangement von Farben, Schriften und Illustrationen in der Lage sein, nicht nur dem intimen Blick des Lesers, Bibliothekars oder Bibliophilen zu genügen, sondern bereits aus der Ferne wirken, als eine Art *actio in distans*.[123] »Einbände und Schutzumschläge«, schreibt der Buchhistoriker Charles Rosner, sind »Plakate ›en miniature‹«.[124] Eine Feststellung, die zweifellos von der Karriere des »Berliner Sachplakates« beeinflusst wurde, als dessen Erfinder Emil Kahn alias Lucian Bernhard gilt. 1903 ist der in Stuttgart geborene Graphiker mit einer Arbeit für *Priester-Zündhölzer* berühmt geworden und hat im Anschluss daran, bis zu seiner Übersiedlung nach New York 1923, zahlreiche Ikonen der Werbegraphik geschaffen; u. a. für *Stiller, Manoli, Bosch* oder *Kaffee-Hag*. Auch eigene Schriften und verschiedene Buchumschläge sind von Bernhard entworfen worden. Charakteristisch für seinen Stil war die Einfachheit des Sujets, die Reduktion der Formen sowie eine flächige, kontrastreiche Verwendung von Farben.[125] (Vgl. Abb. 7).

Nicht anders Fleckhaus bei seinen Frankfurter Reihen: Als »typographische Bilder« befreit er die Umschläge von dekorativen Elementen.[126] Stattdessen werden »neben dem

---

119 Vgl. Groß 1990, S. 231 f.

120 Vgl. dazu Raible 1997, S. 29 f.; Krämer 2003, S. 159, 161, 163. So wird Schriftbildlichkeit auf »Strukturbildlichkeit« oder »Syntax-Visualität« reduziert. Ebenso Grube/Kogge 2005, S. 12.

121 Fleckhaus 1980, S. 281. Vgl. auch Unseld 1976, S. 36, der in Bezug auf die *edition* von »Umschlag-Schrift-Bildern« spricht.

122 Unseld 1976, S. 34.

123 Vgl. Holstein 2005.

124 Rosner 1954, S. XVIII.

125 Vgl. ausführlich Riedel 1999 und Abb. 6. Bernhards »Plakat-Telegrammstil« unterschied sich nicht nur vom anekdotisch-ornamentalen Duktus seiner Kollegen (z. B. Jules Chéret, Ernst Growold oder Edmund Edel), sondern stand, was seinen Erfolg maßgeblich unterstützte, auch im Gegensatz zu den überladenen Kulissen des wilhelminischen Berlins. Ebd., S. 13 f.

126 Unseld 1976, S. 39. Die direkt folgenden Zitate S. 86, 89.

Grundeffekt Schwarz-Weiß [...] klare, feste Farben« verwendet; oftmals zu einer weithin unbedruckten Fläche ausgebreitet, die deshalb nicht leer oder ungestaltet ist, sondern genauso wie der Raum zwischen den Zeichen einen »gleichwertigen Baustein« des Layouts

Abb. 7: Bernhard-Plakat für *Kaffee-Hag* (1909); mit dem Rettungsring-Logo von Eduard Scotland und Bernhards eigenem Signet unten rechts. Aus Riedel 1999, S. 37.

darstellt. Aus dem Figur-Hintergrund-Schema (samt seines binären Purismus) ist so ein differenzielles Raster geworden, in dem verschiedene Elemente unterschiedliche Wechselverhältnisse eingehen; oder, wie Fleckhaus selber schreibt: »Meine Entwürfe haben [...] etwas mit einer Choreographie zu tun.«[127] Auf den Umschlägen und Einbänden arrangieren sich Formen, Farben und Flächen wie auf der Bühne ein Chor und seine Solisten.

Sichtweisen (lesen oder anschauen)

Der Blick auf die druckgraphischen Strategien von Büchern ist weder einfach noch selbstverständlich; sind wir doch seit Beginn unseres Lese- und Schreibtrainings daran gewöhnt, keine Buchstaben zu sehen, sondern Bedeutungen zu erkennen. Wie nachhaltig diese Exklusivität über alle Lesenotwendigkeiten hinaus auch in den Wissenschaften von der Druck/Schrift wirkt, zeigt nicht zuletzt Hans-Georg Gadamer, als er (ganz im Sinne eines Logozentrismus) erklärt: »Sprache und Schrift bestehen immer in ihrer Verweisung. Sie *sind* nicht, sondern sie *meinen*.«[128] Insofern gilt: Hinter den Bezeichnungen ist stets das Bezeichnete zu entdecken, hinter den Signifikanten das Signifikat. *Aliquid stat pro aliquo.* In dieser klassischen Formel verdichtet sich ein Modell, das alles Gesprochene, Geschriebene oder Gedruckte zum Stellvertreter einer Ordnung macht, die es nicht selber ist. Daher auch Gadamers Hinweis auf die Etymologie: »*inter-pres*«, (lat.) = Übersetzer, Vermittler, Erklärer; derjenige, der sich über die »Barriere einer fremden Sprache« hinwegsetzt und de-

---

127 Fleckhaus 1980, S. 280.　　　　128 Gadamer 1981, S. 51.

ren »Kunde auf ihre ursprüngliche Authentizität [ihr »richtiges Verständnis«] zurückführt«; der sich nicht bei »schriftlichen Fixierungen« oder »im Gespräch Geäußerte[m]« aufhält, sondern erkennen kann, was »der Sprechende bzw. der Schreibende [...] hat sagen wollen«. Der Interpret liest »nicht wörtlich«, sondern »sinngemäß«;[129] er interpretiert dem Geiste und nicht den Buchstaben nach, die auf dem Papier vorhanden sind.

Gegen diese Fixierung jedoch hat Roland Barthes in den 1970er Jahren noch einmal an zwei Regime des Textumgangs erinnert, die nicht nur historisch aus unterschiedlichen Theorietraditionen hervorgegangen sind, sondern die auch (berufs-)praktisch als eigene Wahrnehmungs- und Kompetenzbereiche auftreten: Das eine, gleichsam teutonisch-hermeneutische Regime strebt die »Entblätterung der Wahrheiten« an (»l'effeuillement des vérités«), das andere, indem es buchstäblich und lustvoll vorgeht, lässt sich vom »Blattwerk der Signifikanz« (»le feuilleté de la signifiance«) faszinieren.[130] Eine Unvereinbarkeit, die auch als Abgrenzung einer vertikal-transitiven von einer horizontal-figurativen Perspektive beschrieben werden kann und die für Barthes in seiner Auseinandersetzung mit Stéphane Mallarmés »visueller Poesie« thematisch geworden ist:[131]

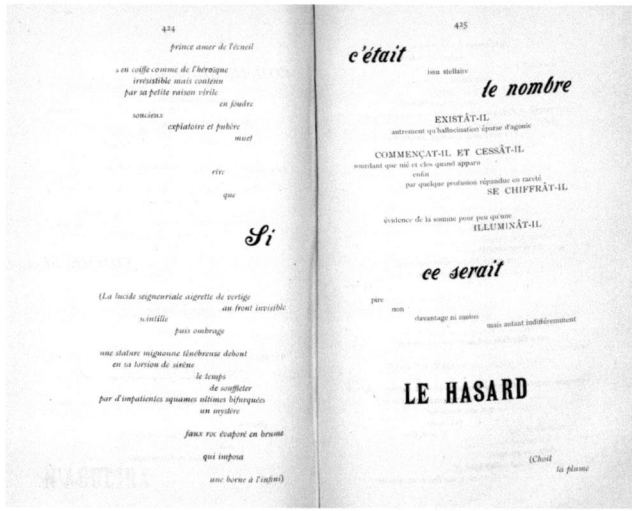

Abb. 8: Doppelseite aus Stéphane Mallarmés *Coup de dés* von 1897 *(Cosmopolis).*

Einerseits folgt man sukzessiv (oder auch sakkadisch) der Aneinanderreihung der Worte und Zeilen, um auf diese Weise eine entsprechende Menge gedanklicher Reaktionen hervorzurufen. Eben diese Praxis nennen wir lesen: die Übersetzung eines Textes in ein Geschehen des Geistes, die deshalb auf der Auslassung und sogar der Bedeutungslosigkeit des Textes selber beruht. Andererseits aber können Schriften, Bücher, Drucksachen usw. auch als schwarz-weiße oder farbige Objekte in bestimmter Größe, Formatierung und Gestaltung gesehen werden; eine Praxis, die man betrachtendes oder anschauendes Erkennen nennen könnte, da es nicht auf den Verweischarakter der Zeichen reagiert, sondern aufmerksam wird für deren Dinglichkeit und ihr Design.

---

129 Ebd., S. 33, 39, 45. Ebenso jedes lateinisch-deutsche Wörterbuch.
130 Barthes 1973, S. 19 f.
131 Vgl. dazu die Arbeiten von Liede 1963; Rommel 1988; Wende 2002.

Was an Büchern zuerst und zunächst sichtbar ist, wird von Lesern stets übersehen, die dafür zu verstehen gelernt haben, was an Büchern zuerst und zunächst unsichtbar ist. Dass wir uns angesichts typographischer Objekte augenblicklich von Benutzer in Leser verwandeln, stellt neben den Leistungen dieser Kulturtechnik auch eine List des dazugehörigen Trainingsprogramms dar: Denn lesende Augen bemerken nicht, was schon getan werden musste, damit sie überhaupt etwas zu lesen haben. Noch anders ausgedrückt: Um Leser sein zu können, muss man nicht nur vom Zeichencharakter der Druck/Schrift ausgehen, sondern deren gebundene Formen auch als Fertigprodukte behandeln, als ebenso feste wie fraglose Einheiten, die in den Regalen der Buchhandlungen oder Bibliotheken zur Abholung bereitliegen. So zeigen sie sich zwar offen für Interpretationen, verstellen aber den Blick auf ihre Produktionsbedingungen und deren Geschichte. Die Physiognomie von Büchern jedenfalls kann einer epistemologischen Perspektive nur durch die »Sperrung« des hermeneutischen Blicks ausgesetzt werden.[132] Georg Witte hat diese Praxis als ein »Festsaugen an der Oberfläche der Wahrnehmungsobjekte« beschrieben, als eine »graphozentrische Orientierung«, die deshalb in der Lage ist, an Drucksachen auch deren Präsentationsformen zu analysieren. – Und wie noch zu zeigen sein wird, können Bucheinbände dieser Orientierung durch ihre spezifische Zeichenform entgegenkommen.

Präsentationen (zeigen, aufstellen, werben)

Ist man bereit, diesem Blickwechsel zu folgen oder gehört man ohnehin einer Berufsgruppe an, die Bücher als Gegenstände behandelt, ist schnell klar, dass Entwürfe wie beispielsweise die *edition suhrkamp* keinen absoluten Anfang gesetzt haben, sondern auf einer Entwicklung druckgraphischer Strategien aufbauen, die sich in Europa gegen Ende des 19. Jahrhunderts etabliert haben.

So zu sehen etwa am *Almanach* des *Internationalen Psychoanalytischen Verlages,* der samt seines Direktors und maßgeblichen Gestalters Adolf József Storfer bis heute kaum beachtet worden ist.[133] Die Firma wurde 1919 auf Sigmund Freuds Initiative hin in Wien gegründet und dort 1938 von den Nazis zerschlagen. Storfer ist 1921 in den Verlag eingetreten, zunächst »versuchsweise«, wie es heißt, um 1924 dessen Geschäftsführer zu werden. Unter

Abb. 9: *Almanach*-Farbenreihe des *Internationalen Psychoanalytischen Verlages* in Wien. *Collection Philippe Helaers.*

---

132 Vgl. Witte 2005, S. 376 f. Ebenso die direkt folgenden Zitate.
133 Zu diesen und den direkt folgenden Bemerkungen sowie zur Literatur über den Wiener Verlag vgl. Windgätter 2010.

ökonomischen Gesichtspunkten war er während seiner Amtszeit wenig erfolgreich, was neben den wirtschaftlichen und politischen Krisen dieser Epoche wohl auch mit kaufmännischem Unvermögen zu tun hat. Vor allem Freud bekundete seine Erleichterung, als nach internen Streitereien über Gehälter, Bilanzen und Werbebudgets 1932 endlich die »Entfernung von Storfer« durchgesetzt werden konnte. Dabei hat der ehemalige Journalist und passionierte Kaffeehausgänger nicht nur Freuds erste Gesamtausgabe herausgebracht, sondern nach einer gestalterisch orientierungslosen Anfangsphase des Verlages auch für das zunehmend einheitliche Erscheinungsbild seiner Publikationen gesorgt (vgl. Abb. 14): Das reichte von der Einführung der Verlagsfarben Gelb und Orange-rot über die *Cochin-Antiqua* als Hausschrift bis zu Propaganda-Aktivitäten, die zeitweilig mit dem Freud-Neffen und Erfinder der ›Public Relations‹ Edward L. Bernays besprochen wurden. Nicht zuletzt ist auf Storfers Initiative hin seit 1926 der *Almanach* als Jahrbuch der Psychoanalyse erschienen. Mit ihm, lässt sich zumindest rückblickend sagen, erhält das Design der *edition suhrkamp* ein fernes Vorbild, das Fleckhaus sicher nicht kannte, an dem aber als einem sehr frühen Beispiel gezeigt werden kann, dass und wie sich eine im Aufbau befindliche Theorie, in diesem Fall die Wiener=Freud'sche Psychoanalyse, durch Layoutstrategien ihres Verlages als wissenschaftliche Marke zu etablieren versucht.

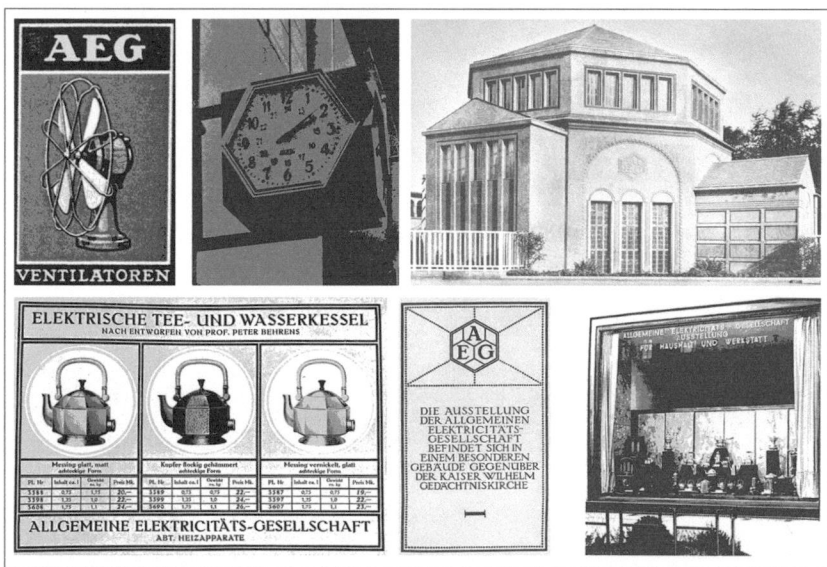

Abb. 10: *Behrens-Entwürfe für die AEG;* mit dem Hexagon als Grundmuster. Aus Buddensieg 1979.

Die Regenbogen-Serialität des *Almanach* jedenfalls gehört zu den Elementen einer ›visuellen Rhetorik‹, die in der wissenschaftlichen Publizistik nicht nur neue Wege der Distinktion, der Profilbildung und der Konditionierung eröffnet hat, sondern die dazu an die avancierten Darstellungsmittel der »Industriekultur« anknüpfen konnte, die in den 1910er Jahren vor allem von Peter Behrens für die Berliner *AEG* entwickelt wurden und die man heute als »Corporate Design« bezeichnet.[134]

---

134   Vgl. ausführlich Buddensieg 1979 und Abb. 6.

Dabei ist mit dem Übergang von der Konzern- zur Buchgestaltung zugleich ein Übergang von der Ökonomie zur Epistemologie verbunden. Denn für die Wiener Firma ging es weniger um kommerzielle Interessen als vielmehr darum, druckgraphische Elemente als Strategeme der Szientifizierung einzusetzen. Nach dem Erfolg psychoanalytischer Theorien in literarisch-kulturellen Milieus kurz nach 1900 sollte nun die Anerkennung in akademischen Kreisen erreicht werden. Pointiert (und ohne jegliche Polemik) kann man behaupten, dass Storfers Verlagsprodukte zum *Odol* der Wissenschaft werden wollten; oder: Wissenschaftsgeschichte ist seither auch als Markengeschichte zu betreiben – über eine Historiographie der Texte, Personen und Techniken hinaus.

Eine Geschichte der Buchgestaltung unterliegt freilich selber der Geschichte. Zwar hat gerade das *Corporate Design* den Sprung aus der ›Gutenberg-Galaxis‹ hinaus auf die Bildschirme der elektronischen Medien geschafft, doch darf man nicht übersehen, dass wissenschaftliches Wissen erst und vor allem ab der Mitte des 19. bis zum Ende des 20. Jahrhunderts als ein »Bücherwissen« hervorgebracht wurde.[135] »Sola libro«, allein durchs Buch: Diese Haltung ist weder vor Humboldts Universitätsreformen noch seit der Implementierung und Verbreitung Turing'scher Rechenmaschinen verbindlich.

Zu den Bedingungen dieser Geschichtlichkeit gehört aber auch die Industrialisierung der Buchproduktion als Übergang von handwerklich-zünftisch organisierten Arbeitsprozessen zur maschinellen Massenfabrikation der Großbuchbindereien.[136] 1811 konstruiert Friedrich König die Schnellpresse, 1822 lässt sich William Church die erste Typensetzmaschine patentieren, 1844 wird der Holzschliff als Grundstoff für die Papierherstellung erfunden, in dieser Zeit setzt sich auch das Kaliko als Einbandmaterial durch und in den 1870er Jahren werden die ersten Drahtheftmaschinen entwickelt – so bildet sich innerhalb weniger Jahrzehnte ein Maschinenpark, der nicht nur herkömmliche Betriebsformen radikal verändert, sondern zugleich neue Möglichkeiten der Materialbehandlung und deshalb auch des Drucksachendesigns eröffnet. Hinzu kommen institutionelle Neuerungen wie die Gründung des *Börsenvereins der Deutschen Buchhändler* (1825), die Aufhebung des staatlichen Anzeigemonopols (um 1848), die Einführung des Barsortiments (1852) und der Gewerbefreiheit (ab den 1860er Jahren), die Durchsetzung der Buchpreisbindung (als ›Kröner'sche Reform‹ 1887), der enorme Zuwachs an Buchhandlungen in den Metropolen sowie, ebenfalls gegen Ende des 19. Jahrhunderts, die Dissoziation der Wissenschaften in abgrenzbare Disziplinen und konkurrierende Forschungsfelder.

Insgesamt sind diese Hintergründe von der Buchwissenschaft bereits ausführlich behandelt worden. Mit der Einschränkung jedoch, dass dabei die Drucksachengestaltung vor allem nach ästhetischen, stilistischen oder kunsthistorischen Kriterien eingeteilt und erörtert worden ist.[137] Deshalb sollen hier, um das Buchdesign auch einer epistemologischen Perspektive zugänglich zu machen, einige Aspekte ergänzt werden:

---

135 Vgl. Kerlen 2007, S. 20 f., 24 f., der den Wechsel von der »Adels-Universität« und ihrer »studentischen Buchabstinenz« (»Professoren gaben ihr Wissen diktierend weiter«) zum »intensiven Buchstudium« der modernen »Universitätskultur« in den ersten Dezennien nach 1800 beschreibt. Das direkt folgende Zitat S. 30.

136 Vgl. zu diesen und den folgenden Ausführungen Biesalski (in diesem Band) bzw. ders. 1991, S. 9 ff.

137 Vgl. stellvertretend Neumann 2001 bzw. Lucius 2007.

Schaufenster

Eine Analyse der modernen Buchgestaltung ist ohne die Einbeziehung des Schaufensters unmöglich. Dessen Geschichtsschreibung allerdings steht bis heute im Schatten der Fotografie und des Films, die zudem als wissenschaftliche Medien längst akzeptiert worden sind. Gleichwohl hat das Schaufenster im ausgehenden 19. Jahrhundert eine ähnliche Faszination hervorgerufen, da es nicht nur eng mit der Illuminierung der Metropolen und dem Umbau ihrer Verkehrsformen verbunden ist, sondern auch deren architektonische Substanz nachhaltig verändert hat. Mit den gläsernen Fassaden wurde eine bis dahin unbekannte »Kultur des Zeigens« etabliert,[138] die, einmal in die Welt gesetzt, zugleich auf die Gestaltung der Dinge zurückwirken konnte: diesseits und jenseits der Scheibe, im städtischen Leben ebenso wie im Ladenbau, für die Händler nicht weniger als für die Passanten. Durch die neue Ordnung des städtischen Raumes jedenfalls entstehen neue Formen der Öffentlichkeit und der Veröffentlichung. In der Alltags-, Konsum- und Marktforschung ist deshalb das Schaufenster wiederholt berücksichtigt worden, doch vergaß man dort zumeist den Umstand, dass neben Mode- und Hygieneartikeln, neben Haushaltswaren und Textilien auch Bücher in den Geschäftsauslagen aufgetaucht sind.[139]

Die Geschichte des Schaufensters beginnt, von wenigen Ausnahmen abgesehen,[140] um 1800 mit der Frontverglasung einzelner Luxusgeschäfte. Aus der Tiefe der Innenräume, Magazine und Werkstätten rücken die Waren in den Vordergrund vitrinenartig gebauter Fenster. Um 1830, durch Verbesserungen in der Glasherstellung unterstützt, breitet sich die neue Ladenarchitektur im städtischen Kleinhandel aus; ist aber erst in den 1890er Jahren zu jenem Massenphänomen geworden, das wir bis heute kennen. Jetzt sind vorgebaute Gläserkästen oder Schaufronten mit versprossten Fenstern an den Plätzen, Boulevards und Straßen zu finden. Gegen 1900 dann, ermöglicht durch gusseiserne Konstruktionen und den Übergang von der Gas- zur Elektrobeleuchtung, gipfelt diese Entwicklung in den spektakulären, weil großflächig durchbrochenen Fassaden der Warenhäuser. (Vgl. Abb. 11).

Mit der Konsequenz, dass die städtischen Wegenetze nicht mehr nur als Durchgangsorte fungieren, als Infrastrukturen einer permanenten Beschleunigung, sondern sich in eigene Ereignis- und Erlebnisräume verwandelt haben. ›Schaufensterbummeln‹, ›lécher les vitrines‹ oder ›window-shopping‹ stellt seither eine Körpertechnik keineswegs nur bürgerlicher Schichten dar. Anstatt sich zielstrebig fortzubewegen, von A nach B, seinen Intentionen folgend, stürmen von überall her insbesondere optische Reize auf den Passanten ein, der darum seinen Gang immer wieder verlangsamt, unterbrochen oder umgelenkt findet. So wird die Straße zu einer Art *Parcours*, mit Auslagen, die sich für »Fuß und Auge« als »Stolpereffekte«[141] erweisen; in der Absicht, aus vorwärts hastenden Fußgängern kaufbereite Kunden zu machen.

---

138 Vgl. König 2009, S. 13, die auch das Schaufenster in einem Kapitel behandelt. Die sorgfältigste Beschäftigung mit dem neuen Medium aber stammt bis heute von Nina Schleif (in diesem Band) bzw. dies. 2004.

139 Vgl. stellvertretend Osterwold 1974; Borscheid/Wischermann 1995; Meißner 2004.

140 Vgl. Reinhardt 1993, S. 269 ff., der von »mittelalterlichen Kaufgewölben« mit »horizontal aufklappbaren Holzläden« und von »Schautischen« im 17. Jahrhundert berichtet.

141 Börne 1823, S. 31; Osterwold 1974, S. 92.

Man muss sich den Vorgang bildlich vorstellen. Das Werbemittel versucht, einen vorübereilenden Menschen aufzuhalten, um ihn aus seinen eigenen Gedanken herauszureißen und ihm etwas zuzurufen.[142]

Noch anders ausgedrückt: Das Schaufenster gehört nicht nur zum »visuellen Enviroment« der Moderne, seine Inszenierungen von Objekten (z. B. Büchern) stellt nicht nur ein »Kernstück des Urbanismus« dar, sondern funktioniert auch als »Kommunikationserreger« zwischen Passanten und Waren, Straßen und Läden, Wünschen und Wirklichkeiten.[143]

Abb. 11: Fassade des Warenhauses *Tietz* mit Straßenszene. Leipziger Straße, Berlin.

Dass dabei weniger an klassische Sprechakttheorien oder die Grundbegriffe einer kommunikativen Vernunft zu denken ist, zeigt schon Marcel Duchamp, der 1913 das Schaufenstererleben als einen »Koitus durch eine Glasscheibe hindurch mit einem oder mehreren Objekten« beschreibt.[144] Zur Besichtigung der Auslagen gehört eben auch ein voyeuristischer, sexuell aufgeladener Blick. Ebenso, wie die ausgestellten Dinge nicht nur über eine »Zeigekraft« verfügen, von Gewerbevertretern oftmals mit pädagogischen, sozialen oder sogar ethischen Annahmen verbunden,[145] sondern durch ihre Physiognomie zugleich als Verführungsmacht

---

142 Domizlaff 1939, S. 108.
143 Weibel/Pakesch 1980, S. 5, 7, 9; Osterwold 1974, S. 6. Schleif 2004, S. 11 bezeichnet das Schaufenster als »prägendes Merkmal der Kultur der Moderne«.
144 Duchamp 1913, S. 125. Bouillon 1991, S. 169 spricht

in diesem Zusammenhang von einem »penetrierenden Blick«. Zur Sexualisierung des Schaufensters vgl. außerdem Weibel/Pakesch 1980, S. 7, 14; Osterwold 1974, S. 176 ff.
145 König 2009, S. 235, 341.

wirken: jederzeit in der Lage, das ›Ich denke‹ als Zentralkompetenz neuzeitlicher Subjekti-vität zu unterlaufen.[146] Anstatt als »Informations- und Sinnsysteme« aufzutreten, formieren sich in Schaufenstern Strategien der Überwältigung und der Anstiftung; als Interaktion der Warengestalt mit den Passantenkörpern – und gesteigert noch durch den Umstand, dass sich ihre Reize hinter den Lochfassaden der Häuser wie in einer *Peep-Show* darbieten.[147] Allerdings: Man sollte diese Praxis nicht gleich als Zerstreuung oder Entfremdung denun-zieren, ihr nicht sofort mit einer Geste der Entlarvung begegnen. Interessanter nämlich ist es, das Verhältnis von Passanten und Schaufenstern als ein Szenario anzunehmen, in dem beispielsweise Drucksachen, also auch wissenschaftliche Bücher die Gelegenheit ihres ersten und zudem öffentlichen Auftritts erhalten. So werden Käuferaugen gesteuert, deren Ein-druck mit entscheidet, was später Leseraugen zu verstehen geben; oder: Das Schaufenster stellt eine »primäre Kontaktzone« dar, ein eigenes »Publikationsorgan«,[148] das mit der Affek-tion rechnet, die jeder Lektion vorhergeht. Schon deshalb sind die verschiedenen Erregungs-techniken an und um (Buch-)Auslagen kein pathologischer Effekt, nicht ein Beweis für die Degeneration der Moderne, sondern initiierende und folglich konstitutive Momente der Wissensvermittlung. Seit Ende des 19. Jahrhunderts (und wahrscheinlich bis in die 1980er Jahre hinein) kann man vom Schaufenster als einem »epistemischen Paradigma« sprechen.

Regale

Die Präsentation von Büchern in Schaufenstern unterscheidet sich von derjenigen in Bib-liotheken, Lesesälen und privaten Arbeitszimmern. Nicht nur, weil mit den unterschiedli-chen Räumen unterschiedliche Funktionen und Haltungen verbunden sind (lesen statt an-schauen, sitzen statt gehen) oder weil durch Glasfassaden eine Innen-Außen-Dichotomie durchbrochen wird, die es Büchern erlaubt, im öffentlichen Raum zu erscheinen, sondern auch, weil sie sich vor dem Hintergrund einer ebenso langen wie bisher ungeschriebenen Geschichte der Buchaufstellungsweisen herausgebildet hat.[149] Die Beobachtung Benjamins jedenfalls, nach der »die Schrift« zuerst »aufrechte Inschrift« war, dann »zur schräg auf Pulten ruhenden Handschrift ward«, um »endlich sich im Buchdruck zu betten« ist ergän-zungsbedürftig.[150]

Für den aktuellen Kontext heißt das: Während in Bibliotheken oder privaten Arbeitszim-mern, wie erst seit der Renaissance üblich, die einzelnen Bände aufrecht und parallel zuei-nander mit ihren Rücken nach vorne in Regalen aufbewahrt werden, lässt sich in Schau-fenstern, durch Bauweise und Zwecksetzung bedingt, eine Praxis beobachten, die eher an die Katheder oder Lesebänke des 15. Jahrhunderts erinnert. (Vgl. Abb. 12).

Darin nämlich wurden Bücher entweder vertikal auf Einfassungen oberhalb der Arbeits-fläche gestellt, horizontal in Fächer gelegt oder an abgeschrägte Borde gelehnt; in jedem

---

146 »Der Glaube an die eigene Urteilskraft«, heißt das markentechnisch, »ist eine Frage der Eitelkeit«. Domiz-laff 1939, S. 33. Das direkt folgende Zitat König 2009, S. 341.

147 Vgl. Crary 1999, S. 135 f., der zwar die Schaufenster nicht erwähnt, dafür aber optische Einrichtungen wie etwa das *Kaiserpanorama* aus den 1880er Jahren als Vorformen der *Peep-Show* beschreibt. »Was man im Lichte der Son-ne sieht«, schreibt Baudelaire 1863, S. 455, »ist weniger interessant als das Geschehen hinter einer Scheibe.«

148 Osterwold 1974, S. 28, 73. Das direkt folgende Zitat Wei-bel/Pakesch 1980, S. 16. Fellinger/Schopf 2003, S. 27, 37 berichten, das *Hugendubel* in München und *K. Wittwer* in Ulm zur Premiere der *edition* am 2. Mai 1963 »Sonder-schaufenster« eingerichtet haben.

149 Einzig Petroski 1999 gibt erste Einblicke in diese Ge-schichte. Die folgenden Ausführungen basieren darauf.

150 Benjamin o.J., S. 103.

Abb. 12: Katheder-Systeme des 15. Jahrhunderts. Die Bücher sind zur Sicherheit angekettet. Aus Petroski 1999, S. 72.

Fall aber waren ihre Buchdeckel den Blicken der potentiellen Käufer zugewandt: »When the book was not in use [»but also to hold it in a convenient position for reading and consulting«], it lay cover up on the lectern, as if on display.«[151] Nicht anders moderne Buchhandlungen: Auch sie präsentieren in ihren Schaufenstern (meist im Gegensatz zum Ladeninneren) die Vorderansichten der Bücher, deren Gestaltung sie voraussetzen und herausfordern. (Vgl. Abb. 13).

Die Physiognomie der Drucksachen also ändert sich durch deren Auslage hinter Glas. Der direkten Handhabung und dem sofortigen Konsum entzogen,[152] werden sie zu Blickobjekten, die zunächst ein Begehren des Passanten auslösen sollen; oder: Im Schaufenster verwandeln sich Waren in Exponate; als seien die Präsentationsformen der Museen in den öffentlichen Raum ausgewandert und auch dort zu Produktionsbedingungen wissenschaftlichen Wissens geworden.[153] Mit Benjamin gesprochen: Neben den Gebrauchs- und den Tauschwert der Bücher ist Ende des 19. Jahrhunderts deren »Ausstellungswert« getreten, der den Blick der Passanten ebenso anzieht, wie er auf ihn antwortet.[154]

Im Unterschied zu Museen freilich bieten Schaufenster keine geschlossenen Baukörper, um die Dinge alltagsenthoben in kontemplativer Atmosphäre zu beheimaten. Viel-

---

151 Petroski 1999, S. 61, 69. Üblicherweise freilich gilt: »[T]he bookshelf under the book is something to be installed and forgotten.« Ebd., S. 12.

152 Diesen Umstand hebt besonders Wegmann 2005b, S. 143 hervor.

153 Vgl. dazu Schleif 2004, S. 23, 71; neuerdings auch König 2009, S. 117, 175 ff.

154 Benjamin 1936, S. 443. Schon Georg Simmel 1896, S. 172 hatte anlässlich einer Berliner Gewerbeausstellung von der »Schaufenster-Qualität der Dinge« gesprochen.

Abb. 13: Buchschaufenster von *A. Asher & Co.*, Berlin. Gut sichtbar die Aufstellung im Verkaufsraum, die Auslage und der Bezug zur Straße. Aus Kliemann 1937, Tafel 5.

mehr sind sie auf Veröffentlichung angelegt; ja mehr noch, ihre Auslagen greifen in die städtische Umgebung ein, da sie sich nicht nur anschauen lassen, wie passive Objekte, sondern durch ihre Gestaltung und deren Präsentationen selbst als Akteure hervortreten. Aus dem Entzug, mit anderen Worten, ist eine Intervention geworden, aus der Physiognomie eine Physio-Macht, die Schaulust erregt und zu Kauflust steigert. Denn es kommt, wie der Theaterkritiker Ludwig Börne in Paris notiert,

auf eine Minute, auf einen Schritt an, die Anziehungskräfte spielen zu lassen; denn eine Minute später, einen Schritt weiter steht der Vorübergehende vor einem anderen Laden [...]. Die Augen werden Einem wie gewaltsam entführt, man *muß* hinaufsehen und stehen bleiben, bis der Blick zurückkehrt.[155]

Die Markenoptik der Waren übernimmt dabei eine wesentliche Aufgabe: Nur so ist es möglich, dass auch kleine Gegenstände wie Bücher gut und schnell aus der Ferne wirken. Storfers *Almanach*, Fleckhaus' *edition* und Stankowskis Rauten (um bei den erwähnten Beispielen zu bleiben) bezeugen diese Strategie. Die Vorderseiten ihrer Umschläge verzichten auf detailreichen Schmuck und verwenden stattdessen eine gut lesbare Type auf einem weithin unbedruckten, aber kräftigen Farbhintergrund. Als Bücher sind sie deshalb nicht nur die temporären Bewohner einer Auslage, sondern selber schon durch ein Zusammenspiel aus Form und Geschwindigkeit gestaltet worden. Soll die Schrift und erst recht der Druck, einer klassischen Auffassung folgend, die Verräumlichung der Zeit zustande bringen, dann führt deren Präsentation in Schaufenstern zu einer Temporalisierung dieses Raumes. Noch anders gesagt: Seit Etablierung des gläsernen Auslagewesens werden Bücher

---

155 Börne 1823, S. 30. Ebenso Schauer 1962, S. 80: »Immer bedenke man, daß Schrift und Bild eines Umschlags auf zwei Meter Entfernung erkennbar und völlig erfaßbar sein müssen, denn so groß ist oft der Abstand von dem Beschauer vor der Schaufensterscheibe.«

vom Transit her entworfen, gebunden an die wechselhafte Rhythmik der Metropolen, so-dass einer Epistemologie der Buchgestaltung auch als ›Dromologie‹ nachgegangen werden muss.

Verlagseinbände

Nicht erst der Besitz oder Gebrauch von Büchern erzeugt Bedeutung, sondern bereits die Inszenierung ihrer Sichtbarkeit. Für die Blickregime und Körpertechniken, die das Schau-fenster inauguriert spielen folglich die Außen-, genauer noch die Vorderansichten der Bü-cher eine entscheidende Rolle. Auf sie fällt das erste Augenmerk aller späteren Leser. Dabei ist die Einbandgestaltung erst ab Mitte des 19. Jahrhunderts, vor allem durch die Indus-trialisierung des Drucks, zu einem Produktionsmoment der Verleger geworden.[156] Vorher wurden Bücher (für Schaufenster gänzlich unattraktiv) in rohen oder gehefteten, jedenfalls unbeschnittenen Bogen verkauft. Die Druckereien haben sie höchstens zum Schutz in neutrales Papier, sog. Interimsbroschuren eingeschlagen, die dann vom Buchbinder nach-träglich und den Wünschen der Kunden gemäß durch einen dauerhaften Einband ersetzt worden sind.[157] Das Ergebnis waren handwerklich-gestalterische Einzelstücke, sodass äu-ßerliche Gleichheit viel eher unter den Büchern einer privaten oder öffentlichen Bibliothek als unter den Exemplaren einer Auflage anzutreffen war.

Die Koppelung von Buchschaufenstern und Verlagseinbänden setzte dieser Tradition ein Ende. Gleichzeitig schafft sie die Voraussetzung für Seriengestaltungen und *Corporate De-sign*, denn nunmehr besteht jede Auflage aus identisch aussehenden und deshalb in den Auslagen leicht zu identifizierenden Büchern; oder, wie Kurt Schauer schreibt: Es »herrscht der Einband vor, den der Verleger durch den Buchhandel anbietet«.[158] (Vgl. Abb. 14).

Wie in der übrigen Warenwelt auch, entwickeln sich Bücher durch einheitliche Verpackun-gen zu Markenartikeln. So konventionalisieren sie ein Design, das weniger *en detail*, als vielmehr im Ganzen wahrgenommen wird. An Verlagseinbänden werden deshalb Farben, Typen, Linien oder Namen in Gesamtgebilde überführt; rasch zu erkennen und gut zu er-innern, anschaulich und antreibend zugleich, ebenso typisch wie taktisch. Fleckhaus hat sie für seine *edition* als ›Buttons‹ beschrieben, wie oben erwähnt, aber man kann sie mit Uwe Pörksen auch »Visiotypen« nennen:[159] »Aus Wort und Bild entstehen in der visualisierenden Welt verschweißte, isolierte Komplexe.« Ihre Absicht ist es, »standardisierte Wahrnehmungs-muster« aufzubauen, die sich schließlich zu »visuellen Argumenten« verfestigen.[160]

Pointiert ließe sich sagen: Seit Verlage über Gestaltungsfragen entscheiden, stellt das Au-ßen ihrer Bücher einen eigenen und eigens zu analysierenden Zeichentyp dar. Integration,

---

156 Vgl. insbes. Rhein 1962, S. 519, 531; Schaefer 1994, S. 22 f., 25 f.

157 »[B]is in die [achtzehnhundert-]neunziger Jahre hinein fuhren Verleger und Buchhändler fort, ihre Bücher in be-liebige Bogen einzuschlagen«. Rosner 1954, S. VIII.

158 Schauer 1962, S. 58. Ebenso Haefs 1996, S. 355 f. Dass Bücher in Verlagseinbänden erscheinen, ist durchaus ver-gleichbar mit der Entwicklung anderer Massengutformen wie Mehl, Zucker oder Kaffee, die erst aus Säcken heraus verkauft wurden, um dann als *Dr. Oetker, Leibniz-Cakes* und *Kaffee Hag* Karriere zu machen. Vgl. u.a. Mataja 1910, S. 449 ff.; Bongard 1964; Engel 1996; Schindelbeck 2004 bzw. Abb. 6 und 7.

159 Pörksen 1997, S. 27, der sich dazu auf den Stereotypen-Begriff von Lippmann 1922, S. 31 f. beruft. Dieser wiede-rum geht auf technische Verfahren der Buchproduktion zurück, in der Clichés oder eben Stereotypen als feststehende Druckformen eingesetzt wurden. Vgl. Cahn (in diesem Band), S. 144 f. Als Vorbild für Pörksen kann zu-dem die »ISOTYPE« (= »International System of Typo-graphic Picture Education«) des Wiener Sozialphilosophen Otto Neurath aus den 1920er Jahren gelten. Vgl. dazu Hartmann/Bauer 2002.

160 Ebd., S. 28, der auch von »Blickprägern« spricht: »Sie ma-chen nicht nur etwas sichtbar, sie sind überdies wirksam.« Ebd., S. 99.

Abb. 14: Werbeseite aus dem 1926er *Almanach* des *Internationalen Psychoanalytischen Verlages.* Original und farbige Rekonstruktion. *Collection Philippe Helaers.*

nicht Addition ist sein Prinzip; etwa so wie Worte von Lesern nicht als Zusammensetzungen, sondern als Einheiten wahrgenommen werden. Dabei ist auch hier das Ganze mehr als die Summe seiner Teile. Mit der Einbandgestaltung nämlich übernehmen die Verlage zugleich neue Möglichkeiten der Wahrnehmungsregie. Zwar ist es nicht falsch, in dieser Zeit von einer Harmonisierung oder Ästhetisierung des Layouts zu sprechen, vor allem für die 1920er Jahre kann ein »gestiegenes Interesse [...] auf dem Sektor des ›schön‹ gestalteten Buches« konstatiert werden;[161] allerdings geht es eher noch (und erst recht in Verbindung mit Schaufenstern) um die persuasiven Effekte der Visualisierung. Kein Ausstellungswert ohne Überzeugungsversuch, keine Gestaltungshoheit ohne Wirkungsmacht, sodass der Zeichentyp, den Einbände nunmehr bilden, auch als Vorzeichen ihrer Lektüren erscheint. Für eine »Wissenschaft vom Markenwesen« ist es nicht abwegig, Marken als »Sprache« zu definieren oder auf ihre »kommunikative Funktion« hinzuweisen;[162] eine Markengeschichte der Wissenschaft allerdings, die zudem an den Medien der Markenbildung interessiert ist, geht einen Schritt weiter: Ihr verdichtet sich das Einbanddesign zu Epistemogrammen[163]; vergleichbar mit der Einführung jener Skalen, Graphen und Schautafeln im 19. Jahrhundert, die keine ›Inhalte‹ illustrieren, nachahmen oder bezeichnen, sondern selber zu Bedingungen des Wissens avanciert sind.

---

161 Haefs 1996, S. 353, der dazu auch »ambitioniert gestaltete ›Reihenbücher‹« zählt. Ebd.
162 Ebd., S. 370; ausführlicher Mataja 1910, S. 362 ff. bzw. Hellmann 2003, S. 88 ff., 243 ff.

163 Dieser Neologismus ist parallel zum Diagramm-Begriff gebildet, der in den letzten Jahren zumeist als »Hybrid aus Sprache und Bild« eine Konjunktur erlebt hat. Vgl. u. a. Krämer 2009.

So stehen Einbände genau genommen neben Schrift-und/oder-Bildern: als dritter Zustand auf Papier, indem sie ergänzend zur Ikonographie als Hybrid- oder Mischform die Rhetorik ihrer Anordnung und seines Designs in den Vordergrund rücken. Mit Verlagseinbänden jedenfalls sollen Anschlusshandlungen evoziert werden; durch einen Impuls, der vom Ansehen aufs Durchlesen drängt, von der Steuerung des Blicks zum Wissen im Druck.

Reklame

Die Entstehung moderner Präsentations- und Verpackungsformen stellt bis dahin unbekannte Anforderungen an die Gestaltung von Drucksachen. Denn was in Schaufenstern zur Auslage kommt, ist vor seiner Beurteilung als gut, wahr oder schön bereits ein Reklamemittel gewesen. Zumindest auf das Design der Einbände und Umschläge kann deshalb die Ansicht des Plakatkünstlers Ernst Growald übertragen werden, nach der »Schriftzeichen nicht mehr auf ihren verborgenen Sinn befragt werden wollen, sondern sich der Sinne großstädtischer Passanten bemächtigen«[164].
Einer Notiz Benjamins zufolge taucht Anfang des 19. Jahrhunderts die »Reklame« als Wort und unübersehbare Tatsache in den Metropolen Europas auf.[165] Ab den 1850er Jahren nämlich, nach dem Übergang von der Zunft- zur Marktwirtschaft, treten konkurrenzbetonte Handelsformen in den Vordergrund, die sich schnell in einer Eskalation werblicher Aktivitäten und einer Ausdifferenzierung der daran beteiligten oder eigens dazu erfundenen Medien bemerkbar machen.[166] In diese Zeit fällt außerdem die Aufhebung des »Intelligenzzwangs« und die Gründung der ersten »Insertions-Agenturen«. Wie später nur noch die Ornamente des Jugendstils, beginnen fortan Schriftzüge, Symbole, Plakate, Lichtkörper oder Schilder die Fassaden, Säulen und Vitrinen der Geschäfts- und sogar Wohnhäuser zu überwuchern. »Propaganda«, kann deshalb Bernays als erster »public relations counsel« erklären,

> is the mechanism by which ideas are disseminated on a large scale, in the broad sense of an organized effort to spread a particular belief or doctrine. [...] [Thus] the conscious and intelligent manipulation of the organized habits and opinions of the masses is an important element in democratic society.[167]

In Deutschland jedoch dauert es noch bis in die 1890er Jahre, um auch Bücher als Reklameträger zu entdecken und dann Inhaltsverzeichnisse, Pressestimmen, Verlagsanzeigen oder eigens verfasste Propagandatexte auf deren Vorder- und sogar Rückseiten zu drucken.[168] Das gilt für die fest mit dem Buchblock verbundenen Einbände und mehr noch, weil leichter herzustellen, für die losen Umschläge sowie deren Ergänzung, die sog. Bauchbinden; das sind einzelne um das Buch gefaltete Papierstreifen, durch die der Verleger auf unerwartete, für den Vertrieb aber förderliche Ereignisse reagieren kann.[169] Über »den Erfolg«, heißt es in Werbekreisen, entscheidet »nicht die Herstellung der Ware, sondern

164 Growald 1904, S. 16. »Gute Plakate brauchen nicht gelesen, sie müssen gesehen werden.« Ebd., S. 13.
165 Benjamin 1935, S. 51, 59. Vor allem »die Schrift«, heißt es an anderer Stelle, »wird unerbittlich von Reklamen auf die Straße hinausgezerrt«. Ders. o.J., S. 103.
166 Vgl. insbes. Reinhardt 1993, S. 169 ff.; Borscheid 1995; Haas 2003. Ebenso die direkt folgenden Zitate.

167 Bernays 1928, S. 37, 9, 20.
168 »Das mit illustrierten Umschlägen Werbung betrieben werden konnte, diese Erkenntnis setzt sich erstmals im Zeichen des Jugendstils durch.« Haefs 1996, S. 358.
169 Vgl. Rosner 1954, S. V.

die Art, wie sie dem Publikum angeboten wird«; oder: »The environment as a processor of information is propaganda.«[170]

Eine Feststellung, die auch für die Fabrikation wissenschaftlichen Wissens gilt: »Man hat vom Forschungsbetrieb wenig verstanden, wenn man ihn nur als organisierte Suche nach Wahrheit begreift.«[171] Vielmehr wird hier »Propaganda und Politik« gemacht, sodass Publikationen niemals nur »Mitteilungen an die Fachwelt« sind, sondern zugleich ein »Kampf um Aufmerksamkeit«; im Falle von Büchern durch »eine gute Presse« ebenso initiiert wie durch die Gestaltung der Drucksachen selber.

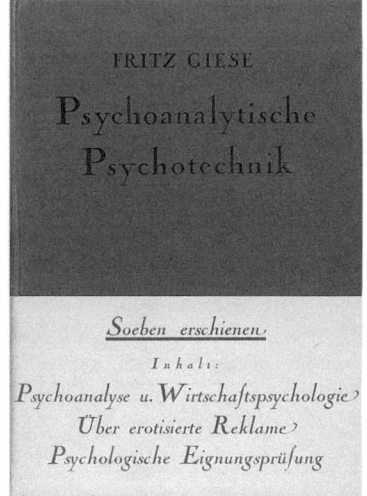

Abb. 15: Umschlag- und Bauchbinden-Exemplar des *Internationalen Psychoanalytischen Verlages*, beide 1924. *Collection Philippe Helaers, Fachantiquariat für Psychoanalyse Urban Zerfaß.*

Dabei hat der Buchumschlag, wie Rosner schreibt, »bescheiden angefangen. Er war ursprünglich nichts anderes als eine Schutzhülle, mit der [...] Buchhändler ihre Ware gegen Staub und Feuchtigkeit schützten«.[172] Ob diese Schutzfunktion aus dem Einschlagpapier der Buchbinder oder einer Verselbstständigung der Broschur hervorgegangen ist, kann bis heute nicht eindeutig geklärt werden. Fest steht aber, dass der lose Umschlag schon seit den 1830er Jahren »mehr ist, als ein Stück Papier«, um sich dann »im späten neunzehnten Jahrhundert [...] unabhängig von den Errungenschaften auf dem Gebiet des Einbandes weiterzuentwickeln«.[173] Sein »Hauptzweck« wird es nun, in Schaufenstern als Werbemittel aufzutreten, sodass er »den Betrachter zum Kaufentschluß hinzureißen vermag«[174]; eine Emanzipation, durch die sich nicht nur das äußere vom inneren Erscheinungsbild des Buches ablöst (etwa bei der Wahl der Typographie oder der Anordnung des Satzspiegels), sondern auch der Anspruch, Form und Inhalt, Text und Ausstattung aufeinander beziehen zu müssen, fallen gelassen wird.

170 Geiger 1926, S. 6; McLuhan/Fiore 1967, S. 142.
171 Franck 1998, S. 38. Die direkt folgenden Zitate S. 39 f., 46.
172 Rosner 1954, S. VII f. Ebenso Schauer 1962, S. 72 f.
173 Ebd., S. V, VIII. Der Umschlag, heißt es auf S. XIII auch, ist »ein Emporkömmling«, der lange gebraucht hat, um »gesellschaftsfähig« zu werden. »Bis 1923 war es [auch in Bibliotheken] allgemein üblich, sie zu vernichten. [...]

Erst im Jahre 1932 wurden [von A. J. Hoppe und Henry McAnally] die ersten ernsthaften Betrachtungen über die Frage das Sammelns von Schutzumschlägen veröffentlicht.«
174 Schauer 1962, S. 75. Vgl. auch Exner 1896, S. 3: »Die Reklame muss im Schaufenster gegenüber der Warenauslage zu ihrem Rechte kommen.«

Zudem bestätigt diese »Autonomisierung des Buchumschlags«[175] den Status- und Funktionswechsel, den Markenartikel in die Geschichte der Verpackungen eingeführt haben: Sie sind nicht fest mit dem Inhalt verbunden (als deren Ausdruck oder Repräsentation), durch ihre Gestaltung aber werden sie von einer dekorativen Nebensache zu jenen »Kleidern, die erst die wahren Produkte machen«[176].

»Ist es wahr«, lässt Friedrich Nietzsche 1886 ein kleines Mädchen fragen, »dass der liebe Gott überall zugegen ist?«, um gleich darauf zu antworten: »[I]ch finde das unanständig. [...] Man sollte die Scham besser in Ehren halten«; mit einem »Cultus der Oberfläche«, dem jeder »Griff unter sie« ebenso »ungeschickt« wie »unschicklich« gilt.[177] Was für Nietzsche eine Kritik metaphysischer Erkenntnismodelle gewesen ist, kann freilich im Rückblick auch als Signatur einer Epoche gelesen werden, in der durch Gestaltungsstrategien Markenprodukte geschaffen und durchgesetzt wurden. Die Außenansicht von Büchern gehört unbedingt dazu; so wie der Baseler Ex-Professor nicht nur die Erscheinungsweise seiner Publikationen akribisch kontrolliert hat, sondern vorher in Notizbüchern schon die Gestaltung ihrer Einbände skizziert.[178]

Der Anfang also ist in Sicht gekommen, dessen Fortsetzung weder Konsumkritik noch Medienrevolutionen oder ›No-Logo‹-Bewegungen aufhalten konnten. Das Ende dagegen scheint noch offen. Es sei denn, man bewertet jenen Überdruss an Präsenz, der in den Wissenschaften seit einiger Zeit durch die Inflation der Leitbegriffe und Paradigmenwechsel angezeigt wird, als die Schließung einer ›episteme‹, zu deren Epistemologie hier erste Schritte unternommen werden.

Literatur

Adorno, Theodor W. / Horkheimer, Max (1947): *Dialektik der Aufklärung. Philosophische Fragmente.* Frankfurt/M. (Fischer) 1969.

Barthes, Roland (1973): *Die Lust am Text.* Frankfurt/M. (Suhrkamp) 1974.

Baudelaire, Charles (1863): *Die Blumen des Bösen. Der Spleen von Paris.* Leipzig (Insel) 1990.

Bayazit, Nigan (2004): »Investigating Design. A Review of Forty Years of Design Research«. In: *Design Issues* 20/1. Massachusetts (MIT Press), S. 16–29.

Beintker Niels (2003): »Vor 40 Jahren. Die ersten Bände der Edition Suhrkamp erscheinen«. In: *KalenderBlatt.* Deutschlandradio Berlin, 2. Mai 2003.

Benjamin, Walter (o. J.): »Passagen, Magasins de nouveautés, calicots«. In: ders.: *Gesammelte Schriften.* Hg. von Rolf Tiedemann und Hermann Schweppenhäuser, Bd. V/1. Frankfurt/M. (Suhrkamp) 2003, S. 83–109.

Benjamin, Walter (1921): »Kapitalismus als Religion«. In: ders.: *Gesammelte Schriften.* Hg. von Rolf Tiedemann und Hermann Schweppenhäuser, Bd. VI. Frankfurt/M. (Suhrkamp) 1991, S. 100–103.

Benjamin, Walter (1935): »Paris, die Hauptstadt des XIX. Jahrhunderts«. In: ders.: *Gesammelte Schriften.* Hg. von Rolf Tiedemann und Hermann Schweppenhäuser, Bd. V/1. Frankfurt/M. (Suhrkamp) 2003, S. 45–59.

175 Haefs 1996, S. 353.
176 Borscheid 1995, S. 30.
177 Nietzsche 1882/1886, S. 352; ders. 1886, S. 78, 11.
178 Vgl. ausführlich Windgätter 2006, S. 314 ff.

Benjamin, Walter (1936): »Das Kunstwerk im Zeitalter seiner technischen Reproduzierbarkeit«. In: ders.: *Gesammelte Schriften*. Hg. von Rolf Tiedemann und Hermann Schweppenhäuser, Bd. I/2. Frankfurt/M. (Suhrkamp) 1991, S. 435–508.

Bernays, Edward L. (1928): *Propaganda*. New York (Horace Liveright).

Bernhard Andreas (2000): »Die achtundvierzig Farben der Literatur. Wie die Taschenbücher des Suhrkamp Verlages zu Fetischobjekten geworden sind.«. In: *50 Jahre Suhrkamp Verlag. Dokumentation zum 1. Juli 2000*. Frankfurt/M. (Suhrkamp), S. 145 ff.

Biesalski, Ernst-Peter (1991): »Die Mechanisierung der deutschen Buchbinderei 1850–1900«. In: *Archiv für Geschichte des Buchwesens* 36. Berlin (de Gruyter), S. 1–94.

Böhme, Hartmut (2006): *Fetischismus und Kultur. Eine andere Theorie der Moderne*. Reinbek (rowohlt).

Börne Ludwig (1862): »Die Läden«. In: ders.: *Sämtliche Schriften*. Band 2: Schilderungen aus Paris. Düsseldorf (Melzer) 1964, S. 29–34.

Bolz, Norbert (1999): *Die Wissenschaft des Unsichtbaren. Spiritualität – Kommunikation – Design – Wissen: Die Produktivkräfte des 21. Jahrhunderts*. München (Econ).

Bongard, Willi (1964): *Fetische des Konsums. Portraits klassischer Markenartikel*. Hamburg (Nannen).

Borscheid Peter / Wischermann, Clemens (1995) (Hg.): *Bilderwelt des Alltags. Werbung in der Konsumgesellschaft des 19. und 20. Jahrhunderts*. Stuttgart (Franz Steiner).

Borscheid, Peter (1995): »Am Anfang war das Wort. Die Wirtschaftswerbung beginnt mit der Zeitungsannonce«. In: ders. und Clemens Wischermann (Hg.): *Bilderwelt des Alltags. Werbung in der Konsumgesellschaft des 19. und 20. Jahrhunderts*. Stuttgart (Franz Steiner), S. 20–43.

Bouillon, Jean-Paul (1991): »The Shop Window«. In: Jean Clair (Hg.): *The 1920s. Age of the Metropolis*. Montreal (Montreal Museum of Fine Arts), S. 162–181.

Buddensieg, Tilmann 1979 (Hg.): *Industriekultur. Peter Behrens und die AEG 1907–1914*. Berlin (Mann Verlag).

Cahn, Michael (1991): »Die Medien des Wissens. Sprache, Schrift, Druck«. In: ders. (Hg.): *Der Druck des Wissens. Geschichte und Medium der wissenschaftlichen Publikation*. Wiesbaden (Staatsbibliothek Preußischer Kulturbesitz, Berlin), S. 31–64.

Cahn, Michael (1994): »Hamster: Wissenschafts- und mediengeschichtliche Grundlage der sammelnden Lektüre«. In: Paul Goetsch (Hg.): *Lesen und Schreiben im 18. Jahrhundert: Studien zu ihrer Bewertung in Deutschland, England, Frankreich*. Tübingen (Narr), S. 63–77.

Cahn, Michael (1997): »Die Rhetorik der Wissenschaft im Medium der Typographie. Zum Beispiel die Fußnote«. In: Hans-Jörg Rheinberger, Michael Hagner und Bettina Wahrig-Schmidt (Hg.): *Räume des Wissens. Repräsentation, Codierung, Spur*. Berlin (Akademie-Verlag), S. 91–109.

Cahn, Michael (2004): »*Opera Omnia*. The Production of Cultural Authority«. In: Karine Chemla (Hg.): *History of Science, History of Text*. Doderecht (Springer), S. 81–94.

Chartier, Roger (1982): *Lesewelten. Buch und Lektüre in der frühen Neuzeit*. Frankfurt/M., New York (Campus) 1990.

Crary, Jonathan (1999): *Suspensions of Perception: Attention, Spectacle, and Modern Culture*. Cambridge (MIT Press).

Cronau, Rudolf (1887): *Das Buch der Reklame. Geschichte, Wesen und Praxis der Reklame*. V. Abteilungen. Ulm (Wohler'sche Buchhandlung).

Cross, Nigel (1982): »Designerly Ways of Knowing. Design Discipline versus Design Science«. In: *Design Studies* 3/4, S. 221–227

Derrida, Jacques (1967a): »Von der beschränkten zur allgemeinen Ökonomie. Ein rückhaltloser Hegelianismus«. In: ders.: *Die Schrift und die Differenz.* Frankfurt/M. (Suhrkamp) 1992, S. 380–421.

Derrida, Jacques (1967b): *Grammatologie.* Frankfurt/M. 1994.

Derrida, Jacques (1968): »Die Différance«. In: ders.: *Randgänge der Philosophie.* Wien (Passagen) 1988, S. 29–52.

Derrida, Jacques (1971): »Signatur Ereignis Kontext«. In: ders.: *Randgänge der Philosophie.* Wien (Passagen) 1988, S. 291–314.

Derrida, Jacques (1990a): »Let us not forget – psychoanalysis«. In: *Oxford Literary Review* 12, Nr. 1–2, S. 3–7.

Derrida, Jacques (1990b): »Aus Liebe zu Lacan.« In: ders.: *Vergessen wir nicht – die Psychoanalyse!* Frankfurt/M. (Suhrkamp) 1998, S. 15–58.

Derrida, Jacques (1998): »Vergessen wir nicht – die Psychoanalyse«. In: ders.: *Vergessen wir nicht – die Psychoanalyse!* Frankfurt/M. (Suhrkamp), S. 7–14.

Derrida, Jacques / Gadamer, Hans-Georg (2004): *Der ununterbrochene Dialog.* Frankfurt/M. (Suhrkamp).

Domizlaff, Hans (1939): *Die Gewinnung des öffentlichen Vertrauens. Ein Lehrbuch der Markentechnik.* Hamburg (Hans Dulk) 1951.

Duchamp, Marcel (1913): »Die Weisse Schachtel, 1966: Im Infinitiv«. In: *Die Schriften.* Bd. 1. Hg. von Serge Stauffer. Zürich (Ruff) 1994, S. 121–170.

Edelmann, Heinz (1995): »Der erste echte deutsche Art Director«. Ein Gespräch mit Heinz Edelmann. In: Michael Koetzle und Carsten M. Wolff (Hg.): *Fleckhaus. Deutschlands erster Art Director.* München, Berlin (Klinkhardt & Biemann) 1997, S. 233 ff.

Eisenstein, Elizabeth (1979): *The Printing Press as an Agent of Change. Communications and Cultural Transformations in Early Modern Europe.* 2 Bde. Cambridge (Cambridge University Press).

Engel, Frauke (1996): »Reiz und Hülle – Gebrauchsverpackungen zwischen Schutzfunktion, Werbung und Kunst«. In: Susanne Bäumler (Hg.): *Die Kunst zu werben. Das Jahrhundert der Reklame.* München (Dumont), S. 121–130.

Engell, Lorenz / Pias, Claus / Vogl, Joseph (Hg.) (1999): *Kursbuch Medien-Kultur. Die maßgeblichen Theorien von Brecht bis Baudrillard.* Stuttgart (DVA).

Ernst, Albert (2005): *Wechselwirkung. Textinhalt und typografische Gestaltung.* Würzburg (Königshausen & Neumann).

Ernst, Ulrich (1985): »Lesen als Rezeptionsakt. Textpräsentation und Textverständnis in der manieristischen Barocklyrik«. In: *Zeitschrift für Literaturwissenschaft und Linguistik.* Jg. 15, H. 57/58: Lesen – historisch. Hg. von Brigitte Schlieben-Lange. Göttingen (Vandenhoeck & Ruprecht), S. 67–94.

Exner, Robert (1896): *Moderne Schaufenster-Reklame.* Berlin (Verlag der Robert Exner Kommand.-Ges.).

Fellinger, Raimund / Schopf Wolfgang (2003): *Kleine Geschichte der edition suhrkamp.* Frankfurt/M. (Suhrkamp).

Felsch, Philipp (2008): »Merves Lachen«. In: *Zeitschrift für Ideengeschichte.* H. II/4, Die Insel West-Berlin. Hg. von Wolfert von Rahden & Stephan Schlak. München (Beck), S. 11–30.

Fleck, Ludwik (1935): *Entstehung und Entwicklung einer wissenschaftlichen Tatsache.* Frankfurt/M. (Suhrkamp) 1980.

Fleckhaus, Willy (1973): »Arbeiten aus meiner vielseitigen Tätigkeit«. Vortrag auf Einladung der Schweizer Buchhändler, gehalten am 9.11.1973 in Basel. In: Michael Koetzle und Carsten M. Wolff (Hg.): *Fleckhaus. Deutschlands erster Art Director.* München, Berlin (Klinkhardt & Biemann) 1997, S. 275–279.

Fleckhaus, Willy (1980): »Nach-Lese«. Vortrag auf dem Typografie-Symposium in Stuttgart am 20.10.1980. In: Michael Koetzle und Carsten M. Wolff (Hg.): *Fleckhaus. Deutschlands erster Art Director.* München, Berlin (Klinkhardt & Biemann) 1997, S. 279 ff.

Flusser, Vilém (1987): *Die Schrift. Hat Schreiben Zukunft?* Frankfurt/M. (Fischer) 1992.

Forget, Philippe (Hg.) (1984): *Text und Interpretation. Deutsch-französische Debatte.* München (Fink).

Foucault, Michel (1969): *Archäologie des Wissens.* Frankfurt/M. (Suhrkamp) 1998.

Fouquet-Plümacher, Doris / Krauthausen, Leon: »Verlagseinband digital«. In: *Einbandforschung* 22. Berlin 2008.

Franck, Georg (1998): *Ökonomie der Aufmerksamkeit.* München, Wien (Hanser).

Freud, Sigmund (1925): »Die Verneinung«. In: ders.: *Gesammelte Werke.* Hg. von Anna Freud et al., Bd. XIV. Frankfurt/M. (Fischer) 1999, S. 9–15.

Füssel, Stephan (1997): »Buchwissenschaft als Kulturwissenschaft«. In: ders. (Hg.): *Im Zentrum – das Buch. 50 Jahre Buchwissenschaft in Mainz.* Mainz (Gutenberg-Gesellschaft), S. 62–73.

Gadamer, Hans-Georg (1981): »Text und Interpretation«. In: Philippe Forget (Hg.): *Text und Interpretation. Deutsch-französische Debatte.* München (Fink) 1984, S. 24–55.

Geiger, H. M. (1926): »Dekoratives im Sommer«. In: *Schaufenster-Kunst und -Technik.* 1. Jg., Nr. 9, S. 5–7.

Genette, Gérard (1987): *Paratexte. Das Buch vom Beiwerk des Buches.* Frankfurt/M. (Suhrkamp) 2003.

Giesecke, Michael (1991): *Der Buchdruck in der frühen Neuzeit. Eine historische Fallstudie über die Durchsetzung neuer Informations- und Kommunikationstechnologien.* Frankfurt/M. (Suhrkamp).

Gondek, Hans-Dieter (1998): »›La séance continue‹. Jacques Derrida und die Psychoanalyse«. In: Jacques Derrida: *Vergessen wir nicht – die Psychoanalyse!* Frankfurt/M. (Suhrkamp), S. 179–232.

Groß, Sabine (1990): »Schrift-Bild. Die Zeit des Augenblicks«. In: Georg Christoph Tholen und Michael O. Scholl (Hg.): *Zeit-Zeichen. Aufschübe und Interferenzen zwischen Endzeit und Echtzeit.* Weinheim (VCH), S. 231–246.

Growald, Ernst (1904): *Der Plakat-Spiegel. Erfahrungssätze für Plakat-Künstler und Besteller.* Berlin (Kampffmeyer'scher Zeitungs-Verlag).

Grube, Gernot / Kogge, Werner: »Zur Einleitung. Was ist Schrift?« In: dies. und Sybille Krämer (Hg.): *Schrift. Kulturtechnik zwischen Auge, Hand und Maschine.* München (Fink), S. 9–19.

Haas, Stefan (2003): »Sinndiskurse in der Konsumkultur. Die Geschichte der Wirtschaftswerbung von der ständischen bis zur postmodernen Gesellschaft«. In: Michael Prinz (Hg.): *Der lange Weg zum Überfluss. Anfänge und Entwicklung der Konsumgesellschaft seit der Vormoderne.* Paderborn et al. (Schöningh), S. 291–314.

Haefs, Wilhelm (1996): »Ästhetische Aspekte des Gebrauchsbuches in der Weimarer Republik«. In: Mark Lehmstedt und Lothar Poethe (Hg.): *Leipziger Jahrbuch zur Buchgeschichte* 6. Wiesbaden (Harrassowitz), S. 353–382.

Hagner, Michael (2008): »Das Hirnbild als Maske«. In: *Bildwelten des Wissens* 6/1. Berlin (Akademie), S. 43–51.

Hartmann, Frank / Bauer, Erwin K. (Hg.) (2002): *Bildersprache. Otto Neurath, Visualisierungen*. Wien (WUW) 2006.

Hartmann, Frank (2007): »Geschichte: Informationsdesign«. In: Wibke Weber (Hg.): *Kompendium Informationsdesign*. Berlin (Springer), S. 23–51.

Haug, Wolfgang Fritz (1971): *Kritik der Warenästhetik*. Frankfurt/M. (Suhrkamp) 2009.

Hellmann, Kai-Uwe (2003): *Soziologie der Marke*. Frankfurt/M. (Suhrkamp).

Holstein, Jürgen: *Blickfang. Bucheinbände und Schutzumschläge Berliner Verlage 1919–1933*. Berlin (Holstein) 2005.

Jäger, Georg (1990): *Buchhandel und Wissenschaft. Zur Ausdifferenzierung des wissenschaftlichen Buchhandels*. Siegen (Universität GH Siegen).

Johnson, Steven (1999): *Interface Culture. Wie neue Technologien Kreativität und Kommunikation verändern*. Stuttgart (Klett-Cotta).

Joost, Gesche / Scheuermann, Arne (Hg.): *Design als Rhetorik. Grundlagen, Positionen, Fallstudien*. Basel, Boston, Berlin (Birkhäuser) 2008.

Kerlen, Dietrich (2007): »Das Buch als Medium der akademischen Professionalisierung in Deutschland. Vermessung eines Sonderweges«. In: Thomas Keiderling, Arnulf Kutsch und Rüdiger Steinmetz (Hg.): *Buch – Markt – Theorie. Kommunikations- und medienwissenschaftliche Perspektiven*. Erlangen (filos), S. 19–40.

Kittler, Friedrich A. (1985): *Aufschreibesysteme 1800–1900*. München (Fink) 1995.

Kliemann, Horst (1937): *Die Werbung fürs Buch*. 3. voll. neubearb. Aufl. Stuttgart (C. E. Poeschel).

Knipphals, Dirk (2000): »Der Stuhl ist hart. Bücherkultur, bundesrepublikanisch: Der Suhrkamp Verlag wird fünfzig«. In: *50 Jahre Suhrkamp Verlag. Dokumentation zum 1. Juli 2000*. Frankfurt/M. (Suhrkamp), S. 107–112.

Koetzle, Michael / Wolff, Carsten M. (Hg.) (1997): *Fleckhaus. Deutschlands erster Art Director*. München, Berlin (Klinkhardt & Biemann).

König, Gudrun M. (2009): *Konsumkultur. Inszenierte Warenwelt um 1900*. Wien, Köln, Weimar (Böhlau).

Krämer, Sybille (2003): »›Schriftbildlichkeit‹ oder: Über eine (fast) vergessene Dimension der Schrift«. In: Horst Bredekamp und dies. (Hg.): *Bild – Schrift – Zahl*. München (Fink), S. 157–176.

Krämer, Sybille (2009): »Operative Bildlichkeit. Von der ›Grammatologie‹ zu einer ›Diagrammatologie‹? Reflexionen über erkennendes ›Sehen‹«. In: Martina Hessler und Dieter Mersch (Hg.): *Logik des Bildlichen. Zur Kritik der ikonischen Vernunft*. Bielefeld (transkript), S. 94–122.

Krohn, Wolfgang (2006): »Die ästhetischen Dimensionen der Wissenschaft«. In: ders. (Hg.): *Ästhetik in der Wissenschaft*. Sonderheft 7 der Zeitschrift für Ästhetik und Allgemeine Kunstwissenschaft. Hamburg (Meiner), S. 3–38.

Lacan, Jacques (1964): »Tyche und Automaton«. In: ders.: *Die vier Grundbegriffe der Psychoanalyse*. Weinheim, Berlin (Quadriga) 1987, S. 59–70.

Lacan, Jacques (1966a): *Écrits*. Paris (Éditions du Seuil).

Lacan, Jacques (1966b): »Das Drängen des Buchstabens im Unbewussten oder die Vernunft seit Freud«. In: ders.: *Schriften II.* Freiburg i. B. (Olten) 1975, S. 15–55.

Lacan, Jacques (1970): *Écrits.* 2. Aufl. Paris (Éditions du Seuil).

Lagaay, Alice / Lauer, David (2004) (Hg.): *Medientheorien. Eine philosophische Einführung.* Frankfurt/M., New York (Campus).

Latour, Bruno (1999): *Die Hoffnung der Pandora. Untersuchungen zur Wirklichkeit der Wissenschaft.* Frankfurt/M. (Suhrkamp).

Leitherer, Eugen / Wichmann, Hans (1987) (Hg.): *Reiz und Hülle. Gestaltete Warenverpackungen des 19. und 20. Jahrhunderts.* Basel et al. (Birkhäuser).

Liede, Alfred (1963): *Dichtung als Spiel. Studien zur Unsinnspoesie an den Grenzen der Sprache*, 2 Bde. Berlin, New York (de Gruyter) 1992.

Lippmann, Walter (1922): *Public Opinion.* London (BN Publishing).

Lucius, Wulf D. v. (2007): »Buchgestaltung und Buchkunst«. In: Ernst Fischer und Stephan Füssel (Hg.): *Geschichte des deutschen Buchhandels im 19. und 20. Jahrhundert.* Bd. 2: Die Weimarer Republik 1918–1933, Teil 1. München (K. G. Saur Verlag), S. 315–340.

Mareis, Claudia (2009): »Designforschung. Neue Zugänge zur Wissensproduktion im Design«. In: Corina Caduff, Fiona Siegenthaler und Tan Wälchli (Hg.): *Kunst und künstlerische Forschung.* Zürich (Scheidegger & Spiess), S. 98–107.

Mataja, Victor (1909): *Die Reklame. Eine Untersuchung über Ankündigungswesen und Werbetätigkeit im Geschäftsleben.* München (Duncker & Humblot) 1920.

McGann, Jerome J. (1991): *The Textual Condition.* Princeton N. J. (Princeton University Press).

McLuhan, Marshall (1964): *Understanding Media. The Extensions of Man.* New York, London (Routledge & Paul) 1995.

McLuhan, Marshall / Fiore, Quentin (1967): *The Medium is the Massage.* London (Penguin) 2008.

Meißner, Jörg (Hg.) (2004): *Strategien der Werbekunst 1850–1933.* Berlin (Deutsches Historisches Museum).

Mersch, Dieter (2002): *Was sich zeigt. Materialität, Präsenz, Ereignis.* München (Fink).

Michalzik, Peter (2000): »Fünfzig Jahre Ewigkeit. Furioser Kosmos des 20. Jahrhunderts: Wie Siegfried Unseld und sein Frankfurter Suhrkamp Verlag das geistige Leben der Bundesrepublik prägten«. In: *50 Jahre Suhrkamp Verlag. Dokumentation zum 1. Juli 2000.* Frankfurt/M. (Suhrkamp), S. 103–106.

Neumann, Peter (2001): »Buchgestaltung«. In: Georg Jäger (Hg.): *Geschichte des deutschen Buchhandels im 19. und 20. Jahrhundert.* Bd. 1: Das Kaiserreich 1870–1918, Teil 1. Frankfurt/M. (Buchhändler Vereinigung), S. 182–196.

Niefanger, Dirk (2002): »Der Autor und sein Label. Überlegungen zur ›fonction classificatoire‹ Foucaults (mit Fallstudien zu Langbehn und Kracauer)«. In: Heinrich Detering (Hg.): *Autorschaft: Positionen und Revisionen.* Stuttgart, Weimar (Metzler), S. 521–539.

Nietzsche, Friedrich (1882/1886): »Die fröhliche Wissenschaft«. In: ders.: *Kritische Studienausgabe.* Bd. 3. Hg. von Giorgio Colli und Mazzino Montinari. München, Berlin, New York (dtv, de Gruyter) 1988 ff.

Nietzsche Friedrich (1886): »Jenseits von Gut und Böse«. In: ders.: *Kritische Studienausgabe.* Bd. 5. Hg. von Giorgio Colli und Mazzino Montinari. München, Berlin, New York (dtv, de Gruyter) 1988 ff.

Osterwold, Tilman (1974): *Schaufenster. Die Kulturgeschichte eines Massenmediums.* Stuttgart (Kunstverein).

Petersen, Dag-Ernst (Hg.) (1994): *Gebunden in der Dampfbuchbinderei. Buchbinden im Wandel des 19. Jahrhunderts.* Wiesbaden (Harrassowitz).

Petroski, Henry (1999): *The Book on the Bookshelf.* New York (Knopf).

Podak, Klaus (2000): »Die Kraft der alten Meister. Der Suhrkamp Verlag hat in den 50 Jahren seines Bestehens die Geschichte dieser Republik mitgeformt – ein Geburtstagsgruß«. In: *50 Jahre Suhrkamp Verlag. Dokumentation zum 1. Juli 2000.* Frankfurt/M. (Suhrkamp), S. 84–93.

Pörksen, Uwe (1997): *Weltmacht der Bilder. Eine Philosophie der Visiotype.* Stuttgart (Klett-Cotta).

Raible, Wolfgang (1997): »*Von der Textgestalt zur Texttheorie. Beobachtungen zur Entwicklung des Text-Layouts und ihren Folgen*«. In: Peter Koch und Sybille Krämer (Hg.): *Schrift, Medien, Kognition. Über die Exteriorität des Geistes.* Tübingen (Stauffenburg), S. 29–41.

Rahn, Thomas (2006): »Druckschrift und Charakter«. In: Roland Reuß (Hg.): *TEXT. Kritische Beiträge 11. Edition & Typographie.* Frankfurt/M., Basel (Stroemfeld), S. 1–31.

Ramseger, Georg (1963): »Einzelgänger gegen Lack und Leder«. In: *Die Welt,* 19. Januar 1963.

Rhein, Adolf (1962): »Die frühen Verlagseinbände. Eine technische Entwicklung». In: *Gutenberg-Jahrbuch 162.* Mainz (Internationale Gutenberg-Gesellschaft), S. 519–532.

Reinhardt, Dirk (1993): *Von der Reklame zum Marketing. Geschichte der Wirtschaftswerbung in Deutschland.* Berlin (Akademie).

Rheinberger, Hans-Jörg (1991): *Experiment, Differenz, Schrift. Zur Geschichte epistemischer Dinge.* Marburg (Basilisken-Presse).

Riedel, Hubert (1999) (Hg.): *Lucian Bernhard. Werbung und Design im Aufbruch des 20. Jahrhunderts.* Stuttgart (Institut für Auslandsbeziehungen).

Rössler, Patrick (1996): »Revolution mit Leinenfalz. Fünfzig Jahre Taschenbuch in Deutschland«. In: *Frankfurter Allgemeine Magazin,* Nr. 874, 29. November 1996, S. 72 ff.

Rommel, Bettina (1988): »Psychophysiologie der Buchstaben«. In: Hans Ulrich Gumbrecht und K. Ludwig Pfeiffer (Hg.): *Materialität der Kommunikation.* Frankfurt/M. (Suhrkamp) 1995, S. 310–325.

Rosner, Charles (1954): *Die Kunst des Buchumschlages.* Stuttgart (Hatje).

Rühle Arnd: »Literatur unterm Regenbogen«. In: *Frankfurter Allgemeine Zeitung,* 14. August 1993.

Schaefer, Helma (1994): »Zur Dauer und Zierde. Gestaltungsgeschichte des Einbandes von 1765 bis 1897«. In: Dag-Ernst Petersen (Hg.): *Gebunden in der Dampfbuchbinderei. Buchbinden im Wandel des 19. Jahrhunderts.* Wiesbaden (Harrassowitz), S. 9–53.

Schauer, Georg Kurt (1953): *Wege der Buchgestaltung. Erfahrungen und Ratschläge.* Stuttgart (Poeschel/Metzler).

Schindelbeck, Dirk (2004): »Strategien zwischen Kunst und Kommerz. Die Geschichte des Markenartikels seit 1850«. In: Jörg Meißner (Hg.): *Strategien der Werbekunst 1850–1933.* Berlin (Kettler), S. 68–77.

Schleif, Nina (2004): *SchaufensterKunst. Berlin und New York.* Köln (Böhlau).

Schneider, Ute (1997): »Buchwissenschaft und Wissenschaftsgeschichte«. In: Stephan Füssel (Hg.): *Im Zentrum – das Buch. 50 Jahre Buchwissenschaft in Mainz.* Mainz (Gutenberg-Gesellschaft), S. 50–61.

Serres, Michel (1985): *Die fünf Sinne. Eine Philosophie der Gemenge und Gemische.* Frankfurt/M. (Suhrkamp) 1993.

Simmel, Georg (1896): »Berliner Gewerbe-Ausstellung«. In: ders.: *Gesamtausgabe.* Hg. von Otthein Rammstedt. Bd. 17. Frankfurt/M. (Suhrkamp) 2004, S. 167–174.

Sloterdijk, Peter (2007): »Das Zeug zur Macht – Bemerkungen zum Design als Modernisierung von Kompetenz«. In: ders.: *Der ästhetische Imperativ. Schriften zur Kunst.* Hamburg (Philo/EVA), S. 138–161.

Spiekermann, Uwe (1999): *Basis der Konsumgesellschaft. Entstehung und Entwicklung des modernen Kleinhandels in Deutschland 1850–1914.* München (Beck).

Stankowski, Jochen (2005): *Zeichen. Angewandte Ästhetik.* Köln (Verlag der Buchhandlung Walther König).

Steiner, George (1973): »Adorno: Love and Cognition«. In: *Times Literary Supplement,* 9. März 1973, S. 253 ff.

Strätling, Susanne / Witte, Georg (Hg.) (2006): *Die Sichtbarkeit der Schrift.* München (Fink).

Unseld, Siegfried (1976): *Der Marienbader Korb. Über die Buchgestaltung im Suhrkamp Verlag. Willy Fleckhaus zu ehren.* Hamburg (Maximilian-Gesellschaft).

Unseld, Siegfried (1996): »Er ließ sich eher punktuell inspirieren«. Ein Gespräch mit Siegfried Unseld. In: Michael Koetzle und Carsten M. Wolff (Hg.): *Fleckhaus. Deutschlands erster Art Director.* München, Berlin (Klinkhardt & Biemann) 1997, S. 232 f.

Wegmann, Thomas / Schütz, Erhard (Hg.) (2002): *literatur.com. Tendenzen im Literaturmarketing.* Berlin (Weidler).

Wegmann, Thomas (Hg.) (2005a): *Markt literarisch.* Berlin, Bern, Bruxelles et al. (Lang).

Wegmann, Thomas (2005b): »»Kanonendonner legt sich um bedeutend weniger als ein Omlett«. Die Reklame-Debatte in den 1920er Jahren«. In: ders. (Hg.): *Markt literarisch.* Berlin, Bern, Bruxelles et al. (Lang), S. 133–149.

Weibel, Peter / Pakesch, Peter (1980) (Hg.): *Künstlerschaufenster.* Katalog. Graz (steirischer herbst).

Wende, Waltraud (2002): »Sehtexte – oder: Vom Körper der Sprache«. In: dies. (Hg.): *Über den Umgang mit der Schrift.* Würzburg (Königshausen & Neumann), S. 302–335.

Windgätter Christof (2006): *Medienwechsel. Vom Nutzen und Nachteil der Sprache für die Schrift.* Berlin (Kadmos).

Windgätter Christof (2010): »Das Unbewusste im Schaufenster. Zur Typographie- und Farbpolitik des Internationalen Psychoanalytischen Verlages (1919–1938)«. In: Thomas Rahn und Rainer Falk (Hg.): *Typographie und Literatur. Beihefte zu TEXT. Kritische Beiträge 1.* Frankfurt/M., Basel (Stroemfeld), im Druck.

Wischermann, Clemens (1995): »Einleitung. Der kulturgeschichtliche Ort der Werbung«. In: Peter Borscheid und ders. (Hg.): *Bilderwelt des Alltags. Werbung in der Konsumgesellschaft des 19. und 20. Jahrhunderts.* Stuttgart (Franz Steiner), S. 8–19.

Witte, Georg (2005): »Textflächen und Flächentexte. Das Schriftsehen der literarischen Avantgarde«. In: Gernot Grube, Werner Kogge und Sybille Krämer (Hg.): *Schrift. Kulturtechnik zwischen Auge, Hand und Maschine.* München (Fink), S. 375–396.

Gebunden mit der Perfektion der Maschine: Vom Hand- zum Maschineneinband

von Ernst-Peter Biesalski

In der *Illustrirten Zeitung für Buchbinderei* findet sich im Jahr 1870 ein Artikel über Buchbindereimaschinen, der mit folgendem Satz beginnt:

Es ist eine kurze Spanne in der Geschichte zu nennen, seit die ersten Maschinen dem Buchbinder zeigten, dass auch er berufen sei nach seiner Weise in der Culturgeschichte eine Rolle zu spielen, und in der That, er hat seine Aufgabe wacker erfüllt.[1]

Eine kurze Spanne in der Geschichte … Gut 20 Jahre vor dem Erscheinen dieses Artikels wurden die ersten Maschinen in den bis dahin rein handwerklich arbeitenden Buchbindereibetrieben aufgestellt. Damit nahm eine Entwicklung ihren Ausgang, die wenig später in die industrielle Produktion von Büchern münden sollte und die das Buch und seinen Einband nachhaltig verändert hat.

Freilich ist die Buchgestaltung in der zweiten Hälfte des 19. Jahrhunderts durch eine Vielzahl sich gegenseitig bedingender Faktoren bestimmt. Nicht nur die neuen, schier grenzenlosen Gestaltungsmöglichkeiten der Maschine, sondern auch die neuen Materialien, die sich herausbildenden Strukturen eines modernen Buchmarktes und vor allem das wachsende Bedürfnis der Bevölkerung nach ›wohlfeilem‹ Lesestoff sind zu nennen. Letzteres aus zweierlei Grund: Dem tatsächlichen Bedürfnis breiter Bevölkerungsschichten zu lesen, sich zu bilden und zu unterhalten – aber ebenso, um Bücher zu besitzen und damit die Zugehörigkeit zur bürgerlichen Gesellschaftsschicht und deren Kultur zu dokumentieren. Bücher, die mehr oder weniger aufwendig, ja prachtvoll gebunden waren, sollten dazu auf den Geschmack und die Bildung ihrer Besitzer verweisen. Dies wäre mit den einfach broschierten oder schmucklos gebundenen Werken, wie sie bis zur Mitte des vorigen Jahrhunderts überwiegend in den Handel kamen, schwerlich möglich gewesen.

Die Initiative, den Käufern bereits fest gebundene Bücher anzubieten, ging von den ab 1852 gegründeten Barsortimenten aus. Sie kauften die von den Verlagen meist nur broschiert angebotenen Werke in großen Mengen und zu entsprechend günstigen Konditionen, ließen diese auf eigene Kosten binden und hielten so »ein möglichst vollständiges Lager elegant und solid gebundener Exemplare«[2], wie es in einer Werbeschrift heißt. Diese gebundenen Bücher boten sie dann den Buchhandlungen zum Barpreis der Verlage an. Daher auch der Name Barsortiment. Dieses neue Angebot stieß auf allergrößtes Interesse. Rückblickend äußerte sich dazu Louis Zander, auf den dieses Geschäftsmodell zurückgeht:

Noch vor einem Jahrzehnt war es eine oft gehörte Klage, daß die deutschen Verlagsbuchhändler im Allgemeinen der äußeren Ausstattung der von ihnen verlegten

---

1 »Über den Werth der Papierschneide- und Beschneidemaschinen« 1870, S. 54.
2 Rundschreiben der Firmen *L. Zander* und *F. Volckmar*, Leipzig vom 1. Juni 1861. Zit. nach Dohle-Schäfer 1992, S. 413.

Bücher zu wenig Aufmerksamkeit widmeten. Hier und da bot zwar ein Verleger einzelne seiner Bücher dem Sortimentshandel in gefälligen Einbänden an; in der Regel aber blieb die Sorge für den Einband jedem einzelnen Sortimentshändler überlassen, und so kam es, daß die Anschaffung einer vollständigen Bibliothek z. B. unserer classischen Litteratur, bei welcher in der äußeren Ausstattung nicht allein Eleganz, sondern auch Gleichmäßigkeit und Uebereinstimmung wünschenswerth war, auf außerordentliche Schwierigkeiten stieß. Schon dieser Mangel, mehr aber noch Uebelstand, daß das Publikum, während es alle übrigen Waaren fertig zu bekommen gewöhnt war, bei dem Ankauf eines Buchs immer wegen des Einbandes manchen Weiterungen begegnete, mußte selbstverständlich schädlich auf den Bücherabsatz wirken; ganz besonders hindernd aber machte sich dieser Uebelstand rücksichtlich der sogenannten eleganten oder Geschenklitteratur geltend, in Bezug auf welche es doch hauptsächlich darauf angekommen wäre, durch eine glänzende Ausstattung die Kauflust anzuregen. Angesichts dieses Uebelstandes faßte Herr Louis Zander vor etwa acht Jahren den Gedanken, demselben durch Begründung einer großen Sortimentshandlung, welche ihren Mittelpunkt in dem Vertriebe elegant gebundener Bücher haben sollte, ein für allemal abzuhelfen.[3]

Noch in der Mitte des 19. Jahrhunderts war es üblich gewesen, dass Bücher broschiert oder in Lieferungen in den Handel gegeben wurden. Eine wesentliche Ursache dafür war das

Abb. 1: Drahtheftmaschinen in der *Großbuchbinderei Fritzsche* Leipzig, um 1895. Abb. aus Wustmann 1895.

bestehende Gewerberecht. Es hinderte die Verlage, Bücher in eigenen Betrieben und auf eigene Rechnung binden zu lassen. Ausgelöst durch die Initiative der Barsortimente entwickelte sich das fertig gebundene Buch in den folgenden Jahrzehnten zum Massenprodukt. Die Voraussetzungen dafür waren durch die 1811 erfundene Schnellpresse von Friedrich Gottlob König geschaffen sowie durch Erfindungen und Entwicklungen im Bereich des

---

3   Ebd.

Illustrationsdrucks, des Schriftgusses, der Papier- und Pappenherstellung und weiteren Gebieten des graphischen Gewerbes. All diese Entwicklungen und Verbesserungen konnten der dynamischen Entwicklung des Buchmarktes, der steigenden Nachfrage nach unterschiedlichsten Druckerzeugnissen und Büchern, Rechnung tragen.

Weitgehend unberührt von dieser Entwicklung war jedoch die Buchbinderei geblieben. Hier wurde weiterhin handwerklich produziert, wenn auch bei steigenden Betriebsgrößen. Aber das genügte bald nicht mehr. Denn während in England und Frankreich bereits industriell Bücher produziert wurden, geschah dieses in den deutschen Teilstaaten bis in die 50er Jahre des 19. Jahrhunderts noch weitgehend in handwerklichen Strukturen, mit den traditionellen Werkzeugen und Arbeitstechniken. Dies hatte seine Ursache weniger in der Kleinstaaterei, die eine wirtschaftliche Entwicklung bremste, sondern vor allem im Gewerberecht, das in den meisten Staaten bis in die 1860er Jahre Bestand hatte. Die strenge Überwachung traditioneller Regeln und Gebräuche durch die Zunft blockierte die Einführung neuer Arbeitstechniken und maschineller Hilfsmittel, legte die Zahl der einzustellenden Gesellen und Lehrlinge fest, entschied über die zugelassenen Meister am Ort und vieles mehr.[4] Selbst wenn die starren Regelungen um die Jahrhundertmitte allmählich etwas aufgelockert wurden – was beispielsweise in Leipzig zur Gründung von Betrieben

Abb. 2: Grüner Kaliko-band mit Goldpressung auf dem Rücken und stark reliefierter Blind-prägung mit Dichterporträt auf dem Vorderdeckel. Typischer Einband der *National-Bibliothek sämmtlicher Deutscher Classiker aus dem Verlag Gustav Hempel.* Nicolaus Lenau: *Gedichte.* Berlin (G. Hempel) o. J. (1879) Buchbinderei *A. Demuth Berlin.*

führte, aus denen sich später Großbuchbindereien entwickelten (z. B. *Heinrich Sperling* 1846) –, bedurfte es der Gewerbefreiheit. Ihre Durchsetzung in den 1860er Jahren, verbunden mit der Beseitigung des Zunftwesens, ebnete den Weg zur Einführung dringend

4   Vgl. Helwig 1965, S. 112–116.

Abb. 3: Einbandver-
zierung mit Knie-
hebel-Präge- und
Vergoldepressen.
*Großbuchbinderei
Fritzsche* Leipzig,
um 1895. Abb. aus
Wustmann 1895.

erforderlicher technischer Neuerungen und damit verbundener Produktionsabläufe, die
für eine Massenproduktion unerlässlich waren.

In der Folge entwickelten sich Großbuchbindereien, die unter weitestgehendem Einsatz
von Maschinen und Hilfsapparaten produzierten. So ersetzten Schneidemaschinen für
Papier und Pappe den Ritzer und das Lineal, Draht- und später Fadenheftmaschinen
die Heftlade, Buchblockbeschneidemaschinen den Beschneidehobel, und vor allem Prä-
gepressen das mühsame Vergolden des Einbandes mit Einzelstempeln. Aber nicht alle
Handgriffe konnten mechanisiert werden, sodass in den Großbuchbindereien ein Heer
von Hilfskräften beschäftigt wurde. Davon viele Frauen, die als Falzerinnen, Kollationie-
rerinnen oder Gold- und Farbaufträgerinnen tätig waren. Die männlichen Kollegen arbei-
teten als Vorrichter, Pappenzuschneider oder Deckenmacher. Anspruchsvollere Arbeiten,
wie etwa das Schnittmarmorieren oder das Pressvergolden der Einbanddecken, wurden
weiterhin von Fachkräften ausgeführt. Die Beziehung zum fertigen Endprodukt – dem
Buch – ging den Arbeiterinnen und Arbeitern im Zuge dieser Entwicklung weitgehend
verloren. (Vgl. Abb. 1).

Buchdecke und Buchblock wurden in den Großbetrieben getrennt hergestellt; ein Verfahren, welches zwar auch schon vorher bekannt war, aber als handwerklich geringwertig
galt und lediglich bei einfachen Büchern (etwa Kalendern) zur Anwendung kam. Nun
erforderte der Einsatz der Vergoldepresse eben dieses Verfahren, da nur auf diese Weise die
lose Einbanddecke gleichzeitig an Rücken und Deckeln verziert werden konnte. Ein weiterer Vorteil dieser Vorgehensweise bestand darin, dass durch die getrennte Herstellung
von Buchblock und Einbanddecke der Produktionsprozess als solcher verkürzt wurde, da
die Herstellung der beiden Komponenten zeitgleich geschehen konnte. Erst im letzten
Arbeitsgang des Herstellungsprozesses erfolgte dann die Vereinigung von Buchblock und
Decke.

Die Großbuchbindereien benötigten in einem bis dahin nicht gekannten Umfang ver-
schiedenste Materialien. Dazu gehörten neben Papier, Pappe, Karton, Heftband usw. auch
Einbandmaterialien und hier insbesondere das charakteristische Einbandmaterial des 19.
Jahrhunderts: Kaliko. Der industrielle Bucheinband in dieser Zeit ist ohne Kaliko nicht

vorstellbar. Es handelte sich dabei um ein durchappretiertes und gefärbtes Baumwollge-webe. Das meist mit einer künstlichen Narbung versehene Einbandmaterial war leim-undurchlässig, steif und problemlos zu verarbeiten. Außerdem ließ es sich hervorragend vergolden. Diese Eigenschaften versetzten nicht nur die Buchbinder, sondern auch die Verleger und letztlich die Käufer in Begeisterung, da nun ansehnliche und haltbare, aber vor allem preiswerte Einbände hergestellt werden konnten.

Kaliko wurde erstmals um 1825 in größerem Umfang durch den Londoner Buchbinder Archibald Leighton für die Einbände der *Diamond Classics* aus dem Verlag von William Pickering verwendet. Damit begann der Siegeszug des neuen Materials, zunächst in Eng-land, ab Anfang der 1840er Jahre auch in Deutschland.[5] Es wurde in einer Vielzahl von Farben und Oberflächenstrukturen angeboten. Darüber hinaus gab es unterschiedliche Qualitäten, abhängig von der Stärke des Grundgewebes. Anfangs fand dieser Einbandstoff im eigentlichen Wortsinn als Surrogat Verwendung – als Ersatz also für das teure und gar nicht in ausreichender Menge verfügbare Leder einerseits und andererseits für das zwar

Abb. 4: Einband im Stil der Romantik. Braunes Kaliko, blindgeprägter Rahmen und Motiv in Goldpressung. Ludwig Börne: *Gesammelte Schriften*. Neue vollständige Ausgabe. Achter Band. Hamburg und Frankfurt (Verlag der Börne'schen Schriften) 1862.

preiswerte, jedoch wenig haltbare Papier. Bald wandelte sich das Kaliko jedoch zum Imitat, indem es Materialeigenschaften vortäuschte, die es gar nicht besaß. So gab es beispielsweise Sorten, die durch Aufpressung einer Narbung verschiedene Lederarten imitieren. Gleiches gilt dann wiederum für die in den 1880er Jahren zur Anwendung kommenden Einband-papiere, die wiederum Kaliko, aber auch Leder oder Pergament nachahmten.

---

5   Vgl. Sadleir 1930, S. 41–46; Comparato 1971, S. 44 f.

Eine kontinuierlich steigende Nachfrage nach gebundenen Büchern, der technologische Fortschritt im Maschinenbau und die Bereitstellung preisgünstiger und massenproduktionstauglicher Materialien hatten also zur Entstehung der industriell produzierenden

Abb. 5: Blauer Kalikoeinband, auf Vorderdeckel und Rücken farbige Papierauflage, gold überprägt. *Blüthen und Perlen deutscher Dichtung. Für Frauen ausgewählt von Frauenhand.* 10. Aufl., Hannover (C. Rümpler) 1859.

Großbetriebe geführt. Diese waren in der Lage, auch riesige Auflagen gebundener Bücher in kürzester Zeit zu liefern.[6] So wurden überwiegend Bücher für den breiten Publikumsgeschmack schnell und zu geringen Kosten gebunden. Insbesondere in Berlin und Leipzig entwickelte sich eine Konkurrenzsituation zwischen den Großbuchbindereien, die sich nicht nur auf die Preise, sondern auch auf die Qualität der dort gefertigten Bücher auswirkte. Carl Berendt Lorck stellte bereits 1879 fest:

> Eine Gefahr hat diese Massenproduktion: Die Preise sind oft auf das äußerste Maaß gedrückt, so dass es manchmal dem Buchbinder schwer genug wird, auf das Falzen und Heften der Bücher die nöthige Sorgfalt zu verwenden. Nicht selten gewähren diese äußerlich prächtigen Bände einen traurigen Anblick, wenn sie gelesen und damit vollständig aus dem Leim gegangen sind.[7]

Für die in den Großbuchbindereien massenhaft gefertigten Einbände hat sich bis heute vielfach der Begriff ›Verlegereinband‹ gegenüber dem ›Handeinband‹ eingebürgert, obwohl

---

6   So benötigte die Leipziger *Buchbinderei AG,* vormalig *Großbuchbinderei Gustav Fritzsche,* im Jahr 1898 nur 20 Tage, um die 230.000 Einbände der *Gedanken und Erinne-*

rungen Otto von Bismarcks herzustellen. Vgl. Harms 1902, S. 23.

7   Lorck 1879, S. 133 f.

bekannt ist, dass Verlegereinbände schon sehr viel früher existierten. Ab Mitte des 19. Jahrhunderts aber steht der Begriff des Verlegereinbands für einheitlich gestaltete Einbände, angefertigt im Auftrag des Verlags – allerdings ohne damit etwas über deren technische Ausführung auszusagen. In Handarbeit hergestellte Verlegereinbände waren z. B. die bereits vor 1850 recht weit verbreiteten Almanache und Kalender, ebenso Bücher, die als einfache Pappbände gearbeitet waren.

Mit der Verwendung von Maschinen im buchbinderischen Produktionsprozess wurde dann ein neuer Einbandtyp geschaffen: der Maschineneinband. Dieser kann, muss aber nicht Verlegereinband sein. So etwa, wenn er im Auftrag des Barsortiments angefertigt wurde, wie dies vor allem in den 50er Jahren vorherrschend war. Mit Einführung der Gewerbefreiheit gingen allerdings auch die Verlage in großem Stil dazu über, Bücher in eigenem Auftrag binden zu lassen. So etwa der Verlag *Gustav Hempel,* der seine berühmte Reihe *Hempel's National-Bibliothek sämmtlicher Deutscher Classiker* ab 1867 erscheinen ließ, also im sogenannten Klassikerjahr (ab dem alle vor dem 9. 11. 1837

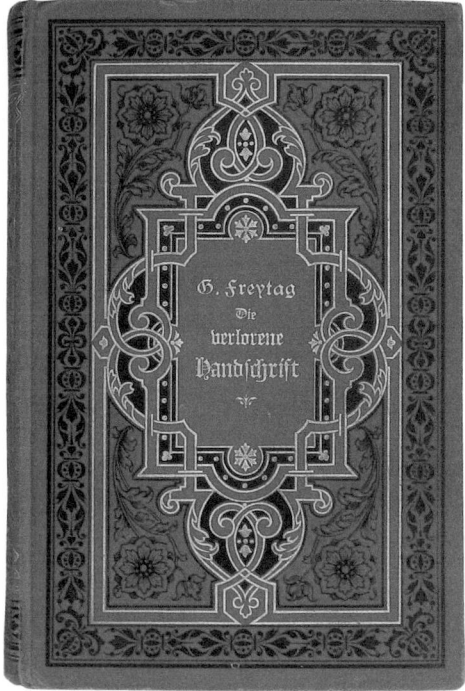

Abb. 6: Historisierender Kalikoeinband mit Schwarzdruck und Goldpressung. Gustav Freytag: *Die verlorene Handschrift.* 24. Aufl., Erster Theil. Leipzig (S. Hirzel) 1894.

verstorbenen Autoren frei von urheber- und verlagsrechtlichen Bindungen waren).[8] Die mit rotem, grünem, braunem und violettem Kaliko bezogenen und mit reliefgeprägten Dichterporträts auf dem Vorderdeckel verzierten Einbände dieser Reihe wurden in über einer Million Exemplaren in der Berliner Buchbinderei *Demuth* gebunden.[9] (Vgl. Abb. 2).

---

8   Vgl. Wittmann 1999, S. 268.   9   Vgl. Kersten 1914, S. 98.

Ebenso wie *Hempel* gaben viele weitere Verlage – etwa *Reclam* oder *Brockhaus* – einheitlich gebundene Reihen literarisch-unterhaltsamen Inhalts heraus. Mal mit mehr, mal mit weniger Erfolg. Die aufwendige und einheitliche Reihengestaltung sollte den Käufer zum Erwerb möglichst vieler (wenn nicht aller) Bände der Reihe animieren, auch, um damit das Heim zu schmücken und den bereits angesprochenen bildungsbürgerlichen Status zu dokumentieren. Freilich lohnten sich derart aufwendig gestaltete Einbände nur für Bücher, die einem breiten Publikumsgeschmack entsprachen und damit guten Absatz verhießen. Den wiederum sollte eine gefällige Gestaltung zusätzlich fördern.

Es ist offensichtlich, dass dies nur sehr eingeschränkt auch für wissenschaftliche Publikationen der Zeit gelten kann. Denn deren Auflagen waren in der Regel sehr viel geringer und eine verkaufsfördernde Funktion der Einbandgestaltung war bei diesen Büchern weder beabsichtigt noch notwendig. So wundert es kaum, dass die Verlage viele ihrer wissenschaftlichen Werke weiterhin nur broschiert anboten und es der Initiative des Buchhändlers bzw. des späteren Besitzers überlassen blieb, diese binden zu lassen. Erst in den letzten beiden Jahrzehnten des 19. Jahrhunderts nahm die Zahl wissenschaftlicher Titel, die bereits gebunden angeboten wurden, spürbar zu. Deren Einbände waren üblicherweise jedoch relativ schlicht ausgeführt, etwa als Halb- oder Ganzgewebeeinbände mit Rückenprägung und sehr zurückhaltender Dekoration.

Bis in die erste Hälfte des 19. Jahrhunderts hatte der feste Bucheinband, ausgeführt vom Buchbinder in aufwendiger Handarbeit, einen besonderen Stellenwert. Bücher des täglichen Bedarfs und populäre Literatur wurden, wenn überhaupt, dann zweckmäßig gebunden und gar nicht oder nur sparsam verziert – oft musste ein am Rücken aufgeklebtes Titelschild genügen. Eine aufwendige und mit Gold ausgeführte Einbandverzierung blieb wenigen besonderen Büchern vorbehalten. Denn die Herstellung einer solchen Dekoration erforderte Geschick im Umgang mit Fileten, Stempeln sowie anderen Werkzeugen und sie beanspruchte viel Zeit. Derart hergestellte Einbände waren dementsprechend teuer und stellten für ihre Besitzer ein Luxusgut dar. Dies sollte sich mit der Einführung geeigneter Maschinen radikal ändern.

Die massenhafte Herstellung aufwendig verzierter, industriell gebundener Bücher, die gegenüber handgebundenen Exemplaren nur ein Bruchteil kosteten, ermöglichte breiten Bevölkerungsschichten deren Erwerb. Aus dem Luxusgut Buch mit Goldschnitt und aufwendiger Verzierung der Einbanddecke wurde ein Massenprodukt. Das konnte nicht ohne Auswirkung für die Wahrnehmung des Buches bleiben – denn nun trat, stärker als bis dahin, neben den inhaltlichen Wert des Buches dessen äußere Gestaltung. Diese warb für das Buch selbst bis zum Kauf und sodann für dessen Besitzer:

> Aus der Wahl der Bücher, den Autoren, erkennt man schon den Charakter des Besitzers, aber noch besser aus den Arten der Einbände; und da auch erkennt man den guten Geschmack des Eigenthümers. Man sieht, welche Bücher, Autoren er am meisten ehrt, und nach dem Platz wo seine Bibliothek steht, erkennt man, wie viel Werth er auf die ganze geistige Bildung legt, wie er dieselbe ehrt.[10]

---

10 »Wieviel tragen die Buchbinderei und verwandte Zweige
    zur Ausschmückung der Wohnräume bei?« 1894, S. 174.

Der Einsatz von Maschinen in den neu entstehenden Großbuchbindereien und die damit einhergehende Mechanisierung der Einbandverzierung gebar einen völlig anderen Arbeitsablauf. An die Stelle des bis dahin üblichen Verzierens der Einbände mit vielen einzelnen Vergoldewerkzeugen trat nun die gravierte Prägeplatte, die alle vorher einzeln gedruckten, geprägten und gepressten Ornamente und Linien auf sich vereinigte, um sie in einem kurzen Arbeitsgang auf die Decke zu übertragen. Was früher die Ausnahme war – der aufwendig mit Gold dekorierte Einband – wurde spätestens nach 1860 zur Regel.

Mit dem hohen Anpressdruck der Kniehebelpräge- und Vergoldepressen gelang es, Hochreliefs mit detaillierter Modulation zu erzeugen, sodass hoch erhabene Medaillonporträts, Büsten, Statuen, kräftig genährte Engel, Palmenzweige oder Kreuze die Einbände schmückten, wie Carl Berendt Lorck bereits 1879 schreibt.[11] Dabei wurde die maschinelle Deckenverzierung durch die gute Vergoldefähigkeit des Kalikos begünstigt. War die Presse einmal eingerichtet und angeheizt, so genügten dem an ihr arbeitenden Facharbeiter, dem ›Pressvergolder‹, wenige stets gleiche Handgriffe und eine Decke war fertig geprägt oder vergoldet. Das Blattgold brauchte nur aufgelegt und mit einem Wattebausch leicht angedrückt zu werden, was eine neben dem Pressvergolder stehende Hilfsarbeiterin besorgte, bevor die Einbanddecke auf den dafür vorgesehenen Prägetisch in der Presse gelegt und durch einen schnellen Druck die Vergoldung erfolgen konnte. Vorheriges Blindpressen und Grundieren, wie etwa bei der Vergoldung von Leder, war hierbei nicht mehr zwingend erforderlich. Anschließend wurde nur noch das überschüssige Gold mit der Goldabkehrmaschine entfernt, was wiederum die Hilfsarbeiterin erledigte. (Vgl. Abb. 3).

Wie dieses Beispiel zeigt, hatte die Einführung von Maschinen in die Buchbinderei großen Einfluss auf die Arbeitsabläufe – ebenso trifft dies jedoch auf das Produkt, das gebundene Buch zu. So lassen sich die fortschreitende Mechanisierung und die damit verbundene Einführung neuer Techniken an den Einbänden der Zeit ablesen.

In größeren Stückzahlen wurden Kalikobände in deutschen Buchbindereien erst ab Anfang der 1840er Jahre gefertigt. Das Material musste zu dieser Zeit noch importiert werden und auch die Einbanddekoration orientierte sich an englischen Vorbildern der Epoche. Das heißt: Vergoldeter Rücken und zunächst völlig unverzierte, einige Jahre später zusätzlich blind gepresste Vorder- bzw. Rückendeckel. Die Herstellung des Buchblocks erfolgte, wie im Handwerk der Zeit, durch Handheftung auf eingesägte Bünde. Ab Ende der 1840er Jahre wurde der Buchblock in den besser ausgestatteten Betrieben wohl mit einer Schneidemaschine beschnitten, in allen anderen Werkstätten weiterhin mit dem Beschneidehobel. Zur Dekoration der Einbanddecke gab es bereits einfache Präge- und Vergoldepressen. (Vgl. Abb. 4). Bereits in den 1850er Jahren aber ging man dazu über, auch die Vorderdeckel mit reichen Goldpressungen zu versehen. Die hinteren Deckel mussten sich in der Regel mit einem blindgepressten Rahmen bzw. Ornament begnügen. Darüber hinaus nahm die Farbenvielfalt des Kaliko zu: Hellere und kräftigere Farben kamen in Mode.[12] Das verlieh den Einbänden insgesamt ein abwechslungsreicheres Aussehen.

Neben den schon selbstverständlichen, üppigen Goldpressungen blieben weitere Farben auf dem Einband jedoch die Ausnahme. Nur wenige Versuche orientieren sich an franzö-

---

11   Vgl. dazu Lorck 1879, S. 133.   12   Schäfer 1994, S. 28 f.

sischen Vorbildern der Zeit. Hier wurden Kalikoeinbände farbig gestaltet, indem man an einigen Stellen Buntpapier aufklebte, bevor diese dann mit einer Platte überprägt wurden. Die goldgeprägten Linien überdeckten dabei die Schnittkanten des farbigen Papiers und ließen so den Eindruck einer mehrfarbigen Prägung entstehen, wie die Abbildung zeigt. Diese in Frankreich aber auch in England anzutreffende,[13] im deutschsprachigen Raum jedoch eher seltene Dekorationstechnik, setzte große Akkuratesse bei der Verarbeitung voraus. (Vgl. Abb. 5).

Die Weiterentwicklung der Vergoldepressen zu Maschinen, mit denen ein wesentlich höherer Druck ausgeführt werden konnte, verleitete zu neuen Dekorationsformen. Anfang

Abb. 7: ›Sprechender Einband‹ mit Illustration auf dem Vorderdeckel. Farbendruck in sieben Farben und Goldpressung. Elisabeth Halden: *Evas Lehrjahre*. Berlin (H. J. Meidinger) o. J. (1892) Buchbinderei *M. Baumbach & Co.* Leipzig.

der 1860er Jahre kamen stark reliefierte Einbände in Mode, teilweise ohne zusätzliche Vergoldung, gerne aber mit überbordendem Goldschmuck.

Die Verzierung von Einbänden mit schwarzer Buchdruckerfarbe – in England bereits seit Mitte der 1840er Jahre gebräuchlich – findet sich auf deutschen Einbänden erst ab 1873. Das Verfahren erforderte eine geänderte Vorgehensweise, da die Narbung des Gewebes erst in einer erhitzten Presse niedergedrückt werden musste, um dann die Druckfarbe mit der kalten Druckform übertragen zu können. Ausführliche Artikel in Fachmagazinen berichteten über die neue Technik des Schwarzdrucks auf Bucheinbänden[14] und bald wurde diese in großem Umfang angewandt, meist in Kombination mit Gold und gerne auf rotem Kaliko. (Vgl. Abb. 6).

---

13   Vgl. Malavielle 1985, S. 106 f.; King 2003.

14   »Über Schwarzdruck auf Calico-Decken« 1873, S. 1.

Nach 1878 wurden nun auch die Buchblocks maschinell geheftet, und zwar mit Draht! In diesem Jahr brachte die Maschinenfabrik *Gebr. Brehmer* die ersten Buchdrahtheftmaschinen auf den Markt und verkaufte diese in beachtlicher Zahl an die Großbuchbindereien. Auch wenn recht schnell sichtbar wurde, dass Draht als Heftmaterial für Bücher wenig geeignet war (Rostanfälligkeit, fehlende Flexibilität), wurde das Drahtheftverfahren in nahezu allen Buchbindereien genutzt, da es die zeitraubende und aufwendige Handheftung überflüssig machte. Die Drahtheftung für Bücher wurde noch bis weit ins 20. Jahrhundert angewendet, obwohl ab 1885 die Voraussetzungen für die maschinelle Fadenheftung geschaffen waren.

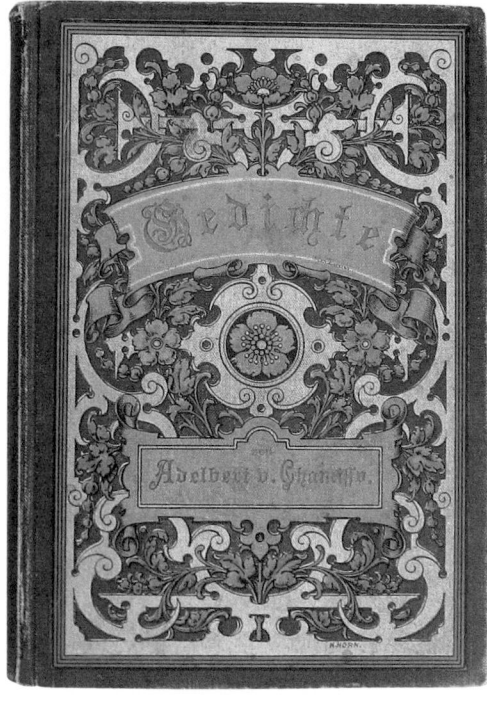

Abb. 8: Neorenaissance-Einband in blauem Kaliko, Farbendruck und Goldpressung. Adelbert von Chamisso: *Gedichte*. Halle/S. (O. Hendel) o. J. (1886) Buchbinderei *Gebr. Hoffmann* Leipzig.

Wo eine Farbe auf Bucheinbände gedruckt werden konnte, sollte dies auch mit mehreren Farben möglich sein. Dementsprechend wurden beim sogenannten Farbendruck bis zu 15 verschiedene Farben auf Einbanddecken übertragen. Die Herstellung eines solchen Farbendrucks erforderte einen erheblichen Aufwand und rentierte sich daher ausschließlich bei großen Auflagen. Diese Form der Einbanddekoration wurde nur von gut ausgestatteten Großbuchbindereien und Spezialbetrieben ab ca. 1880 angeboten. Die dort hergestellten Einbände trugen häufig eine auf den Inhalt des Buches Bezug nehmende farbige Illustration auf dem vorderen Deckel (›sprechender Einband‹/›reliure parlante‹). Farbenprächtige Ausstattungen und auffällige Schmuckformen sollten das Publikum zum Kauf von Büchern verleiten, die ungebunden oder in einem schlichten Einband kaum verkäuflich gewesen wären. (Vgl. Abb. 7).
Ebenfalls in den 1880er Jahren ist die Tendenz zu beobachten, Kaliko durch Papier als Einbandmaterial zu ersetzen. Dies geschah vor allem aus Kostengründen – Papier war noch

günstiger und man sah ihm seine geringere Haltbarkeit zunächst nicht an. Halbgewebe-
bände, deren Deckel mit Papier in der gleichen Farbe und Narbung wie der Kalikorücken
bezogen waren, sahen ebenfalls prächtig aus, waren aber in der Herstellung billiger.
Gegen Ende des 19. Jahrhunderts verlor das Kaliko seine Vormachtstellung zugunsten
anderer Einbandgewebe und Materialien: Auf der einen Seite war das natürlich Papier, auf
der anderen Seite kamen aber auch zunehmend Gewebe mit sichtbarer Gewebestruktur
und verschiedene Kunstledersorten (z. B. Skytogen) zur Verwendung. Über einen kurzen
Zeitraum wurden sogar Celluloideinbände angeboten, beispielsweise um damit Elfenbein
zu imitieren. Die aufwendige Verarbeitung und die Feuergefährlichkeit des Materials ließ
diese Tendenzen jedoch schnell wieder verschwinden.[15]

Bei der Betrachtung von Bucheinbänden des 19. Jahrhunderts lassen sich zwei Gattungen
unterscheiden. Zur ersten zählen jene Einbände, die historische Vorbilder möglichst ori-
ginalgetreu nachahmen. Diese wurden auch im betrachteten Zeitraum fast ausschließlich
handwerklich hergestellt und sollen hier nicht weiter betrachtet werden. Die Darstellung
soll sich vielmehr auf jene Einbände konzentrieren, die im sog. historischen Stil gehalten
sind. Bei der Gestaltung dieser überwiegend industriell gefertigten Einbände wurden Elemente aus der Architektur, der Graphik und anderen Bereichen der Kunst und des Kunst-
handwerks kombiniert.[16] Eine chronologische Darstellung der stilistischen Entwicklung
dieser maschinell hergestellten Verlagseinbände zwischen 1850 und 1900 ist daher schwierig. Zwar lassen sich die verschiedenen Strömungen der Einbanddekoration der Zeit unter
dem Oberbegriff des ›Historismus‹ zusammenfassen, doch ist ihnen lediglich die Vorliebe
für einen oder mehrere historische Stile gemeinsam.
Um die Jahrhundertmitte finden sich Verlagseinbände, dekoriert im Stil der Romantik.
Die romantische Begeisterung für das Mittelalter und den Stil der Gotik gingen von England aus (ab Mitte des 18. Jahrhunderts), erfasste aber bald ganz Europa. So verwundert
es nicht, dass die stilistischen Vorbilder für die frühen deutschen Verlagseinbände aus England und Frankreich stammen. Die Gewebeeinbände dieser Zeit tragen mehr oder weniger
stark geprägte Rahmen und Ornamente, meist der Pflanzenwelt entlehnt. Auch ziert oftmals ein romantisches Motiv den Vorderdeckel (vgl. Abb. 4).
Das zweite Rokoko, oder Neorokoko, ist ein Dekorationsstil der im französischen Louis
Philippe-Stil seinen Ursprung hat. Einbände im Stil des zweiten Rokoko finden sich bis
in die 1890er Jahre, was von der Beliebtheit der so dekorierten Einbände zeugt. Auch bei
eklektizistischen Einbanddekorationen, die sich keinem Stil mehr zuordnen lassen, da sie
eine Mischung aus den verschiedensten Epochen darstellen, finden sich immer wieder die
für diesen Stil typischen Rocaillen.
Mit Reichsgründung wurde die Neorenaissance zum vorherrschenden Dekorationsstil in
der Buchgestaltung, indem sie Motive aus der deutschen Renaissance aufgriff. Dieser Stil
steht wie kein anderer für den Historismus. Dabei unterschied sich die Dekoration von
Porzellan, Vorhangstoffen, Teppichen oder Möbeln nicht wesentlich. Und so wirkte das
Herrenzimmer im ›Style der Renaissance‹ meist wie aus einem Guss … (Vgl. Abb. 8).
Den Einbänden der 1880er und frühen 1890er Jahre aber lässt sich vielfach kein einheitli-
cher Stil mehr zuordnen: Stilmerkmal ist vielmehr die Mischung aus verschiedenen Stilen.

---

15 Vgl. dazu Biesalski 1994, S. 217–223.   16 Vgl. Hohl 1982, S. 11.

Wobei die Einflüsse auf die Einbanddekoration nun nicht mehr nur aus der europäischen Kunstgeschichte stammen, sondern, gefördert durch die auf den Weltausstellungen gezeigten Kunstgewerbeartikel, auch aus anderen Kulturkreisen. So hatten 1878 auf der Pariser Weltausstellung Erzeugnisse aus Ostasien große Bewunderung erregt, insbesondere japanische Holzschnitte. Die zunächst fremdartig anmutenden Zierformen fanden Eingang in die Einbanddekoration, wo sie nach eigenen Vorstellungen kombiniert, verfremdet oder nur andeutungsweise zur Anwendung kamen. In der Folge fanden sich auf vielen Einbänden Blütenzweige, Fächerformen und asymmetrische Gestaltungen, wie sie vorher nicht üblich waren. Der abgebildete Einband zur 11. Auflage des *Album für Deutschlands Töchter* zeigt diese Veränderung anschaulich, insbesondere wenn man ihn mit den vorangegangenen Auflagen vergleicht. Die Vorliebe für orientalische Ornamentformen lässt sich am besten an den unterschiedlichen Einbänden zu Friedrich Bodenstedts *Mirza-Schaffy* ablesen.[17]

Abb. 9: Einband im japanisierenden Stil. Farbendruck und Goldpressung. *Album für Deutschlands Töchter. Lieder und Romanzen.* 11. Aufl., Leipzig (C. F. Amelang) 1889.

Vorbilder für die Einbanddekorationen fanden Verleger und Buchbinder in den zahlreichen Werken mit historisierenden Ornamentvorlagen, etwa im 1877 erscheinenden *Formenschatz der Renaissance,* herausgegeben von Georg Hirth. Aber auch speziell für die Buchbinderei publizierte Tafelwerke zeigten Einbanddekorationen »mit künstlerischen Originalentwürfen zur Ornamentierung von Buchdecken« – so der Untertitel zum Vorlagenwerk *Moderne Bucheinbände* von Gustav Fritzsche, 1878. In diesem Zusammenhang

---

17 Dieses Buch Bodenstedts ist ab 1851 in vielen Auflagen
    und verschiedenen Ausstattungen erschienen.

sind natürlich auch die Fachzeitschriften zu erwähnen, die vorbildhafte Gestaltungen in Wort und Bild verbreiteten.[18]

Kein Text über die Buchbinderei des 19. Jahrhunderts aber wäre vollständig ohne die Erwähnung des Prachtbandes. In ihm fand die historisierende Einbanddekoration ihre extre-

Abb. 10: Prachtvoller roter Kalikoeinband mit abgeschrägten Kanten, Gold- und Blindpressung, eingelegtes Doppelporträt aus Kupferblech auf schwarzem Samt. Rudolf Gottschall: *Gedankenharmonie aus Goethe und Schiller.* 7. Aufl., Leipzig (C. F. Amelang) o. J. (1881) Buchbinderei *J. R. Herzog* Leipzig.

me Ausprägung. Nach Absicht der Verleger sollte sich diese Buchform in jeder Beziehung von ›normalen‹ Büchern abheben und so als besonderes und edles Schmuckstück von bleibendem Wert den Bücherliebhaber ansprechen. Großformatige Prachtwerke, häufig reich illustriert, waren demzufolge sehr teuer, da für ihre Ausstattung besonders gutes Material zur Anwendung kam.[19] Die kleinen, ebenfalls ›prächtigen‹ Ausgaben für den weniger gut gefüllten Geldbeutel wurden unter Zuhilfenahme mannigfaltiger Ersatzmaterialien hergestellt, um Gediegenheit und Solidität vorzutäuschen. So existierten von ein und demselben Werk oftmals verschiedene Ausstattungsvarianten in abgestuften Preiskategorien, aber alle ›prachtvoll‹. Der Inhalt dieser Bücher, meist waren es historisierende Romane, Vers-Epen, religiöse Werke u. ä., spielte dabei eine untergeordnete Rolle, da sie weniger zum Lesen gedacht waren, denn als Repräsentationsstücke auf dem Salontisch. Sehr reichlich angewandter Gold- und Farbendruck ließen den Einband »protzen und knallen«, wie Ferdinand Avenarius 1895 in seinem polemischen Aufsatz *Das Prachtwerk* schrieb.[20] (Vgl. Abb. 10). Nur wenige Jahre später jedoch war diese Buchgattung fast völlig vom Markt verschwun-

---

18 Vgl. dazu die *Illustrierte Zeitung für Buchbinderei* ab 1868, das *Journal für Buchbinderei* ab 1879 und den *Allgemeinen Anzeiger für Buchbindereien* ab 1886.

19 Vgl. Winkler 1986, S. 177–186.

den. Mit der Abkehr von historisierenden Dekorationsformen und der Hinwendung zu den der Natur entlehnten Zierformen des Jugendstils galten derartige Prachtwerke nicht mehr als zeitgemäß. Rückblickend distanzierte man sich energisch von diesen Verfehlungen: »Die Einbände strotzten von funkelndem Goldaufdruck, barbarisch schillernder Farbenpracht und parvenühafter Überladenheit; überall Betrug, Talmiware und banaler Fabrikantengeist« schrieb Otto Grautoff bereits 1901.[21]

So wie zu Beginn des 19. Jahrhunderts der Handeinband die Regel war, gefertigt entsprechend den handwerklichen Traditionen, so war Ende des Jahrhunderts der Maschineneinband die Regel, gefertigt mit der immer gleichen Perfektion der Maschine. Die Einführung von Maschinen und Hilfsapparaten in die Buchbinderei und somit das Aufgeben handwerklicher Traditionen und Gewohnheiten zugunsten einer exzessiven industriellen Fertigung fand nicht nur in den Fabriketagen der mit Hunderten von Arbeitern und Arbeiterinnen produzierenden Großbuchbindereien ihren Niederschlag, sondern ebenso in und auf dem Einband der dort produzierten Bücher. Und sie hat wohl auch zu einem neuen Selbstverständnis der Buchbinder geführt – wie das eingangs erwähnte Zitat aus dem Jahr 1870 zeigt.

Literatur

Avenarius, Ferdinand (1895): »Das Prachtwerk«. In: *Der Kunstwart* 9.

Biesalski, Ernst-Peter (1991): »Die Mechanisierung der deutschen Buchbinderei 1850–1900«. In: *Archiv für Geschichte des Buchwesens,* Band 36. Frankfurt/M. (Buchhändler-Vereinigung). Auch als Separatdruck erschienen.

Biesalski, Ernst-Peter (1994): »Bucheinbände aus Zelluloid«. In: *Imprimatur. Ein Jahrbuch für Bücherfreunde.* Neue Folge Band XV. Hg. von der Gesellschaft der Bibliophilen e.V. Frankfurt/M.

Comparato, Frank E. (1971): *Books for the Millions.* Harrisburg/Pa. (Stackpole).

Dohle-Schäfer, Vera (1992): »Möglichst vollständiges Lager elegant und solid gebundener Exemplare der gangbaren Bücher unserer Literatur«. In: *Leipziger Jahrbuch zur Buchgeschichte* 2. Hg. von Mark Lehmstedt und Lothar Poethe. Leipzig (Harrassowitz).

Grautoff, Otto (1901): *Die Entwicklung der modernen Buchkunst in Deutschland.* Leipzig (Seemann).

Harms, Bernhard (1902): *Zur Entwicklungsgeschichte der deutschen Buchbinderei in der zweiten Hälfte des 19. Jahrhunderts.* Tübingen (Mohr).

Helwig, Hellmuth (1965): *Das deutsche Buchbinder-Handwerk.* Bd. 2. Stuttgart (Hiersemann).

Hohl, Werner (1982): *Bucheinbände des Historismus.* Katalog zur Ausstellung in der Universitätsbibliothek Graz. Graz (Universitätsbibliothek).

Kersten, Paul (1914): »Vom Buchbindereigewerbe«. In: *Das Buchgewerbe der Reichshauptstadt. Vier Jahrzehnte Entwicklung des Berliner Buchdrucks.* Berlin (Typographische Gesellschaft).

20 Avenarius 1895, S. 82.   21 Grautoff 1901, S. 13.

King, Edmund M.B. (2003): *Victorian Decorated Trade Bindings 1830–1880. A Descriptive Bibliography*. London (British Library).

Lorck, Carl-Berendt (1879): *Druckkunst und Buchhandel in Leipzig 1479–1879*. Leipzig (Weber).

Malavielle, Sophie (1985): *Reliures et cartonnages d'éditeur en France au XIXe siècle (1815–1865)*. Paris (Promodis).

Sadleir, Michael (1930): *The Evolution Publishers Binding Styles 1770–1900*. London (Constable).

Schäfer, Helma (1994): »Zur Dauer und Zierde. Gestaltungsgeschichte des Einbandes von 1865 bis 1897«. In: *Gebunden in der Dampfbuchbinderei. Buchbinden im Wandel des 19. Jahrhunderts*. Wolfenbütteler Schriften zur Geschichte des Buchwesens, Bd. 20. Wiesbaden (Harrassowitz).

Winkler, Kurt (1986): »Prachtwerke. Die illustrierten Prunkbücher des Historismus«. In: *Die Kunst der Illustration. Deutsche Buchillustration des 19. Jahrhunderts*. Hg. von Regine Timm. Weinheim (VCH).

Wittmann, Reinhard (1999): *Geschichte des deutschen Buchhandels*. München (Beck).

Wustmann, Gustav (1895): *Gustav Fritzsche Königlich Sächsischer Hofbuchbinder Leipzig*. Firmenschrift Leipzig (Fritzsche).

Texte ohne expliziten Verfasser

»Über Schwarzdruck auf Calico-Decken«. In: *Illustrirte Zeitung für Buchbinderei und Cartonnagenfabrikation* 6 (1873), Nr. 1, S. 1.

»Über den Werth der Papierschneide- und Beschneidemaschinen«. In: *Illustrirte Zeitung für Buchbinderei und Cartonnagenfabrikation* 3 (1870), Nr. 14, S. 54.

»Wieviel tragen die Buchbinderei und verwandte Zweige zur Ausschmückung der Wohnräume bei?« In: *Illustrierte Zeitung für Buchbinderei und Cartonnagenfabrikation* 27 (1894), S. 174.

Die ›Neue Typographie‹ und das Buch
Fachdiskurse und Umschlagentwürfe zwischen den Kriegen

von Patrick Rössler

> Ehe der Zeitgenosse dazu kommt, ein Buch
> aufzuschlagen, ist über seine Augen ein so dichtes
> Gestöber von wandelbaren, farbigen, streitenden
> Lettern niedergegangen, daß die Chancen seines
> Eindringens in die archaische Stille des Buches
> gering geworden sind.[1]

Das Erscheinungsbild der europäischen Gebrauchsgraphik wandelte sich in den 1920er Jahren fundamental: Verspielte Ornamente wurden vielfach von sachlich-nüchternen Gestaltungen abgelöst. Was unter den Begriffen der ›Neuen‹ oder ›Elementaren‹ Typographie firmierte, wurde später durch die Integration fotografischer Elemente und Fotomontagen angereichert. Das Ziel der »Hygiene des Optischen, das Gesunde des Gesehenen«[2] kann aus heutiger Sicht nur als eine revolutionäre Bewegung verstanden werden, die im Zuge eines ›Iconic Turn‹ radikal mit etablierten Lese- und Sehgewohnheiten brach. Diese Veränderungen lassen sich in verschiedenen gebrauchsgraphischen Feldern nachweisen, darunter auch in der Gestaltung von Büchern (und insbesondere von deren Schutzumschlägen) der Zwischenkriegszeit.

Der vorliegende Beitrag beleuchtet diese Tendenzen mit Blick auf die Konsequenzen, die die visuelle Komponente des Drucks auf die Rezeption der betreffenden Druckerzeugnisse zeitigte. Er orientiert sich dabei an drei grundlegenden Annahmen:

1. Kennzeichen der ›Neuen Typographie‹ dienten als Indikatoren für Modernität und Avantgarde; zumindest jedoch versprachen sie einen gewissen Neuigkeitswert der Inhalte.
2. Ihre Gestaltungsprinzipien waren zunächst mit einer fortschrittlichen, links-revolutionären politischen Gesinnung assoziiert, was in Wechselwirkung mit ihrer Verwendung stand.
3. Im Zeitverlauf setzt sich die ästhetische Dimension der ›Neuen Typographie‹ durch, aus funktionaler Sicht erfolgt eine Aneignung des Repertoires unabhängig von der politischen Orientierung.

Eine Begründung dieser Annahmen hat Susanne Wehde im zweiten Teil ihrer zeichentheoretischen und kulturgeschichtlichen Arbeit *Typographische Kultur* ausführlich vorgenommen.[3] Ihre Studie analysiert detailliert die historische Entwicklung unterschiedlicher Schriftformen und Satzschemata bis in die NS-Zeit hinein. Ergänzend hierzu wird im Folgenden zunächst die zeitgenössische Diskussion um die ›Neue‹ bzw. ›Elementare Typographie‹ in Fachpublikationen aufgearbeitet – denn trotz der Fülle an Literatur, die sich den ästhetischen Prinzipien der neuen Bewegung und ihrem innovativen Charakter widmet, findet sich bislang keine systematische Analyse ihrer Rezeption in der Fachwelt. Lediglich Aynsley widmet diesem Thema einige Absätze, neben der Vorstellung ausgewählter internationaler Kommentare durch Friedl

1   Benjamin 1928, S. 29.
2   Moholy-Nagy 1925a, S. 36.

3   Wehde 2000, S. 213 ff., bes. S. 245–339, 377–389.

und die bauhausbezogene Sammlung von Pressestimmen bei Müller.[4] Oft beschränken sich die Ausführungen auf den (durchaus korrekten) Hinweis, die ›Neue Typographie‹ sei wegen ihrer ideologischen Komponente umstritten gewesen.[5]

1. Der Streit um die neue/elementare Typographie: ›allenthalben zerstreute Fehden‹

Die Diffusion der neuen Typographie Mitte der 1920er Jahre kann als spezielles Teilphänomen eines allgemeinen Trends zur ›Neuen Gestaltung‹ begriffen werden. Kunsthistorische Wurzeln und Entwicklungslinien wurden bereits an anderer Stelle detailliert aufgezeigt; zentral scheint der Gedanke, die Form zu gestaltender Objekte aus deren Funktion heraus zu entwickeln.[6] Daher wird zuweilen auch der Begriff der ›funktionellen Typografie‹ verwendet[7] und auf die Reklamegestaltung als wichtige Wurzel für die neue Typographie hingewiesen, denn deren Innovationen resultierten aus multidirektionalen Wechselbeziehungen zwischen Gebrauchs- und Kunsttypographie.[8] Erkennt man das Bauhaus als die Wiege der funktionalen Typographie an,[9] werden als Wegbereiter immer wieder der *Deutsche Werkbund*, die Abstraktion des holländischen Neoplastizismus und der Futurismus genannt, außerdem die Experimente der Dadaisten und der russische Suprematismus insbes. El Lissitzkys, die 1922 in eine konstruktivistische internationale schöpferische Arbeitsgemeinschaft einmündeten.[10] Auch die typographischen Vorstellungen am Bauhaus wurden wesentlich durch den Aufenthalt des De Stijl-Mitbegründers Theo van Doesburg in Weimar und durch den *Internationalen Kongress der Konstruktivisten und Dadaisten* im September

DIE NEUE TYPOGRAPHIE

1 TYPOGRAPHIE ist die exakte graphische Form der **Mitteilung** auf dem Wege des Hochdruckverfahrens.

2 Diese Mitteilung kann sein **1)** werbend, **2)** abhandelnd.

3 **Werbende** TYPOGRAPHIE: **Plakate,** Inserate, Prospekte, Umschläge. **Abhandelnde** TYPOGRAPHIE: **Artikel,** Abhandlungen, „Literatur".

4 Eine Mitteilung soll die 1) KÜRZESTE 2) EINFACHSTE 3) EINDRINGLICHSTE Form haben.

5 Kürze, Einfachheit. Eindringlichkeit werden umso zwingendere Notwendigkeiten, je mehr sich die Mitteilung von der Form der „LITERATUR" entfernt und sich dem Wesen des PLAKATS nähert.

6 Die neue Typographie ist **zweckbetont**—**:** siehe **4** und **5**.

7 **Typographie** IM SINNE NEUER GESTALTUNG ist konstruktiver Aufbau zweckmäßigsten Materials 1) **einfachster** FORM 2) **sparsamster** MENGE gemäß den Funktionen der zu schaffenden Mitteilungsform.

8 Die MITTEL der neuen Typographie sind **ausschließlich die DURCH DIE AUFGABE gegebenen:** die BUCHSTABEN und MESSINGLINIEN des Setzkastens. Ornament auch einfachster Form (fettfeine Linien!) ist, da überflüssig, unzulässig.

9 Die einfachste, darum allein überzeugende **Form** der europäischen SCHRIFT ist die **Block-**(Grotesk)-**Schrift.**

10 Durch Anwendung **fetter** und MAGERER Charaktere und verschiedener Schriftgrade können stärkste Gegensätze gestaltet werden.

11 Im fortlaufenden Textsatz ist die heutige Form der GROTESK schwerer lesbar als die bis jetzt meist angewandte MEDIÄVAL-ANTIQUA. Lesetechnische Gründe, vertieft durch ökonomische Erwägungen zwingen also zur vorläufigen Beibehaltung des Textsatzes aus ANTIQUA.

12 Alle wichtigen Teile (Überschriften, Zahlen, wichtige Satzteile) werden aus GROTESK verschiedenster Grauwerte gesetzt.

13 **Nationale** Schriften (Fraktur, Gotisch, Altslawisch) werden als nicht allgemein verständlich und der Geschichte angehörend von der Verwendung **ausgeschlossen.** Ökonomische Erwägungen vertiefen diese Notwendigkeit.

14 Um das **Sensationelle** Neuer Typographie zu steigern und zugleich um den statischen Ausgleich zu schaffen, sind neben horizontalen auch vertikale und schräge Zeilen**richtungen,** auch die SCHRÄGSTELLUNG GANZER GRUPPEN, möglich.

15 **Photographie** ist überzeugender als Zeichnung. Mit zunehmender Anwendung als Verbilligung der neuen Reproduktions-Verfahren steht der ausschließlichen Anwendung der Photographie, als Abbildungsmittel, die wir grundsätzlich erstreben, nichts mehr im Wege.

16 Die Folge der Verwirklichung dieser Grundsätze ist bei zunehmender technischer Entwicklung, eine **vollkommen neue Buchgestalt.**

Abb.1: Die Originalfassung von Tschicholds Manifest. In: *Kulturschau* (April 1925).

4 Vgl. Aynsley 2000, S. 175 ff. Friedl 1986, S. 8–12; Müller 1994, S. 93–103.

5 Heller 2003, S. 127.

6 Vgl. ausführlich Schmalriede 1979.

7 Vgl. Lang 1966, S. 108; Gerhardt 1982.

8 Vgl. ausführlich Wehde 2000, S. 346 ff.

9 Vgl. Berendt 1987; Gerhardt 1982, S. 293: »Am Bauhaus und in seinem Umfeld sind die Ideen, ist das Instrumentarium der funktionellen Typographie entwickelt worden.«

10 Vgl. z.B. Tschichold 1925b; Kohut 1979, S. 251 ff.; Gerhardt 1982, S. 285–288; Schmalbach 1992, S. 12–19; Kleine 2008, S. 114 ff. In Lissitzkys *Topografie der Typografie* hieß es bereits 1923: »Die Gestaltung des Buchraumes durch das Material des Satzes nach den Gesetzen der typografischen Mechanik muß den Zug- und Druckspannungen des Inhalts entsprechen.« Zit. nach Gaßner/Gillen 1979, S. 212.

1922 stimuliert.[11] Ihre konsequente Anwendung in allen vom Bauhaus selbst verantworteten Kommunikationsmaßnahmen (beginnend mit den 1923 gedruckten Satzungen vom Juli 1922, gestaltet von Oskar Schlemmer[12]), die als die ersten deutschen Erzeugnisse in explizit ›Neuer Typographie‹ gelten könnten, erinnert deswegen deutlich an die Prinzipien der konstruktivistisch orientierten Gebrauchsgraphik.[13] László Moholy-Nagy, Bauhausmeister und ein zentraler Theoretiker der Bewegung,[14] verdeutlichte die Grundzüge der ›Neuen Typographie‹ bereits 1923 in seinem gleichnamigen Beitrag für den Katalog zur Weimarer Ausstellung, dem die Bewegung auch ihren Namen verdankt.[15] Dieselbe Bezeichnung hatte Jan [Iwan] Tschichold auch im Frühjahr 1925 als Titel für sein 16-Punkte-Manifest in der kurzlebigen linken Zeitschrift *Kulturschau* (Vgl. Abb. 1) verwendet, das die später vieldiskutierten Kerngedanken der ›Neuen Typographie‹ prägnant zusammenfasst.[16]

Als wesentlich wurde schon damals aufgefasst, dass die Typographie nur mit den allernotwendigsten Mitteln arbeiten soll, um ihren Zweck in kürzester, einfachster und eindringlichster Form zu erreichen. Als Typen scheiden alle nationalen Schriften (also auch die deutsche Fraktur) mangels allgemeiner Verständlichkeit aus. Zu bevorzugen ist die Groteskschrift als elementare Form in allen Variationen, die Verwendung des kleinen Alphabets wird empfohlen,[17] Versalien dienen der Betonung. Der Mittelachsensatz ist als Gestaltungsprinzip überholt (»schwächliche Anklammerung an den Popanz der Mittelachsengruppierung«[18]), auch die unbedruckte Fläche ist als Element mit Bildwirkung zu berücksichtigen, Ornamente seien wegzulassen. Stattdessen verwende man einfache Formen wie Linien, Quadrate, Kreise oder Dreiecke – aber auch nur dann, wenn sie sich zwingend in die Gesamtkonstruktion einfügen, die bevorzugt der DIN-Normierung entspricht. Ansonsten sollen die Zeichen und Linien des Setzkastens genügen. Um die Eindringlichkeit zu steigern, können auch vertikale und schräge Zeilenrichtungen angewendet werden.[19]

Erheblich wirkungsvoller als diese knappe Abhandlung an entlegener Stelle erwies sich das in 20.000 Exemplaren gedruckte Sonderheft *elementare typographie*, das Tschichold im Oktober 1925 für das Fachblatt *Typographische Mitteilungen* zusammenstellte[20] und das alle relevanten Akteure des graphischen Gewerbes und Druckereiwesens erreichte. Im Heft selbst wird das Bauhaus nur aufzählend erwähnt, und zwar als »unabhängige Parallelbewegung« zum russischen Konstruktivismus. Der tritt im weiteren Verlauf als zentrale Wurzel der neuen Typographie in Erscheinung, wenn das »Programm der Konstruktivisten« prominent im Heft platziert wird. Das Bauhaus als Einrichtung oder die dort tätigen Typographen werden – ungeachtet ihres erwiesen substanziellen Einflusses auf Tschichold

11 Vgl. die Rekonstruktion von Wendermann 2008.
12 Abgebildet bei Brüning 1995a, S. 90 und Fleischmann 1984, S. 59; laut Droste 1994, S. 171 war dies die erste modern gestaltete Drucksache des Bauhauses.
13 Vgl. Brüning 1995a, S. 87. Am Bauhaus vertraten neben Schlemmer und Joost Schmidt insbesondere László Moholy-Nagy und danach Herbert Bayer dieses Konzept.
14 Vgl. das Grundlagenwerk von Müller 1994; außerdem Kohut 1979, S. 252–256.
15 Vgl. Moholy-Nagy 1923, S. 141. Zur Geschichte des Schlagworts vgl. Fleischmann 1981, S. 36.
16 Vgl. Tschichold 1925a, S. 9f. Vgl. hierzu auch Burke 2007, S. 28ff. Wehde 2000 war diese wichtige Quelle leider verborgen geblieben.

17 Die Diskussion um die Kleinschreibung, die unter neuen Typographien selbst umstritten war (vgl. z.B. »kleinschreibung und die neue typographie« 1929), würde eine eigene Untersuchung verlangen und kann an dieser Stelle nicht ausführlicher dargestellt werden.
18 Jan Tschichold, zit. nach Gerdes 1993, S. 56.
19 Vgl. die pointierte Darstellung von Herbert Bayer, abgedruckt bei Cohen 1984, S. 352f.; ebenso Watzal 1926, S. 554f. sowie die ausführliche Beschreibung einzelner Elemente bei Schmalbach 1992, S. 23–55.
20 Tschichold 1925b. Ebenso die direkt folgenden Zitate.

und das Heft, an dessen Bildauswahl Herbert Bayer eigenen Angaben zufolge beteiligt war[21] – überhaupt nicht mehr genannt; wohl aber nimmt ein Artikel Moholy-Nagys über das Typofoto breiten Raum ein. Unter den zahlreichen Illustrationen finden sich Bauhaus-Arbeiten neben Abbildungen russischer, holländischer und deutscher Drucksachen.

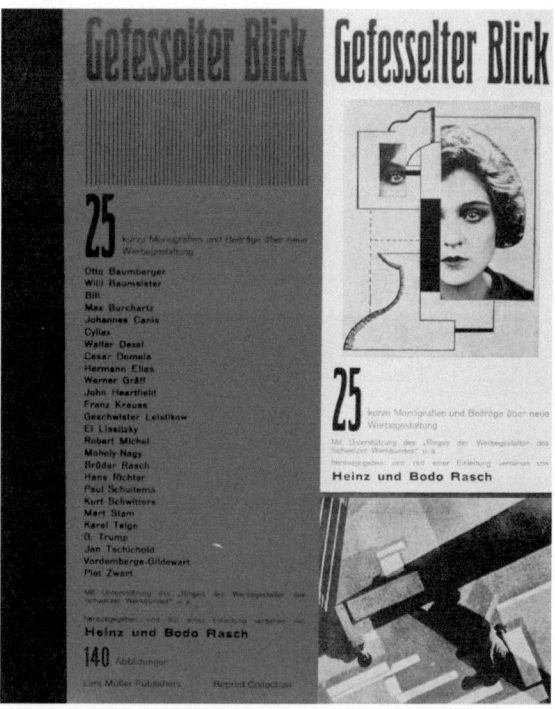

Abb. 2: Die Inkunabel der elementaren Typographen: *Gefesselter Blick* (Stuttgart 1930).

Noch Jahre später bescheinigte Herbert Bayer dem Sonderheft den Charakter eines Manifests.[22] Dem dort niedergelegten Programm sollten in den Folgejahren eine Reihe von Avantgarde-Gestaltern folgen – außer den erwähnten Bauhäuslern Lissitzky und Tschichold, in Deutschland insbesondere Kurt Schwitters, Willi Baumeister, Max Burchartz, Walter Dexel, Robert Michel, Georg Trump, César Domela und Friedrich Vordemberge-Gildewart (für deren individuelle Werdegänge hier auf die einschlägige Literatur verwiesen sei).[23] Zu ihrer Inkunabel avancierte 1930 das biographisch strukturierte Kompendium *Gefesselter Blick*.[24] (Vgl. Abb. 2).

Erste Zuschriften auf die Tschichold-Nummer – oft unsachlicher oder humoristischer Natur, aber auch eine längere kritische Würdigung dieser ersten zusammenhängenden Darstellung der Bewegung – vermeldete die Schriftleitung der *Typographischen Mitteilungen* bereits in der übernächsten Ausgabe. Dass das Sonderheft ohne Begleitwort erschien, erklärt sie mit einer bewussten Entscheidung, die Nützlichkeit dieser Überlegungen den

21 Vgl. Chanzit 1987; ders. 2005, S. 92.
22 Zit. nach Cohen 1984, S. 352.
23 Für eine Übersicht mit zahlreichen Illustrationen vgl. Broos 1990; Malsy 1992 sowie exemplarisch die Werke zu Bau-

meister (Kermer 1989), Dexel (ders. 1987), Schwitters (Rattemeyer/Helms 1990a) oder Vordemberge-Gildewart (Rattemeyer/Helms 1990b).
24 Vgl. Rasch/Rasch 1930.

Bewertungen des Publikums überlassen zu wollen. Man beabsichtigte durchaus »den in den Provinz- und in den Großstädten bereits bemerkbaren Auswüchsen und der falschen Anwendung des Bauhausstils [zu] begegnen«[25]. Ziel sei keinesfalls die Propagierung eines neuen Stils oder einer neuen Richtung gewesen, und auch gegen den Vorwurf einer »einseitigen Einstellung nach der Richtung des Bauhauses hin«[26] verwahrt man sich: Selbst bei großzügiger Auslegung des Begriffs wären bestenfalls etwa 100 Satzbeispiele der insgesamt 308 in den Heften von 1926 und Anfang 1927 als ›modern‹ zu bezeichnen. Dennoch wird das Blatt später für seinen mutigen Einsatz als Katalysator der typographischen Entwicklung gelobt.[27]

Wie sehr das Heft den damaligen Seh- und Gestaltungsusancen zuwiderlief, belegen die Reaktionen aus dem Bildungsverband der deutschen Buchdrucker. »neulich krichte ick die abjebildete Nummer 10 der typojrafischen mitteilungen zu jesicht da fiel ick aba doch uff den a.../nu sacht mal selbst ihr herrn delejierten is det nich die höhe«, glossierte beispielsweise ein Teilnehmer des 13. Verbandstages in Berlin.[28] Andere Zuschriften befürchten ebenfalls, dass die neue Typographie dem »Geschmacksempfinden des Drucksachenverbrauchers« nicht entspräche, der einem anderen Schönheitsbegriff anhänge.[29] Nur konsequent wird später sogar gefordert, ein in neuer Typographie arbeitender Setzer müsse sich selbst auf das Tempo der Zeit einstellen und zur Sachlichkeit erziehen, um erfolgreich zu sein.[30]

Die Publikation beschleunigte in der Folge einen mehrere Jahre währenden Streit in der Fachwelt,[31] an dem sich auch namhafte Buchgestalter beteiligten und der sich eigentlich schon im Jahr zuvor an dem Bauhaus-Sonderheft der Zeitschrift *Junge Menschen* vom November 1924[32] entzündet hatte. Vergleichsweise noch weniger spektakulär und kompromisslos angelegt, positioniert sich der bekannte Graphiker und Schriftentwerfer Fritz Helmuth Ehmcke von der *Münchner Kunstgewerbeschule* in seinem Beitrag *Ordnung und Sachlichkeit* zunächst noch schwankend gegenüber den »unausgeprobten Arbeitsmethoden«, denen »das Weimarer Bauhaus sich mit äußerster Entschiedenheit« zuwende. Zwar bricht er eine Lanze für die »schlichte Sachlichkeit« und erkennt an, dass Kunstschulen der geeignete Ort für Experimente seien; gleichzeitig warnt er jedoch vor der Gefahr, dass einem »bei den Bemühungen um Absonderlichkeiten [...] der Sinn für das eigentliche Wesen der Aufgabe« verloren gehen könne.[33]

Einen ähnlichen Ton schlägt auch Hinrich Hermann Leonhardt im Januar 1925 an, wenn er ausführlich die zehn Thesen von Schwitters aus dessen *Merz*-Heft Nr. 11 zitiert.[34] Hier hatte der inzwischen als Werbegraphiker tätige Dadaist bereits im November 1924 (an-

---

25 »Das Sonderheft ›Elementare Typographie‹« 1925, S. 240. Später heißt es an selber Stelle, man habe den Nachwuchs unter den Buchdruckern zum Nachdenken anregen und zur Selbstständigkeit erziehen wollen, statt einen unbedingten Autoritätsglauben dem Alter gegenüber zu stützen; vgl. »Über die Kritik der neuen Satzgestaltung. Konstruktivismus und elementare Typographie. Zu den Stimmen aus der Fachwelt« 1926, S. 217.

26 »Eine Fanfare gegen die Schriftleitung« 1927, S. 130 f.

27 Vgl. Stammberger 1929, S. 6.

28 Pinner 1926, S. 215.

29 Zuschrift von Fritz Knatz, in: »Eine Fanfare gegen die Schriftleitung« 1927, S. 136.

30 Friedrich 1929, S. 247.

31 »Wohl kein Heft der *Typographischen Mitteilungen* hat eine derartig kritische Beachtung gefunden wie das Oktoberheft des vorigen Jahrgangs.« In: »Über die Kritik der neuen Satzgestaltung. Konstruktivismus und elementare Typographie. Zu den Stimmen aus der Fachwelt« 1926, S. 214.

32 Vgl. die Reproduktion der Titelblätter in Brüning 1985a, S. 80.

33 Ehmcke 1924, S. 255.

34 Ironischerweise spricht sich später selbst Schwitters 1928, S. 240 gegen die pauschale Durchsetzung der Kleinschreibweise aus.

Abb. 3: Der früheste Buchumschlag von Moholy-Nagy
(1924). Zuschreibung
lt. Brüning 1995, S. 164.

lässlich einer Anzeigenserie für *Pelikan*), also ein knappes Jahr vor Tschicholds Sonderheft, einige wesentliche Gedanken der neuen Typographie formuliert.[35] Leonhardt kommt
zu dem Schluss, man könne diese fast ohne Einschränkung anerkennen, aber sie seien
»weder neu, noch enthalten sie besondere Offenbarungen«. Deutliche Kritik wird freilich
angesichts der konkreten Umsetzungen geübt, denen als »Harlekinaden« zwar »reklame-
technisch Verblüffendes«, aber nichts funktional Sinnvolles gelänge[36] – eine in der weiteren Diskussion noch häufiger anzutreffende Argumentationsfigur: Betrachtet man einen
der frühesten Buchumschläge von László Moholy-Nagy für einen Erfurter Verlag, so fällt
tatsächlich eine gewisse Unbeholfenheit und Unentschiedenheit in der Ausfertigung auf
– von Funktionalität ist gerade bei der Gestaltung von Initialen und Schrift nichts zu spü-
ren. Auch in der Folgezeit wurde die Bauhaustypographie in der Branche kritisiert: nicht
nur von Buchdruckern, die Marianne Brandt bei einer Führung durch das Bauhaus sogar
mit Prügel bedrohten;[37] auch der fortschrittliche *ring neue werbegestalter* tat sich mit einer
offiziellen Kooperation schwer,[38] und Tschichold selbst stand den Bauhäuslern ambivalent
gegenüber.[39] (Vgl. Abb. 3).
Leonhardt äußert sich 1926 erneut grundsätzlich zum Verhältnis zwischen ornamentaler
und ›neuer‹ Typographie. Einerseits würdigt er die Thesen der Konstruktivisten als »richtiges Denken«, spricht ihnen aber jeglichen Neuigkeitswert ab, weil viele Typographen die
elementaren Gedanken in der Realität schon lange verwirklicht hätten: Typographie, die

---

35 Vgl. Schwitters 1924, S. 91.
36 Vgl. Leonhardt 1925, bes. S. 22 f.
37 Vgl. Brandt 1996, S. 160.
38 Vgl. Broos 1990, S. 8; Purvis 2008, S. 55 ff.
39 Vgl. Tschichold 1928, S. 185; Burke 1998, S. 63.

nicht zweckbetont sei, wäre überhaupt keine Typographie. In seiner Auseinandersetzung mit den zehn Thesen Tschicholds bestreitet er »auf das entschiedenste, daß die bisherigen Erzeugnisse der Konstruktivisten in erster Linie zweckbetont und sachlich sind, sondern sie sind ich-betont«. Dieser Vorwurf wiegt schwer, paart er sich doch mit der Beobachtung, die im Sonderheft abgebildeten Lösungen seien selbst nicht in einfachster und kürzester Form, sondern auf ihre Weise ornamental; damit würde die ›Neue Typographie‹ mit ihren Gestaltungsprinzipien zum Ausgangspunkt einer eigenen ornamentalen Entwicklung.[40]
Eine vehemente Ablehnung der Thesen Tschicholds formulierte Julius Zeitler im Januar 1926, der den »ganzen sogenannten elementaren oder konstruktivistischen Stil im Buchgewerbe […] ein Mißverständnis« nennt: »Mit Typen, die wie aus Balken zusammengesetzt sind, wird eine Buchseite nicht gebaut, sondern gemauert.« Die fette Grotesk führe zurück zur Steinschrift, die Satzanordnungen seien gesucht und willkürlich, innerlich gesetzlos, durchaus subjektiv und die Anarchie der Konstruktionen so haltlos wie bei einem Kandinsky-Bild:

Es ist eine kaum zu übertreffende Selbstironie, wenn die Konstruktivisten in ihren Programmen stets behaupten, ihr typographisches Werk habe die Mitteilung in höchstem Maße zum Ziel. Gerade die in der Schrift mögliche und mit ihr geborene Mitteilung unterbinden sie nach allen Kräften.[41]

Zeitler, der in diesem Aufsatz nicht nur sich selbst, sondern die Typographie allgemein als konservativ bezeichnet, verteidigt hier die klassische Buchkunst. Richtig erkennt er allerdings, und dies ist für den vorliegenden Zusammenhang bedeutsam, dass sich die Veränderungen im Buchbereich eher auf die Außenwerke des Buchs wie den Umschlag beziehen, weil die Anwendung im Satzkörper zu absurden Resultaten führe – eine Einsicht, die freilich auch den elementaren Typographen nicht verborgen geblieben war,[42] weshalb Zeitlers Angriffe (wie viele andere) ins Leere zielen. Sie übersehen, dass es jenseits des Fraktur/Antiqua-Streits auch innerhalb der Moderne eine Antiqua/Grotesk-Debatte gab, in der gerade Tschichold die Grotesk – mangels Lesbarkeit – auf einen Einsatz als Auszeichnungsschrift neben der Antiqua beschränken will.[43] Doch selbst den auf Einband und Broschurumschlag konzentrierten »Einbruch der Plakatauffassung ins Buchwesen« beklagt Zeitler, weil

letzten Endes jener losgelassene, künstlerisch wild gewordene Gebrauchsgraphiker, der nicht Buchkünstler ist und der gar nichts vom Buch versteht, sich von seiner Seite des Buchs bemächtigen will, und dabei in der Materie herumtapert wie der Elefant im Porzellanladen.[44]

Dass zu jenem Zeitpunkt die Reihe der Bauhaus-Bücher, *Urzeugen einer funktionellen Bauhaus-Typographie*[45], bereits überzeugende Lösungen gefunden habe, wie neue Typographie

---

40 Vgl. Leonhardt 1926. Auch von anderer Seite wurden die »derb tendenziösen Beispiele« im Sonderheft als »Effekthascherei mit Ausstattungsmitteln« bezeichnet; vgl. Franke 1928, S. 15.
41 Zeitler 1926, S. 102 f.
42 Siehe schon Tschichold 1925b, S. 198; für die Bauhäusler stellvertretend Albers (1933), zit. nach Fleischmann 1984, S. 36.

43 Vgl. ausführlich Wehde 2000, S. 308 ff. Siehe in diesem Zusammenhang auch die Gestaltung von Tschicholds eigenem Buch zur neuen Typographie (ders. 1928), die nur moderat mit dem klassischen Buchsatz bricht.
44 Zeitler 1926, S. 103.
45 Kohut 1979, S. 251.

Abb. 4: Umschlag von
Jan Tschichold für die
Büchergilde Gutenberg
(1925, 1928).

in einer Einheit von Satz und Einband als Gesamtkonzept realisiert werden könnte, erkennt Heinrich Wieynck, der Vorstand der *Kunstgewerbebibliothek Dresden,* zwar im Sommer 1926 an. In seinem Beitrag über *Neueste Wege der Typografie* dominieren ansonsten aber die üblichen Kritikpunkte: Die Thesen seien weitgehend nichts Neues, die Einschränkung der typographischen Mittel nicht einsichtig und das Programm eine »fixe Idee«, die gerade die »im Bannkreis der Dessauer Luft« arbeitenden Bauhaus-Künstler befallen habe.[46] Er plädiert für eine künstlerische Typographie jenseits eines den Leser verärgernden »programmatischen Intellektualismus«, was schließlich in eine Parodie von Tschicholds Thesen mündet:

1. Eine Drucksache ist nach den Grundsätzen der Konstruktivisten zweckbetont, wenn ihre Mitteilung nur unter Schwierigkeiten gelesen werden kann.
2. Man verachte alles bisher geschaffene Schrift- und Ziermaterial, außer der mageren und fetten Venus-Grotesk und beschränke sich, gemäß eigener Beschränktheit, auf das Viereck, den Kreis und das Dreieck, wenn man eine Drucksache organisieren will.
3. Man suche niemals die kürzeste, einfachste und eindringlichste Form für eine Aufgabe, sondern kompliziere durch raffinierte Textgruppierung und Wortzerreißung ihre Gestaltung bis zur Unleserlichkeit.

---

46   Wieynck 1926, S. 376. Der Verfasser legte 1926 selbst eine
     eigene Fraktur-Schrift vor (die *Wieynck-Gotisch*; vgl. Weh-
     de 2000, S. 299).

4. Man suche ferner die typographische Lösung in Form der Kreuzwort- und Bil-
   derrätsel, indem man die Texte genügend oft neben-, über- und untereinander
   und in verwirrender Unordnung gestaltet, wobei die Windrose wertvolle Anre-
   gung geben kann.
5. Zur Erreichung sensationeller Wirkung in der neuen Typographie ist jede nichts-
   sagende, abstrakte Form brauchbar, insbesondere führt die Anwendung fetter
   Linien und der unvermeidlichen Pfeilspitzen zu beglückenden Offenbarungen
   in der Flächengestaltung.
6. Die letzte Steigerung formalen Ausdrucks in der elementaren Typographie ist
   das unbedruckte, aber zweckbetonte Blatt Papier im geeigneten Din-Format.[47]

> Als positives Beispiel lässt der Verfasser – neben den Bauhausbüchern – einzig Tschicholds
> Ausstattung des *Fahrten- und Abenteuerbuchs* von Colin Ross für die *Büchergilde Gutenberg*
> gelten. (Vgl. Abb. 4).
> Jenseits dessen beklagt er die Ideenarmut der mit gleichartigen Mitteln erstellten Ergebnis-
> se, deren langweilige Uniformität sie in »ödestem Industrialismus« erstarren ließe, was den
> Weg der neuen Typographie zu einer Sackgasse werden ließe. Als »hemmungslose Über-
> nahme überspannter Ideen« aus der »spielerischen Verstandsakrobatik der Konstruktivis-
> ten« fehle dem gegenwärtigen Vorstoß die »aufrichtige Gestaltungsfreude und das sinnliche
> Gefühl für das Schöne an sich«, weshalb er nur »den Reklamebedürfnissen einiger Neutö-
> ner zu genügen vermag«.[48]

2. Politische Konnotation und allmähliche Etablierung

Der hier exemplarisch dargestellte Angriff durch die zeitgenössische Fachwelt verdeut-
licht deren konservativ-bewahrende Position, was die eingangs formulierte These stützt,
die neue Typographie indizierte einen Aufbruch in die Moderne und wurde als solche
auch deutlich wahrgenommen (ihre »modische Note«[49] wurde gerade von den Gegnern
ins Feld geführt). Über die eindeutig nationale Codierung der Fraktur-Schriften seit den
Zeiten Bismarcks besteht kein Zweifel – seither wurden die gebrochenen Schriften von
einer rechtskonservativen Öffentlichkeit stets zu einem Kollektivsymbol des ›Deutschen‹
und damit zu einer Projektionsfläche deutscher Identitäten gemacht.[50] Die Ideologisie-
rung trat spätestens im Schriftstreit 1911 offen zutage, der sich an einer Petition für die
Zulassung der Antiqua im offiziellen Schriftgebrauch entzündete: Der Formgegensatz
Fraktur/Antiqua wurde in die Positionen deutsch/nichtdeutsch übersetzt. Unter Fraktur-
Anhängern herrschte dabei die Ansicht vor, Nation und Volk seien auch als Schriftge-
meinschaft zu verstehen.
Analog scheint auch beim Streit um die neue Typographie zuweilen die politische Dokt-
rin als ideologische Hintergrundfolie durch[51] – öfters implizit durch den Verweis auf die
Wurzeln des Konstruktivismus in der russischen Revolutionskunst oder auf die »neue
Moskauer Richtung«. Explizit wird von einem »kommunistischen Stil«, einer »kommu-

47 Wieynck 1926, S. 379 f.
48 Ebd., S. 380 ff.
49 Wieynck 1927a, S. 396.

50 Vgl. hier und im Folgenden ausführlich Wehde 2000,
    S. 246–255.
51 Vgl. Wehde 2000, S. 336 ff.; Kambartel 1987, S. 36 f.

nistischen Schriftauffassung« im Sinne »der Russen«[52] oder der »streng tendenziösen, kollektivistischen, ja man möchte fast sagen kommunistischen Einstellung«[53] der Protagonisten gesprochen. Bezeichnenderweise war die erste Veröffentlichung von Tschicholds Manifest im April 1925 in der *Kulturschau* erschienen, dem kurzlebigen *Allgemeinen Anzeiger für die linksgerichtete Literatur*, herausgegeben von Arthur Wolf, damals Vorsitzender der Vereinigung linksgerichteter Verleger.[54] Neben seinem Verlag *Die Wölfe* waren dessen Gründungsmitglieder u.a. der *Malik-Verlag*, der *Verlag Elena Gottschalk*, Helene Stöckers Verlag *Die Neue Generation* und der Verlag *Der Syndikalist*. Dass Tschichold an prominenter Stelle in seinem Sonderheft zunächst ein »Programm der Konstruktivisten« abdruckt, das explizit auf die »Experimente der Sowjets« verweist, bestätigt diese Orientierung, obwohl später das Stigma der »bolschewistischen Ausdrucksform« klar abgelehnt wird.[55]

Erste Verteidigungsschriften, die ab 1927 erschienen, rechtfertigen die Position des künstlerischen Schöpfers als Revolutionär, und betonen die neue Typographie als Stil einer revolutionären Ära.[56] »Unsere Zeit verlangt, vom Schwungrad der Maschine umsaust, von sozialen Nöten und Kämpfen im Innersten bewegt, Klarheit, Einfachheit, gerade Linien, vor allem aber Zweckeignung.«[57] Die moderne Gesellschaft fordere eine neue Typographie;[58] Druckerzeugnisse für die »Schaukultur« der Großstadt, die mit den neuesten Maschinen korrespondieren, sollten »auf Klarheit, Knappheit, Präzision aufgebaut sein«.[59] Symmetrie wird nun mit Fassade gleichgesetzt und als autokratisches Ausdruckselement abgelehnt, geometrische Blickfänger als zeitgemäße Version der Initialen verteidigt.[60] El Lissitzky prophezeite im selben Jahr, die nächste Buchform werde »plastisch-darstellerisch«, gekennzeichnet durch ein gesprengtes Satzbild und Fotomontage/Typomontage. Gleichzeitig verknüpft sein in Deutschland prominent platzierter Beitrag über die Buchgestaltung in der UdSSR die neue Typographie mit der sozialistischen Revolution.[61]

Tatsächlich zeigt eine Gesamtschau, dass gerade die Literatur für die Arbeiterklasse von den neuen Optionen in der Buchgestaltung Gebrauch machte.[62] In einem bemerkenswerten Aufsatz wies Fritz Stammberger aber 1929 darauf hin, dass die Ideologie hinter der neuen Typographie, sofern sie auf Funktionalität und Effektivität abstellte, in gar keinem Widerspruch zu den Zielen der kapitalistischen Wirtschaft stand. Dennoch wird die elementare Typographie als Ausdruck einer fundamentalen Umwälzung in Ökonomie, Politik und Kunst gesehen, die die bürgerliche Kunst zerschlage und an ihre Stelle die proletarische Kunst setze:

> Umwälzung deshalb, weil das Proletariat ebensowenig die überkommenen Begriffe von schön und häßlich übernehmen kann, als in wirtschaftlicher Hinsicht die überkommene Methode der Verteilung des Arbeitsprodukts und in politischer Hinsicht den Staatsapparat.[63]

52 Zit. nach »Über die Kritik der neuen Satzgestaltung. Konstruktivismus und elementare Typographie. Zu den Stimmen aus der Fachwelt« 1926, S. 216, 218.
53 Watzal 1926, S. 554.
54 Vgl. Schütte 1988, S. 289–294.
55 Vgl. Franke 1928, S. 16.
56 Vgl. Herre 1927, S. 29 f.
57 Haanen 1929, S. 11.

58 Vgl. den einflussreichen Aufsatz von Lissitzky 1925; ausführlich auch Kleine 2008, S. 117 f.
59 Siehe im selben Kontext Moholy-Nagy 1925b.
60 Vgl. Herre 1927, S. 29 f.
61 Vgl. Lissitzky 1927, S. 173 ff.
62 Siehe die zahlreichen Bildbeispiele bei Schmidt/Bartsch 2004.
63 Vgl. Stammberger 1929, S. 6 ff.

Auch Paul Renner, dessen Schrift *Futura* später zur Standardtype der Bewegung avancierte,[64] argumentiert zugunsten der Zeitgebundenheit einer neuen Schrift und fordert die Kritiker auf, ihr hoffnungsloses Anrennen »als edle ritter der alten zeit gegen die mühlen der neuen« aufzugeben, denn »die flügel der mühle werden nicht von denen getrieben, die ihr korn in ihr mahlen«[65].

Abb. 5: Werbe-prospekte für Renners *Futura* als zeitgemäße Schrift (um 1930).

Renner zufolge liegt der Sinn der neuen Typographie nicht in den dicken Balken, sondern in ihrem Nutzwert in einer dynamisierten Welt. Einer dieser ›Ritter‹, Heinrich Wieynck, hatte zuvor den internationalen Trend zu einer konstruktivistischen Schriftentwicklung als »verstiegenen Intellektualismus« der »primitiven Schriftingenieure« bezeichnet und dabei insbesondere die Bayer'sche Universalschrift als nicht ernst zu nehmendes »Spiel mit Bauklötzen« abgetan, in dem die »so laut verlangte Sachlichkeit [...] als bloßes Geschwätz erkennbar« würde.[66]

Ungeachtet solch harscher Kritik schwenkten ab Ende 1927 auch anfängliche Skeptiker um und begannen die »zunehmende Verbreitung des Bauhausstils« positiv zu würdigen – wie etwa das Fachblatt *Die Reklame*, das sich zu einer »Verbesserung in Richtung der Befürwortung des neuen Stils« durchringen musste:

Beim bisherigen, schematischen und symmetrischen Satzstil kam es weniger auf wirkliche Kunst, als vielmehr auf die Einhaltung einer Menge abstrakter Regeln an; bei der neuen Gestaltung aber ist es gerade umgekehrt. Diese Tatsache allein ist ein unumstößliches Urteil zugunsten der elementaren, konstruktivistischen Typografie.[67]

---

64 Vgl. Gerhardt 1982, S. 292; Gerdes 1993, S. 58.   66 Wieynck 1927b, S. 207.
65 Renner 1928, S. 463.   67 Watzal 1927, S. 751.

Die angewandte Gebrauchsgraphik war da schon längst überzeugt, wie eine zeitgenössische Jahresstatistik über die »Stilausführung der Aufträge« von Juni 1926 bis Mai 1927 belegt: Von 789 Aufträgen eines großen Hauses wurden 373, das sind mit 47 % fast die Hälfte, im »Bauhausstil« gewünscht.[68] Dass diese Kommerzialisierung mit einem Qualitätsverfall einherging, weil sich aufgrund der Nachfrage jeder Graphiker berufen fühlte, elementar zu gestalten, stellten u. a. Herbert Bayer, Walter Dexel und Paul Renner fest.[69]

Tschichold selbst vertiefte seine Visionen zunächst im April 1927, und zwar in einem Beitrag für das renommierte Werkbund-Organ *Die Form*. Hier konstatiert er abschließend und in konsequenter Kleinschreibung, »dass eine neue buchform existiert«[70]. Dies macht er an einer langen Reihe von Beispielen fest; wesentlicher erscheint allerdings seine rezipientenorientierte Begründung, wonach sich die Lesetechnik gewandelt habe, von der intensiven Lektüre zum Überfliegen des Textes, dem gerade die neue typographische Gestaltung Rechnung trage.[71] Er prognostiziert, dass die Grotesk auch als Brotschrift des Buches bald Fraktur und Antiqua ablösen würde. Gemeinsam mit einem allgemeinen Trend zur Visualisierung des bislang Geschriebenen sieht er gerade Einband und Schutzumschlag als Ort für »die zunehmende verwendung fotografischer aufbauteile.«

Diese Gedanken baute er 1928 zu einem eigenen Buch über die *Neue Typographie* aus, das in seinen Bemerkungen zur Vorgeschichte nur noch kursorisch auf das Bauhaus als wesentliche Grundlage verweist – stattdessen widmet Tschichold den Arbeiten der Futuristen, Dadaisten, Konstruktivisten und der de-Stijl-Bewegung breiten Raum.[72] Gemeinsam mit der weniger bekannten, aber bemerkenswerten Publikation *Eine Stunde Druckgestaltung* von 1930,[73] die in ihrer Einleitung eine sehr konzise Beschreibung der neuen Gestaltungsprinzipien enthält, leistet Tschichold eine dezidiert anwendungsorientierte Darstellung, die klar auf die Handhabung durch die Praktiker des Gewerbes angelegt war. Rezensenten würdigten die *Neue Typographie* als »das erste zusammenfassende Buch über eine neue typographische Richtung in Theorie und Praxis, zu dem sich endlich aus dem Wirrwarr der allenthalben zerstreuten literarischen Fehden heraus Stellung nehmen lässt«[74]. Die Kunstfertigkeit hinter den vermeintlich simplen Konstruktionen wird nun hervorgehoben, und ihre Durchsetzung im Windschatten der neuen Gestaltung in der Architektur als unvermeidlich beschrieben. Dieser Prozess scheint spätestens 1929 auf breiter Front erfolgreich gewesen zu sein, wenn es in einer Bilanz heißt,

> rein äußerlich ist die asymmetrische Schriftordnung an Stelle der symmetrischen getreten, das Ornament von der Schrift verdrängt, die Umrandung zugunsten der unbedruckten Papierfläche gewichen. An Stelle der Fülle ist Klarheit getreten.[75]

Im Januar des Jahres würdigte erneut *Die Reklame* das Werbeschaffen am Bauhaus, allerdings nicht ohne darauf hinzuweisen, dass sich der »rein intellektuell aufgezogene Bauhausstil« nicht für jede Art von Produkt eigne – und warnend, dass Bauhausreklame nur

---

68 Vgl. Timm 1928.
69 Vgl. Burke 1998, S. 74; Kleine 2008, S. 119.
70 Tschichold 1927, S. 123.
71 Zum Unterschied zwischen Lese- und Werbetypographie vgl. z. B. Schmalbach 1992, S. 3 ff. Ebenso das direkt folgende Zitat.

72 Vgl. Tschichold 1928, S. 52–65, hier S. 60.
73 Vgl. Tschichold 1930.
74 B. 1928, S. 767.
75 Albinus 1929, S. 5.

im eigenen Kreis goutiert würde.[76] Die enge Verknüpfung zwischen neuer Typographie und dem Bauhaus hatte sich da bereits in den Köpfen als ›Bauhausstil‹ festgesetzt,[77] obwohl die Bewegung – wie etwa der *ring neue werbegestalter* zeigt – schon längst vom Bauhaus emanzipiert war.[78] Dennoch nahmen Bauhäusler für sich in Anspruch, als Katalysator für die ›Elementare Typographie‹ fungiert und andere Künstler zur Auseinandersetzung mit den neuen Gestaltungsprinzipien gezwungen zu haben.[79]

Abb. 6: Albert Renger-Patzsch: *Eisen und Stahl* (Schutzumschlag, 1931).

Um 1930 ging auch das *Archiv für Buchgewerbe und Gebrauchsgraphik*, das eher traditionell-konservative Zentralorgan der deutschen Buchgestalter, kommentarlos zu einem neuen, asymmetrischen Layout mit Einsatz von Groteskschriften, Versalien und ordnenden Linien über: Die neue Typographie hatte sich endgültig »durchgesetzt, ihre Arbeiten finden kaum noch ernst zu nehmenden Widerstand – wenn sie gut sind. Man hat sich mit dem neuen ›Stil‹ abgefunden«[80]. Gegner und Freunde der ›Elementaren Typographie‹ erwiesen sich gegenseitig Wertschätzung, auch konservative Geister schienen die wertvollen

---

76   Haanen 1929, S. 14.
77   »Im vielumstrittenen Weimarer, jetzt Dessauer Bauhaus hat diese neue Typografie bei uns ihre Stätte gefunden.« Zit. nach »Über die Kritik der neuen Satzgestaltung. Konstruktivismus und elementare Typographie. Zu den Stimmen aus der Fachwelt« 1926, S. 218; die »neue Kunstrichtung ›Bauhausstil‹ (Konstruktivismus)« bzw. der »sog. ›Bauhaus-

stil‹ und die aus ihm entwickelte Sachlichkeitsrichtung«. In: »Eine Fanfare gegen die Schriftleitung« 1927, S. 130, 136.
78   Vgl. z. B. Broos 1990; Kleine 2008, S. 127 ff.
79   Vgl. Herbert Bayer, zit. nach Cohen 1984, S. 353.
80   Schröder 1931.

Kräfte in der konstruktiven Gestaltung erkannt zu haben.[81] Man bekennt sich zu einem Zeitalter sachlicher Schönheit, in dem nur eine nach logischen Erwägungen und mit technischer Sorgfalt gestaltete Typographie prägend ist, die gleichwohl im Kompromiss die Versöhnung mit der Tradition sucht.[82] Paradoxerweise wurde die neue Typographie dann wiederum von einigen linken Kulturkritikern angegriffen, die sich gegen die Vereinnahmung an sich radikaler Ideen durch bürgerliche Strukturen wehren wollten – ein Indiz für die großen Hoffnungen, die den Ideen der neuen Typographie für die Errichtung einer neuen Gesellschaftsordnung zugemessen wurden.[83]

In seinem theoretischen Hauptwerk *mechanisierte grafik* von 1931 widmet Paul Renner der »Funktionellen Typografie« ein längeres Kapitel. Dort konstatiert er ein »neues typografisches Stilgefühl«, was dem Buch über kurz oder lang auch ein neues Gesicht verleihen würde, und führt dies eingehender am Beispiel des asymmetrischen Satzes aus, ohne daraus ein »neues Dogma« machen zu wollen.[84] Lothar Langs spätere Bilanz, die Bauhaus-Typographie habe sich zwar auf dem Gebiet der Werbe- und Geschäftsdrucksachen durchgesetzt, aber in der Buchkunst nur fruchtbare Anregungen geliefert,[85] scheint nicht zwingend: Bei der Prämierung der 50 schönsten Bücher des Jahres 1931 durch die *Stiftung Buchkunst* wurde jedenfalls angemerkt, dass nur ein Teil der Werke klassisch nach dem Prinzip der Schönheit ausgewählt wurde, während bei anderen die »Erfüllung des sachlichen Zwecks« im Mittelpunkt stand.[86] Auszeichnungen für Fotobände wie Renger-Patzschs neusachliches Meisterwerk *Eisen und Stahl* oder Lerskis Porträtsammlung *Köpfe des Alltags* verwundern da kaum mehr: »Man kann sagen, daß die neue Typografie der Fotografie in Werbedrucksachen, Zeitungen, Zeitschriften erst den gebührenden Platz erobert hat.«[87] (Vgl. Abb. 6).

3. ›Iconic Turn‹: Der Siegeszug von Foto und Fotomontage

»Kaum haben sich die Wogen im Kampfe um die ›neue Typographie‹ einigermaßen geglättet, da ›Kommt der neue Fotograf‹.«[88] Die Fotografie, unter Buchgestaltern immer ein Stiefkind neben der künstlerischen Illustration,[89] avancierte bald zu einem bevorzugten Gestaltungselement innerhalb der ›Elementaren Typographie‹ – darauf hatte Tschichold schon in seinem ersten Thesenkatalog von 1925 (vgl. Abb. 1) hingewiesen:

> Photographie ist überzeugender als Zeichnung. Mit zunehmender Anwendung als Verbilligung der neuen Reproduktions-Verfahren steht der ausschließlichen und erweiterten Anwendung der Photographie als Abbildungsmittel, die wir grundsätzlich erstreben, nichts mehr im Wege.[90]

Klassische Illustrationstechniken wie Holzschnitte oder Kupferstiche wurden schon seit dem 19. Jahrhundert sowohl in wissenschaftlichen Abhandlungen als auch in Künstlerbüchern oder der illustrierten Wochenpresse verwendet. Mitte der 1920er Jahre gewann al-

81   Vgl. Grote 1931a, S. 19.
82   Vgl. Franke 1932, S. 304.
83   Vgl. Aynsley 2000, S. 177.
84   Vgl. Renner 1931, hier S. 76, 83–90.
85   Vgl. Lang 1966, S. 109.
86   Vgl. Rodenberg 1932, S. 165.
87   Renner 1931, S. 93.

88   B. 1930, S. 44.
89   Vgl. Müller 1994, S. 43 ff. Zeitler 1928, S. 663 unterschied beispielsweise konsequent zwischen der klassischen Buchkunst und der konstruktivistischen Gebrauchsgraphik, die sich auch der Photomontage bediene.
90   Vgl. Tschichold 1925a, S. 10.

lerdings ein Trend an Bedeutung, der heute im Kontext des ›Iconic Turn‹ verhandelt wird: Die zunehmende Dominanz der Bilder im Sinne einer Verlagerung von der sprachlichen auf die visuelle Information, vom Wort auf das Bild.[91] Gleichzeitig bemühten sich Fotografen und Fotokünstler um eine moderne Bildauffassung jenseits der klassischen Porträts, Stillleben und Landschaften, wofür – analog zur ›Neuen Typographie‹ – der Begriff der »Neuen Fotografie« geprägt wurde.[92]

Bilder wurden seinerzeit allgegenwärtig: Schon eingangs des 20. Jahrhunderts hatte – bedingt u. a. durch technische Fortschritte in den Bereichen Druck und Fotografie – eine erste Blüte des Bildjournalismus eingesetzt.[93] Mit der aktuellen Illustrierten etablierte sich ein Medienangebot, das wesentlich auf visuellen Darstellungsformen beruhte. Die Publikumsresonanz war überwältigend, schon bald waren Illustrierte weltweit zu einem erschwinglichen Preis verfügbar und erzielten Millionenauflagen.[94] Entscheidende Bedeutung besaßen medientechnologische Weiterentwicklungen, neben der leichteren Verarbeitung fotografischer Vorlagen im Druckprozess auch die Erfindung der Kleinbildkameras, die sowohl der professionellen als auch der Amateurfotografie einen dramatischen Aufschwung bescherte. So prognostizierte Moholy-Nagy 1926,

mit der Weiterentwicklung der Reproduktionstechnik: des Lichtdrucks, der Bildtelegrafie, die die Beschaffung und den Druck von Illustrationen im Augenblick ermöglicht, werden alle […] Werke mit den gleichen illustrativen Mitteln arbeiten – wenn auch auf höherer Ebene – wie die jetzigen amerikanischen Magazine.[95]

Die Verknüpfung von Fotografie und Typographie als zwei scheinbar wesensverwandte Elemente neuer Gestaltung wird von den Protagonisten der Bewegung vehement propagiert.[96] Stellvertretend sollen hier zwei Äußerungen angeführt werden: In seiner *Neuen Typographie* bezeichnet Tschichold das Foto als anerkanntes typographisches Mittel der Gegenwart und »geradezu das Merkmal, das unsere Typographie von aller früheren unterscheidet.«[97] Seine Vorzüge sind seine (vermeintliche) Objektivität als Aufzeichnungsmittel, und seine unmittelbare und sofortige Verständlichkeit unabhängig von Alphabetisierung und Sprachgrenzen: »Das Bild unterrichtet schneller und besser, die Bildseite ist in Sekunden zu erfassen.«[98] Besondere Bedeutung besaß die zunehmende Integration von Fotomaterial auch deswegen, weil sie den Übergang zu anaxialen Satzschemata geradezu herauszufordern schien. Weniger das Buch (dessen Titelblatt lange der Prototyp für die Komposition entlang einer Mittelachse war), sondern neue Textsorten wie etwa illustrierte Zeitschriften, Fotobücher oder bebilderte Kataloge fordern eine bildorientierte Informationstypographie, in der Bild und Text jenseits des Ornamentalen neu organisiert und miteinander in Bezug gesetzt werden.[99]

Als zeitgemäße Verschmelzung prägt Moholy-Nagy schließlich den Begriff des »Typofotos«,[100] der auch für die vorliegende Thematik von Bedeutung ist und von Ute Brüning an

---

91 Vgl. z.B. Heidenreich 2004.
92 Vgl. das zentrale Werk von Gräff 1929.
93 Vgl. Kerbs/Uka 2004.
94 Vgl. von Dewitz/Lebeck 2001.
95 Moholy-Nagy 1926, S. 378.
96 Vgl. zsf. Schmalbach 1992, S. 69–90.

97 Tschichold 1928, S. 47.
98 Albers 1926, S. 395.
99 Vgl. Wehde 2000, S. 326 ff.
100 Vgl. ausführlich Müller 1994.

anderer Stelle erschöpfend analysiert wurde.[101] Eine Definition findet sich bereits in dem Bauhausbuch *Malerei, Fotografie, Film*, nach Willberg »einem der wichtigsten Bausteine der Neuen Typografie, der künftigen Buchgestaltung und eines neuen Lesens«[102] und lautet:

> Was ist Typofoto?
> Typografie ist in Druck gestaltete Mitteilung.
> Fotografie ist visuelle Darstellung des optisch Faßbaren.
> Das Typofoto ist die visuell exaktest dargestellte Mitteilung.[103]

Ziel ist dabei, Foto und Schrift in einer neuartigen, bildlichen und sprachlichen Ausdrucksform zu fusionieren, in der der Text nicht nur Legende des Bildes und das Bild nicht nur Illustration des Textes ist. Als (singuläres) Paradebeispiel hierfür mag Moholys eigene filmische Skizze *Dynamik der Gross-Stadt* – wieder der Bezug zur modernen Massengesellschaft! – im selben Band gelten. Die leistet tatsächlich eine neuartige Strukturierung von Wort und Bild[104] und markiert den Übergang von der Typographie zur visuellen Kommunikation und vom klassischen Satz zur Montage von Text und Bild in einem Layout.[105] Wenn in seinem Text von der »Hygiene des Optischen« die Rede ist, dem »Gesunden des Gesehenen«,[106] so ist damit stets ein (durchaus naiver) Glaube an die Unbestechlichkeit des fotografischen Objektivs gemeint, verbunden mit einer neuen, sachlichen Organisation der Fläche als typographische Aufgabe. Welche Schrift dafür besonders geeignet ist, steht außer Zweifel – »die klare Grotesktype in Verbindung mit dem Ausdruck der Photographie sprechen eine sehr verständliche und doch unaufdringliche Sprache«[107]. Deswegen wurde auch die *Futura* als Schrift für die Fotomontage beworben (vgl. Abb. 5).

Einen Bezug zur Buchgestaltung stellt Moholy-Nagy in einem Katalogbeitrag anlässlich der Internationalen Presse-Ausstellung (*Pressa*, Köln 1928) her, für die Herbert Bayer einen kleinen (und nach eigener Erinnerung eher schlicht gehaltenen) Raum zur »Elementaren Buchtechnik« einrichtete, in dem er verschiedene Buchumschläge und Innenseiten auf Tafeln montierte.[108] Im Katalog konstatiert er zunächst eine Rückständigkeit der Buchgestaltung im Vergleich zum Akzidenzdruck, bevor er den Licht- und Fotosatz als technischen Impuls für einen fundamentalen Wandel in der Buchproduktion identifiziert. Speziell mit Blick auf den Bucheinband macht er die neue Form des Buches am Einsatz von Montagetechniken fest, die die klassische Bindung um neue Materialien bereichert.[109]

Bei Moholy-Nagy ist es nur ein kleiner Schritt vom Typofoto zum kameralosen Fotogramm,[110] zur Fotomontage oder Fotocollage, auch als Fotoplastik bezeichnet.[111] Als Ausdrucksmittel hatte die Fotomontage freilich weniger eine künstlerische denn eine politische Bedeutung:[112] Gerade Gestaltern wie John Heartfield gelang es meisterhaft, ihre treffenden Kommentare zum Zeitgeschehen in Form von aufwendig hergestellten Montagen zu äu-

101 Vgl. Brüning 1990.
102 Willberg 2000, S. 269; ähnlich Gerhardt 1982, S. 291.
103 Moholy-Nagy 1925a, S. 37. Im Abdruck des Zitats in Tschicholds Sonderheft heißt es bei der Typographie ergänzend »Gedankendarstellung«.
104 Vgl. die Analyse von Wehde 2000, S. 385–388.
105 Vgl. Willberg 2000, S. 275; Brüning 1990, 205 f.
106 Interessanterweise fehlt genau diese Passage in der russischen Fassung von Moholy-Nagys Buch.

107 Franke 1928, S. 16.
108 Vgl. Chanzit 1987, 2005, S. 118. Bayer war insbesondere von Lissitzkys Ausstellungsgestaltung für den Sowjetischen Pavillon auf der *Pressa* beeindruckt.
109 Vgl. Moholy-Nagy 1928, S. 60 ff. sowie Müller 1994, S. 7–79.
110 Zur Relevanz in der Typographie vgl. Grams 1929, S. 85.
111 Vgl. ausführlich Lusk 1980.
112 Vgl. Bettmann 1931a, S. 228.

ßern – eine Technik, die er auch in zahlreichen Schutzumschlägen für den *Malik-Verlag* und andere Häuser verwendete. Die politische Konnotation war dabei zunächst eindeutig, denn die Fotomontage galt als Waffe der linken Kräfte im Reich und wurde bevorzugt von Blättern wie der SPD-nahen *Volk und Zeit*, insbesondere aber der kommunistischen *Arbeiter-Illustrierten Zeitung* (AIZ) Willi Münzenbergs eingesetzt.[113] Fotomontagen fungierten damit weniger als sachliche Ausdrucksmittel, wie es der Fotografie zugeschrieben wurde, sondern sie wollen durch die in ihr enthaltenen Gegensätze »die Phantasie des Betrachters durch Auslösung der in ihm schlummernden assoziativen Phantasie- und Erlebniskräfte […] erregen«[114]. Auch für die Fotomontage in neuer Gestaltung gilt freilich, dass sie eine möglichst klare und harmonische Linienführung anstreben sollte, um die verschiedenen Objekte zu einer wirklichen Einheit zu verbinden. Als Schrift, eigentlich ein »Fremdkörper« in der Montage und vom Rang her nebensächlich,[115] wird wegen ihrer scharfen Begrenzungslinien und klaren Struktur die ›moderne Grotesk‹ empfohlen.[116]

Abb. 7: ›Klebografie‹ vs. Montage: Zwei Theaterpublikationen aus Berlin (1927) und Erfurt (1929).

Anders als im Falle der neuen Typographie waren der Einsatz von Fotografie und Fotomontage ab Mitte der 1920er Jahre in der Fachwelt nie wirklich umstritten.[117] Zwar gab es auch kritische Stimmen, die der Montage als »seltsame Versuche im Dessauer Bauhaus«[118] ihren künstlerischen Rang absprachen, weil sie nur fremdes Arbeitsgut ordne, weshalb die Leser das »Durcheinander von stürzenden Bauten, zerstückelten Menschen usw.« nicht lange ertragen würden.[119] Mit der Zeit stellte sich freilich eine gewisse Reduktion in der Anzahl der Bildelemente und Perspektiven ein, die die Bildfläche beruhigte und dem Wunsch des Betrachters nach schneller Information effektiv entgegenkam.[120] Spannungsvolle Foto-

113 Vgl. Tsai 2008; zuvor Evans 1992.
114 Hölscher 1929, S. 393 f.
115 Vgl. Franke 1932, S. 306.
116 Vgl. Bettmann 1931a, S. 229 ff.

117 Vgl. Sachsse 2002, S. 51.
118 Vgl. Volkmann 1928, S. 419.
119 Köditz 1929, S. 142.
120 Vgl. Witte 1932, S. 71.

montagen wurden zumeist als reklamepsychologisch wirksam beschrieben,[121] denn sie wären in der Lage, die Welt aus verschiedenen Blickpunkten zu betrachten. »Das Trennende des ›Zeit-Raumes‹ überwinde[n] sie und führ[en] dadurch zu einer raschen Erkenntnis: In einem Augenblick wird erfaßbar, was in Wirklichkeit sukzessive und örtlich oft getrennt abläuft.«[122] Sowohl kompositionelle Begabung als auch eine Könnerschaft im Fotografischen seien erforderlich, denn das Material müsste in völliger Freiheit organisiert werden, anstatt sich vom Material die Gesetze diktieren zu lassen.[123] Um das schöpferische Element der kompositorischen Verarbeitung zu betonen, wird sogar vorgeschlagen, statt des mechanisch-handwerklichen Begriffs »Montage« besser »Photokombination« zu verwenden.[124] Ihr unsachgemäßer Einsatz als sog. »Klebografien«, nämlich wahllos aneinandergereihte Bildkombinationen, wird allerdings scharf kritisiert.[125] (Vgl. Abb. 7).

4. Der Buchumschlag in der Weimarer Republik

Einschlägige Übersichtswerke zur Typographie der Zwischenkriegszeit[126] betonen in der Regel die formal-ästhetisch avanciertesten und innovativsten Entwicklungen.

> Es entsteht dabei leicht der Eindruck, als hätte deren Formensprache das typographische ›Gesicht‹ der Zeit geprägt. Übersehen wird dabei, dass die Arbeiten der Neuen Typographie zeitgenössisch nur einen geringen Teil der gesamten Drucksachenproduktion ausmachten.[127]

Diese These soll im vorliegenden Abschnitt am Beispiel des Buchumschlags analysiert werden, wofür sowohl exemplarische Entwürfe als auch eine systematische Auswertung eines größeren Korpus von Umschlägen herangezogen werden.

Bedeutsam erscheint an dieser Stelle der Hinweis, dass die klassische Buchtypographie von vornherein eher kein zentrales Betätigungsfeld der funktionalen Gestalter war – die ›Neue Typographie‹ zielte primär auf Produkte des sog. Akzidenzsatzes, insbesondere Reklamedrucksachen. Dies verdeutlichen nicht nur die Beispiele in Tschicholds Sonderheft,[128] sondern auch die enge Verbindung zwischen Werbung und neuer Typographie: Schließlich zielt die Werbung gerade auf Differenz, Kontrast und Norm-Abweichung, um möglichst große Aufmerksamkeit zu erzielen.[129] Wie Schwitters bereits 1930 verdeutlichte, kann neue Typographie sowohl zur Orientierung als auch zur Werbung eingesetzt werden; gemeinsam ist die Organisation der Fläche, unterschiedlich das Ziel – ruhend/ausgeglichen/passiv/objektiv/senkrecht-waagerecht (Orientierung) vs. bewegt/ausstrahlend/aktiv/subjektiv/parallel oder schräg (Werbung).[130] Für die Buchgestaltung, so hatten es zuvor Baumeister und Tschichold formuliert, gelten eigene Gesetze, und das Prinzip der Funktionalität gebietet es geradezu, die Grotesk als Brotschrift zu verwenden oder

---

121 Vgl. Franke 1928, S. 16.
122 Bettmann 1931a, S. 228.
123 Ebd. 1931a, S. 233.
124 Vgl. Hölscher 1929, S. 384.
125 Vgl. Bettmann 1931b, S. 224.
126 Vgl. z. B. Aynsley 2000; Heller 2003.
127 Wehde 2000, S. 290.
128 Vgl. Tschichold 1925b. Von den Bildbeispielen beziehen

sich 17 auf Reklamedrucksachen (inkl. Buchwerbung), nur zwei auf die eigentliche Buchgestaltung. Ähnlich randständig wird das Buch in Tschichold 1930, S. 80–83 behandelt.
129 Vgl. ausführlich Wehde 2000, S. 295, 413–460: »Regelbruch zum Zweck des Distinktionsgewinns« (S. 410).
130 Vgl. Schwitters 1930, S. 10 f.; siehe auch Kleine 2008, S. 124 f.

vom Prinzip einer horizontalen Textanlage in der Leserichtung von links oben nach rechts unten abzuweichen.[131] (Vgl. Abb. 8).

Der Buchumschlag stellt freilich in diesem Zusammenhang einen Sonderfall dar: Seine Funktion ist von der des Buchblocks abgelöst, wenn er (ggf. neben dem Schutz des Einbands) als »Rufer« und »Werber« zum Kauf verlocken soll, denn »die höchste Aufgabe des Schutzumschlages [ist] die Herbeiführung des Kaufentschlusses«[132]. Diese Funktion wurde

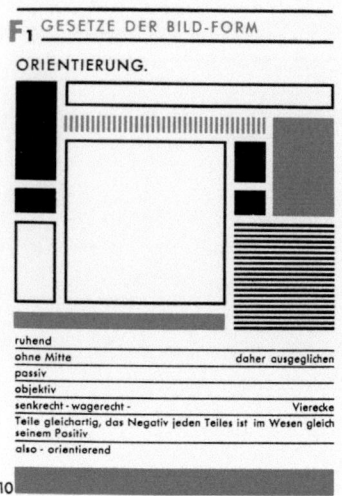
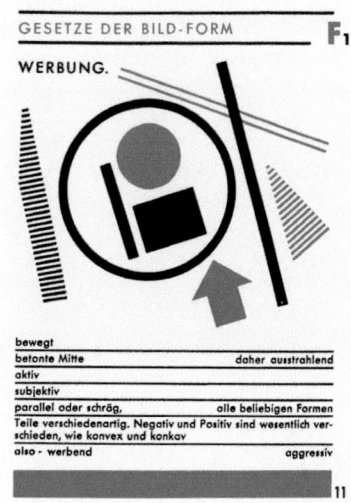

Abb. 8: Gesetze der Bild-Form nach Schwitters (1930).

bereits in der Zwischenkriegszeit klar erkannt; Beobachter beklagten dabei nicht nur, dass der spektakuläre Auftritt eines einzelnen Titels, tritt er im Ensemble der Schaufenster und Buchläden massiert auf, schnell an Wirkung verliert (»laute Überbetonung«[133]). Gleichzeitig gebe es manche Art von Literatur, bei der der Umschlag das Reizvollste des ganzen Buchs sei (Liebesromane, Abenteuergeschichten), während andere Verlage immer noch an der Umschlaggestaltung zugunsten des Leineneinbands sparten, was dem Abverkauf des Titels schade.[134]

Das Werbemittel Buchumschlag kam als im Akzidenzsatz zu organisierende Reklamefläche grundsätzlich auch für die Gestaltung in neuer Typographie in Betracht. Die Ausführungen in den ersten beiden Abschnitten werfen dabei eine Reihe von Fragen auf:

– War neue Typographie, die heute oft als ›Gesicht jener Zeit‹ wahrgenommen wird, als Gestaltungsmittel überhaupt von breiter Relevanz?
– Falls ja – wie verhielt sich die Dynamik ihrer Diffusion zur schrittweisen Durchsetzung der neuen Typographie in der Fachwelt?
– Welche Elemente neuer Typographie – Grotesktypen, anaxiales Arrangement, geometrische Formen, schräge Perspektiven, Fotos, Fotomontagen oder Fotogramme – tauchen in den Buchumschlägen der Zeit auf?

131 Vgl. Tschichold 1928, S. 223–233 mit einem eigenen Kapitel zur Buchgestaltung; analog zuvor die Kritik von Baumeister 1926, Poeschel 1927 sowie zsf. Wehde 2000, S. 445–452.

132 Schauer 1962, S. 4.
133 Moholy-Nagy 1925b, S. 314.
134 Vgl. Grote 1931b, S. 697.

– Und schließlich: Wird die neue Typographie vordringlich als Gestaltungsmerkmal für
moderne Inhalte eingesetzt, und besteht ein Zusammenhang mit sozialistisch-kommu-
nistischen, jedenfalls eher linksorientierten Positionen?

Um diese Fragen zu beleuchten, wurde eine Stichprobe von 162 zufällig ausgewählten
Buchumschlägen aus dem Standardwerk Jürgen Holsteins zur Buchgestaltung Berliner
Verlage[135] auf ihre Gestaltungsprinzipien hin analysiert. Die vollständige Untersuchung
darzustellen würde den vorliegenden Rahmen sprengen, weshalb auf deren anderweitige
Darstellung verwiesen sei.[136] Als zentrales Ergebnis sei hier festgehalten, dass selbst in
dieser auf den zentralen Werken einer Sammlerbibliothek beruhenden Stichprobe nur ein
knappes Sechstel aller angetroffenen Umschläge der elementaren Typographie im weiteren
Sinne zuzurechnen ist. Zwar kann man ein weiteres gutes Drittel als modern in seiner
Gestaltung bezeichnen, d. h. es werden Fotografien verwendet oder Groteskschriften eingesetzt usw. – aber dennoch weist etwa die Hälfte der Umschläge die Merkmale traditioneller Buchgestaltung auf.[137]

		Gestaltungsprinzip		
	Umschlagkonzept	traditionell	modern	elementar
	alle	46 %	38 %	16 %
davon:	rein typographisch	28 %	18 %	31 %
	fototbasiert	3 %	60 %	39 %
	klassisch illustriert	69 %	19 %	27 %

Tabelle: Gestaltungsprinzipien und ihre Umsetzung in Buchumschlägen (n = 162)

Dass traditionelle Entwürfe wenn, dann auf klassische Illustrationen zurückgreifen, während modernere bevorzugt Fotografien einbinden,[138] überrascht kaum. Wohl aber, dass die
elementaren Gestaltungen in ähnlichem Umfang sowohl rein typographische Lösungen als
auch fotografische und gezeichnete Motive benutzen. Die Präferenz für die neue Typographie
erscheint also durchaus unabhängig vom Charakter der Elemente zu deren Umsetzung.
Es kann nicht verwundern, dass der Anteil moderner oder elementarer Gestaltungen im
Zeitverlauf stark zunimmt – von 8 % unter den Büchern vor 1925 über 56 % in der Zeit
von 1925–1928 bis hin zu 74 % nach 1928, was den oben skizzierten Diffusionsverlauf
bestätigt. Dabei dominieren die lt. Schwitters als orientierend zu bezeichnenden Entwürfe
(61 %) gegenüber den werbenden (39 %). Pauschal kann sich die Groteskschrift aber nicht
durchsetzen (29 % aller Umschläge), und auch die Anordnung der Textelemente bleibt
zumeist streng horizontal (76 %). Lediglich der anaxiale Satz erfreut sich breiter Beliebtheit
(53 %), was durchaus nachvollziehbar scheint, denn schon damals wurde erkannt, dass
die anaxiale Balance wesentlich zu einer schnelleren Auffassung beiträgt, weil sie sich der
von links nach rechts verlaufenden Lesebewegung besser anpasst als die auf die Textmitte

135 Vgl. Holstein 2005.
136 Vgl. Rössler 2010.
137 Für den vorliegenden Zweck schien diese Systematik zielfüh-
     render als z. B. die Unterscheidung in illustrative, dekorative
     und plakative Umschläge bei Scheffler/Fiege 1971, S. 59.

138 Zur Rolle der neuen Fotografie in der Werbung vgl. stell-
     vertretend Brüning 1990, S. 210 ff.

hin zentrierte axiale Satz.[139] In jedem Fall widersprechen diese Daten der Behauptung von Purvis, die neue Typographie habe es niemals zu einer starken Anhängerschaft gebracht, was die damaligen Veröffentlichungen belegen würden[140] – eher scheint das Gegenteil der Fall.

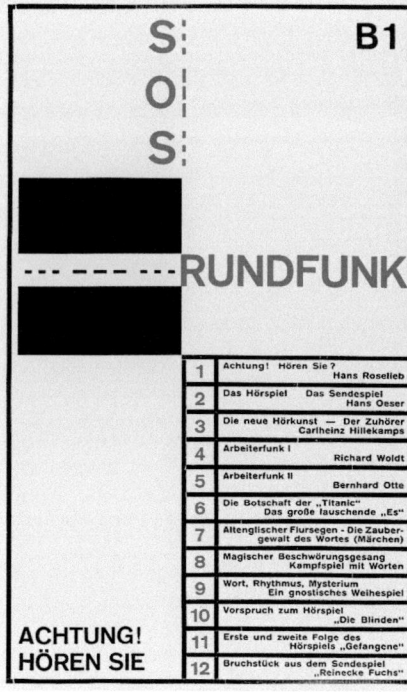

Abb. 9: Elementare Typographie indiziert moderne Inhalte: *S.O.S. Rundfunk* (Berlin, 1927).

Die Stichprobe belegt ferner anhand zweier Indikatoren, dass moderne Typographie und politische Orientierung tatsächlich verknüpft scheinen: Zum einen werden politisch oder sozial fortschrittliche Themen ab 1929 bevorzugt in neuer Typographie gestaltet (83 % vs. 52 % für den davorliegenden Zeitraum); zum anderen wenden linke Verlage[141] deren Prinzipien eher an (wenngleich sich diese Schere nach 1929 etwas schließt). Ähnlich hatte schon die 1982 von der *Deutschen Bücherei* in Leipzig herausgegebene Dokumentation der *Buchgestaltung für die Literatur der Arbeiterklasse 1918–1933* argumentiert. Dort heißt es,

eine beachtliche Anzahl der Bücher trägt jedoch die Zeichen konstruktivistischer oder funktioneller Gestaltung. Ja, man kann sagen, daß ein Gutteil der Arbeiterliteratur von dieser Gestaltung geprägt ist, zumal der Exponent der sogenannten Neuen oder elementaren Typografie, Jan Tschichold, solchen Büchern seinen Stempel aufgedrückt hat.[142]

139 Vgl. Baumeister 1926, S. 215 f.   142 Bunke/Stern 1982, S. 11 ff.
140 Vgl. Purvis 2008, S. 44.
141 Zu deren Definition und Geschichte vgl. Schmidt/Bartsch
     2004, S. 2 ff.

Außerdem werden Fotografie und Fotomontage als proletarisch-revolutionäre Gestaltungsmittel gewürdigt, die auch in unserer Auswertung einen bedeutsamen Stellenwert einnehmen.

5. Die ideologische Emanzipation von ›Neuer Typographie‹ und Fotomontage

Vordergründig schien die faschistische Machtübernahme 1933 einen Bruch mit den Errungenschaften der ›Neuen Typographie‹ zu bedeuten:[143] Das ›völkische‹ Ideal der Machthaber hatte schon in der Weimarer Zeit die klassische ›deutsche‹ Schrift bevorzugt und schrieb 1934 die Umstellung der Amtsschrift auf Fraktur vor;[144] das Bauhaus stand als Keimzelle des Bolschewismus unter Generalverdacht, Bauhäusler wurden verfolgt und ihre Werke aus öffentlichen Sammlungen entfernt;[145] die Medien sollten durch Gesetze und Repressionen ›gleichgeschaltet‹ werden.[146]

> Die umfassende Akzeptanz der neuen Gestaltung wurde durch den Eingriff autoritärer politischer Macht, die wiederum zu Krieg und Zerstörung führte, beendet. Traditionalistische Formen bestimmten die Zeit von 1933 bis 1945 in Deutschland.[147]

Gegen eine solche, allzu verkürzte Betrachtungsweise der NS-Diktatur auf die offizielle Doktrin haben sich auf vielen Gebieten inzwischen differenziertere Perspektiven durchgesetzt: In Architektur und Design hatte die Bauhaus-Moderne auch unter dem Nationalsozialismus Bestand;[148] im Mediensektor war eine gewisse Vielfalt ungeachtet der angestrebten Gleichschaltung nicht zu verhindern;[149] und insgesamt haben

> die Nationalsozialisten gerade keinen universalen und homogenen Antimodernismus in typografischen Formfragen durchgesetzt [...], sondern in unterschiedlichen Anwendungszusammenhängen verschiedenste Formenkanons und Gestaltungsprogramme zugelassen.[150]

Dies kann mit dem Begriff eines ›funktionalen Eklektizismus‹ bezeichnet werden, wenn der Einsatz etwa von Fraktur oder Antiqua auch für offizielles Propagandamaterial an den Symbolwert oder die Zielgruppe einer Publikation angepasst wird. In der Verbindung der technokratischen NS-Avantgarde mit nationalem Traditionalismus werden deswegen selbstverständlich Fotomontagen und Typofotos, geometrische und anaxiale Seiteneinteilungen oder Groteskschriften verwendet, wann immer es dem Kommunikationsziel angemessen erschien.[151]

Als Beispiel hierfür mag der Umschlag der offiziellen Broschüre zur Einführung des Fernsehens anlässlich der Sommerolympiade 1936 gelten: Die serifenlose Schrift und die klare

---

143 Vgl. zsf. Avruscio 1987 sowie Anschauungsmaterial und Analysen bei Heller 2008.
144 Vgl. Wehde 2000, S. 273–278.
145 Vgl. Droste 2006, S. 233–236.
146 Vgl. Abel 1968.
147 Friedl 1997, S. 77.
148 Vgl. die Aufsatzsammlung in Nerdinger 1993.
149 Vgl. Rössler 2007, S. 66–129.
150 Wehde 2000, S. 288.
151 Vgl. ausführlich Krause 2000 sowie Wehde 2000, S. 318 ff.

Einteilung der Seite in mehrere sprachlich definierte Blöcke kann man nur als funktionale Typographie im besten Sinne bezeichnen. Kaum verwunderlich, denn Tschichold hatte schon 1932 postuliert, »die Werbung für programmatisch neuzeitliche Dinge, [...] die für das Neue eintreten, kann man nur in Grotesk gestalten«.[152] Und gerade den Fernseher (oder ›Telehor‹) hatte schon Moholy-Nagy als Inbegriff der medialen Moderne stilisiert – überall sein und doch allein sein.[153]

Abb. 10: Broschüre zur Einführung des Fernsehens in Deutschland (1936).

Auch eine Statistik des Börsenvereins unterstützt diese differenzierte Perspektive: Der zufolge lag der Frakturanteil in der Literatur 1928 bei 56,8 %, und 1934 nahezu unverändert bei 57,4 %. Eine Aufschlüsselung nach Textgruppen zeigt, dass wissenschaftliche Werke ausschließlich in Antiqua gesetzt waren, Sachbücher dagegen etwa zur Hälfte in Fraktur, und volkstümliche Literatur schließlich zu 90 %. Die Grenzen lösen sich zuweilen sogar auf: Unter dem Titel *Element* [sic!] verbreitete beispielsweise die *Bauersche Schriftgießerei* ab 1934 die »klare deutsche Schrift der neuen Typografie« – als »gebrochene Groteskschrift« eine Adaption, geschnitten von Max Bittrof, in den 1920er Jahren selbst ein Gebrauchsgraphiker der Moderne.[154]

Offenkundig löste sich die funktionale Gestaltung schrittweise von ihrer ursprünglichen politisch-ideologischen Konnotation ab. Wie oben erwähnt war schon Ende der 1920er Jahre darauf hingewiesen worden, dass die Gestaltungsweise der elementaren Typographie in keinem zwingenden Widerspruch zur kapitalistischen Wirtschaftsordnung steht.[155] Nun zeichnete sich auch die Bildpropaganda der Nationalsozialisten durch die Übernahme des Typofotos als Ausdrucksmittel der einstigen Avantgarde aus.[156] Für ihre Verwendung durch

---

152 Zit. nach Wehde 2000, S. 309.
153 Vgl. Moholy-Nagy 1925a, S. 36.
154 Vgl. http://www.typografie.info/typowiki/index.php?title =Gebrochene_Groteskschriften [Dezember 2008].

155 Vgl. Stammberger 1929, S. 6.
156 Vgl. Sachsse 2002, S. 51.

die kulturkonservativen Kreise der faschistischen Machthaber gibt es eine ganze Reihe von Begründungen: Zum einen begriffen sich die Nationalsozialisten selbst als Avantgarde einer neuen Gesellschafts- und Weltordnung; außerdem überzeugte die Effektivität einer »domestiziert modernen« Gestaltung à la Herbert Bayer die immer an wirkungsvollen Reklametechniken interessierten NS-Propagandisten; und schließlich war das Regime auch an einer kontrollierten »Vielfalt in der Gleichschaltung« interessiert, um den eigenen Intellektuellen wie internationalen Beobachtern eine vermeintlich freie Medienlandschaft vorzugaukeln.[157]

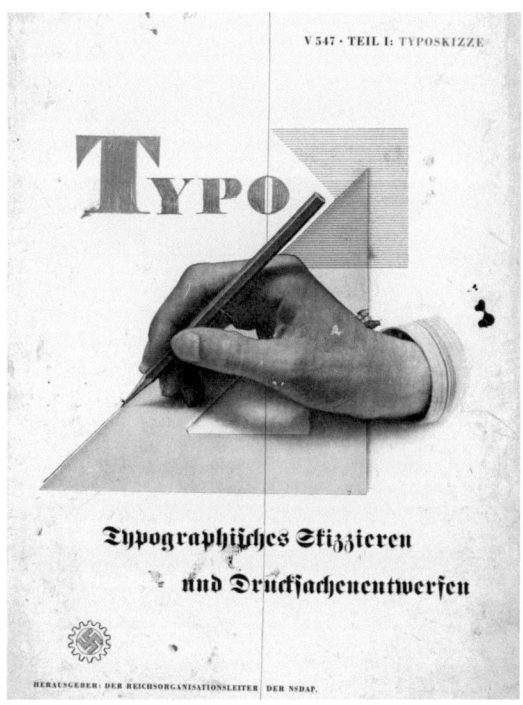

Abb. 11: Typographie-Lehrgang der NS-Propagandisten (um 1940).

Für den Bereich der typographischen Gestaltung lässt sich dies anhand zweier in etwa zur gleichen Zeit erschienenen Publikationen belegen. Zunächst widmete Paul Renner in seinem Kompendium *Die Kunst der Typographie* längere Passagen dem Buchlayout; sein in serifenloser Antiqua gesetztes Standardwerk plädiert vehement für eine funktionale Formgebung mit künstlerischem Anspruch.[158] Die Aufgeschlossenheit der Machthaber im Reich lässt sich am Beispiel des um 1940 erschienenen Lehrgangs *Typographisches Skizzieren und Drucksachenentwerfen* verdeutlichen, herausgegeben vom Reichsorganisationsleiter der NSDAP.[159] An insgesamt 38 Übungsabenden sollen die Nachwuchs-Layouter die Grundlagen der Druckgestaltung erwerben, und so selbstverständlich, wie die Fraktur als Brotschrift zum Einsatz kommt, ziert den Einband eine Illustration, die an Herbert Bayers Titelblatt

---

157 Vgl. ausführlich Rössler 2007, S. 67–77.
158 Vgl. Renner 1939, bes. S. 10; Burke 1998, S. 152 ff.

159 Vgl. Schautz 1940.

für die *Gebrauchsgraphik* von 1938 erinnert. Im Innern finden sich dementsprechend moderne Werbegestaltungen und Schriftmuster von Renners *Futura*.[160] (Vgl. Abb. 11).

6. Schlussbemerkung

Die grundlegende Bedeutung der Typographie für den Prozess der Massenkommunikation war schon 1931 klar erkannt – dass sie nämlich eine die Nachricht gestaltende Funktion habe, das Lesen so leicht wie möglich machen solle, überhaupt den Leser stimmungsmäßig zu beeinflussen und seinen Lesewunsch zu wecken.[161] Die neue, elementare Typographie sorgte binnen eines halben Jahrzehnts für einen nahezu vollständigen Wandel im Erscheinungsbild deutschsprachiger Drucksachen. Unsere systematische Analyse konnte verdeutlichen, dass sich ihre zunächst heftig bekämpften Grundprinzipien in kurzer Zeit im Markt durchsetzten und als vermeintlicher »Bauhausstil«[162] das typographische Gesicht einer ganzen Epoche prägen. Notwendige Vereinfachungen mögen hier fälschlicherweise den Eindruck erweckt haben, dass es sich bei der neuen Typographie um eine konzise und homogene Programmatik der beteiligten Gestalter gehandelt habe; tatsächlich waren sich die Protagonisten der Bewegung aber keineswegs in allen Punkten einig,[163] und noch nicht einmal im engeren Umfeld des Bauhauses bestand Konsens über eine einheitliche Linie.[164]

Richtig ist, dass gerade die Zeichen der neuen Typographie bei einer Anwendung in einem unpassenden Kontext Gefahr laufen, dysfunktional zu werden und die gewünschte Aussage zu konterkarieren.[165] Für das Werbemittel Buchumschlag konnte festgestellt werden, dass zunächst eine weitgehende Kohärenz zwischen Inhalt und Stil bestand – Umschläge in moderner Typographie versprachen auch fortschrittliche Inhalte, die zumeist im ideologischen Kontext von Sozialismus, Sowjetkommunismus oder Arbeiterbewegung, in jedem Fall aber der gesellschaftlichen Avantgarde verpflichtet waren.

Es liegt daher nahe, die Entwicklungsdynamik im Kontext der Diffusionsforschung zu verorten: Zwar war nicht jeder aus der Generation der um 1900 Geborenen automatisch Teil der Avantgarde, auch wenn der Blick aus der Retrospektive das suggerieren mag; technische und finanzielle Gründe gerade in den Setzereien machten typographische Spielereien zum Luxus. Dennoch kann in Analogie zur Entwicklung auf dem Illustriertenmarkt[166] auch für den Buchumschlag ein Diffusionsverlauf nachgezeichnet werden, der der typischen Adopterkurve ähnelt und in dem gerade die linken Verlage der Weimarer Republik als Meinungsführer und Multiplikatoren auftraten.[167] Auch wenn dabei wieder medientechnologische Innovationen (Rollfilm-Fotografie, Fotomontage, Offsetdruck) als Randbedingungen zu berücksichtigen sind – treibende Kraft der Entwicklung war eine künstlerische Moderne, die die klassischen Sehgewohnheiten auf dem Umweg über die Reklame erneuerte und durch eine »neue visuelle Erziehung« bis heute dominiert.[168] Und ebenso typisch konnte schon nach einigen Jahren festgestellt werden, dass der Erfolg der Avantgarde gleichzei-

160 Vgl. Heller 2008, S. 52 ff.
161 Vgl. Schröder 1931, S. 6 f.
162 Vgl. Dexel 1985, S. 168: »Der Anteil des Bauhauses an der Werbegestaltung jener Jahre war gleichfalls angemessen, aber nicht führend.«
163 Vgl. Kleine 2008, S. 111–114, 117.
164 Vgl. Brüning 1995b, S. 154.
165 Vgl. Wehde 2000, S. 433.
166 Vgl. Rössler 1998b.
167 Vgl. Schmidt/Bartsch 2004.
168 So der Begriff des Bauhausmeisters Josef Albers 1961, S. 147.

tig ihren Untergang bedeutete:[169] Wenn sich nämlich ihre Positionen (in unserem Fall die Charakteristika der ›Neuen Typographie‹, die selbst unter dem faschistischen Regime gesellschaftsfähig waren) an breiter Front durchsetzen und zum Allgemeingut werden, verliert die Avantgarde ihre Vorreiterrolle[170] und wird – historisch.

Literatur

Abel, Karl-Dietrich (1968): *Presselenkung im NS-Staat. Eine Studie zur Geschichte der Publizistik in der nationalsozialistischen Zeit.* Berlin (Colloquium).

Albers, Josef (1926): »Zeitgemäße Typographie. Ziele, Praxis, Kritik«. In: *Offset. Buch- und Werbekunst* 7, Nr. 10 (Bauhausheft), S. 375–386.

Albers, Josef (1933): »Antwort auf eine Umfrage der Typographischen Mitteilungen (typo) zum Stand der Typografie«. typo (1) Nr. 3. In: Gerd Fleischmann (Hg.): *bauhaus drucksachen typografie reklame.* Düsseldorf (Edition Marzona), S. 36.

Albers, Josef (1961): »Diskussionsbeitrag«. In: Leonhard Reinisch (Hg.): *Die Zeit ohne Eigenschaften. Eine Bilanz der zwanziger Jahre.* Stuttgart (Kohlhammer), S. 146 f.

Albinus, Philipp (1929): »Typographie unserer Zeit«. In: *Archiv für Buchgewerbe und Gebrauchsgraphik* 66, Nr. 1, S. 5 f.

Avruscio, Nicola (1987): »Kulturpolitik im Dritten Reich: Buchgestaltung als Teil nationalsozialistischer Propaganda«. In: Walter Kambartel (Hg.): *Buchgestaltung in Deutschland.* Bielefeld (Granier), S. 75–89.

Aynsley, Jeremy (2000): *Grafik-Design in Deutschland 1890–1945.* Mainz (H. Schmidt).

B. H. (1928): »Jan Tschichold, die neue Typographie«. In: *Archiv für Buchgewerbe und Gebrauchsgraphik* 65, Nr. 10, S. 765 ff.

B. H. (1930): »Die neue Fotografie«. In: *Archiv für Buchgewerbe und Gebrauchsgraphik* 67, Nr. 1, S. 44 f.

Baumeister, Willy (1926): »Neue Typographie«. In: *Die Form* 1, Nr. 10, S. 215 ff.

Benjamin, Walter (1928): *Einbahnstraße.* Berlin (Rowohlt).

Berendt, Guido (1987): »Buchgestaltung am Bauhaus«. In: Walter Kambartel (Hg.): *Buchgestaltung in Deutschland 1900–1945.* Bielefeld (Granier), S. 39–45.

Bettmann, Otto (1931a): »Aufbaugesetze der Fotomontage«. In: *Archiv für Buchgewerbe und Gebrauchsgraphik* 68, Nr. 6, S. 227–233.

Bettmann, Otto (1931b): »Photomontage – Vergangenheit oder Zukunft?« In: *Typographische Mitteilungen* 28, Nr. 8, S. 224.

Brandt, Marianne (1996): »Brief an die junge Generation«. In: Eckhard Neumann (Hg.): *Bauhaus und Bauhäusler.* 5. Aufl., Köln (DuMont), S. 156–161.

Broos, Kees (1990): »Das kurze, aber heftige Leben des Rings ›neue werbegestalter‹«. In: *›Typographie kann unter Umständen Kunst sein‹. Ring ›neue werbegestalter‹. Die Amsterdamer Ausstellung 1931.* Wiesbaden (Landesmuseum), S. 7–10.

Brüning, Ute (1990): »Typofoto«. In: Jeannine Fiedler (Hg.): *Fotografie am Bauhaus.* Berlin (Nishen), S. 205–219.

---

169 Vgl. Rössler 1998a.   170 Vgl. Aynsley 2000, S. 177.

Brüning, Ute (Hg.) (1995a): *Das A und O des Bauhauses.* Leipzig (Edition Leipzig).

Brüning, Ute (1995b): »Die Druck- und Reklamewerkstatt: Von Typographie zur Werbung«. In: dies. (Hg.): *Das A und O des Bauhauses.* Leipzig (Edition Leipzig), S. 154 f.

Bunke, Horst / Stern, Hans (1982): *Buchgestaltung für die Literatur der Arbeiterklasse 1918–1933.* Leipzig (Deutsche Bücherei).

Burke, Christopher (1998): *Paul Renner. the art of typography.* London (Hyphen).

Burke, Christopher (2007): *Active Literature. Jan Tschichold and New Typography.* London (Hyphen), S. 28 ff.

Chanzit, Gwen (1987): *From Bauhaus to Aspen. Herbert Bayer and modernist design in America.* 2nd ed. Boulder (Johnson Books) 2005.

Cohen, Arthur A. (1984): *Herbert Bayer. The complete work.* Cambridge, London (The MIT Press).

Dewitz, Bodo von / Lebeck, Robert (Hg.) (2001): *Kiosk. Eine Geschichte der Bildreportage.* Göttingen (Steidl).

Dexel, Walter (1985): »Der ›Bauhaus-Stil‹ – ein Mythos«. In: Eckhard Neumann (Hg.): *Bauhaus und Bauhäusler.* 5. Aufl., Köln (DuMont), S. 165–169.

[Dexel, Walter] (1987): *Neue Reklame.* Düsseldorf (Edition Marzona).

Droste, Magdalena (1994): »Ittens Vorlehre und die Unterrichtsstruktur am frühen Bauhaus«. In: Rolf Bothe et al. (Hg.): *Das frühe Bauhaus und Johannes Itten.* Ostfildern (Hatje), S. 169–173.

Droste, Magdalena (2006): *Bauhaus.* Köln (Taschen).

Ehmcke, F. H. (1924): »Ordnung und Sachlichkeit«. In: *Archiv für Buchgewerbe und Gebrauchsgraphik* 61, Nr. 3, S. 255–258.

Evans, David (1992): *John Heartfield. AIZ/VI 1930–1938.* New York (Kent).

Fleischmann, Gerd (1981): »Können Sie sich eine Fliege mit Vollbart vorstellen?« In: Beiheft zu Jan Tschichold (1928): *Die neue Typographie. Ein Handbuch für zeitgemäss Schaffende.* Reprint. Berlin (Brinkmann & Bose), S. 33–46.

Fleischmann, Gerd (Hg.) (1984): *bauhaus drucksachen typographie reklame.* Düsseldorf (Edition Marzona).

Franke, Karl (1928): »Typographie und Photographie«. In: *Typographische Mitteilungen* 25, Nr. 1, S. 15–16.

Franke, Karl (1932): »der kampf um stil und form in der typographie«. In: *Archiv für Buchgewerbe und Gebrauchsgraphik* 69, Nr. 7, S. 303–306.

Friedl, Friedrich (1986): »Echo und Reaktionen auf das Sonderheft ›Elementare Typographie‹«. In: Deutsches Komitee des Type Directors Club of New York (Hg.): *Reprint sonderheft elementare typographie der ›Typographischen Mitteilungen‹.* Oktober 1925. Mainz (Hermann Schmidt).

Friedl, Friedrich (1997): »Die Typografie und die Typografen eines Jahrhunderts«. In: Deutsche Bibliothek (Hg.): *Die vollkommene Lesemaschine. Von deutscher Buchgestaltung im 20. Jahrhundert.* Frankfurt/M. (Stiftung Lesen), S. 70–107.

Friedrich, W. (1929): Sachlichkeit in der Typographie. In: *Typographische Mitteilungen* 26, Nr. 10, S. 247 ff.

Gaßner, Hubertus / Gillen, Eckhart (1979): *Zwischen Revolutionskunst und Sozialistischem Realismus. Kunstdebatten in der Sowjetunion von 1917 bis 1934. Dokumente und Kommentare.* Köln (DuMont).

Gerdes, Claudia (1993): »Elementare Typografie«. In: *Page* 5, Nr. 5, S. 54–58.

Gerhardt, Claus W. (1982): »Die Entstehung der funktionalen Typographie in den zwanziger Jahren in Deutschland«. In: *Gutenberg-Jahrbuch* 57. Jg., S. 282–295.

Gräff, Werner (1929): *Es kommt der neue Fotograf!* Berlin (Hermann Reckendorf).

Grams, Artur (1929): »Die Photographie im Dienste des Typographen«. In: *Archiv für Buchgewerbe und Gebrauchsgraphik* 66, Nr. 1, S. 85.

Grote, Heinrich (1931a): »Gestaltung ist alles«. In: *Archiv für Buchgewerbe und Gebrauchsgraphik* 68, Nr. 1/2, S. 19 f.

Grote, Heinrich (1931b): »Kritik am Schutzumschlag des deutschen Buches«. In: *Archiv für Buchgewerbe und Gebrauchsgraphik* 68, Nr. 12, S. 680 f.

Haanen, Karl Theodor (1929): »Bauhausreklame«. In: *Die Reklame* 22, Nr. 1, S. 11–14.

Heidenreich, Stefan (2004): »Die Revolution der modernen Kunst – Was hat die Fotografie damit zu tun?« In: Christa Maar und Hubert Burda (Hg.): *Iconic Turn. Die neue Macht der Bilder.* Köln (DuMont), S. 204–215.

Heller, Steven (2003): *Merz to Emigre and Beyond: Avant-Garde Magazine Design of the Twentieth Century.* London, New York (Phaidon).

Heller, Steven (2008): *Iron Fists. Branding the 20th-Century Totalitarian State.* London, New York (Phaidon).

Herre, Richard (1927): »Moderne Typographie«. In: *Archiv für Buchgewerbe und Gebrauchsgraphik* 64, Nr. 5/6, S. 29–35.

Hölscher, Eberhard (1929): »Photokombination«. In: *Archiv für Buchgewerbe und Gebrauchsgraphik* 66, Nr. 7, S. 381–394.

Holstein, Jürgen (2005): *Blickfang. Bucheinbände und Schutzumschläge Berliner Verlage 1919–1933.* Berlin (Holstein).

Kambartel, Walter (1987): »Nationale ›Buchkunst‹ und internationale ›Buchgestaltung‹ als ästhetische und politische Antithese«. In: ders. (Hg.): *Buchgestaltung in Deutschland 1900–1945.* Bielefeld (Granier), S. 35–38.

Kerbs, Diethart / Uka, Walter (Hg.) (2004): *Fotografie und Bildpublizistik in der Weimarer Republik.* Bönen (Kettler).

Kermer, Wolfgang (1989): *Willi Baumeister. Typographie und Reklamegestaltung.* Stuttgart (Edition Cantz).

Kleine, Rasmus (2008): »Die Neue Typographie der 20er Jahre zwischen Kunst und Reklame«. In: Tobias Hoffmann (Hg.): *Bauhausstil oder Konstruktivismus?* Köln (Wienand), S. 111–134.

Köditz, Emil (1929): »Photomontage in kritischer Beleuchtung«. In: *Archiv für Buchgewerbe und Gebrauchsgraphik* 66, Nr. 2, S. 139–142.

Kohut, Leo (1979): »Bauhaus und Neue Typographie nach sechzig Jahren«. In: *Philobiblon* 23, Nr. 4, S. 250–265.

Krause, Jürgen (Hg.) (1990): *Die nützliche Moderne. Graphik- & Produkt-Design in Deutschland 1935–1955.* Münster (Westfälisches Landesmuseum für Kunst und Kulturgeschichte).

Lang, Lothar (1966): *Das Bauhaus 1919–1933. Idee und Wirklichkeit.* Berlin (Zentralinstitut für Gestaltung).

Leonhardt, Hinrich Hermann (1925): »›Abstrakte‹ Malerei und Typographie«. In: *Archiv für Buchgewerbe und Gebrauchsgraphik* 62, Nr. 1/2, S. 19–25.

Leonhardt, Hinrich Hermann (1926): »Ornamentale und elementare Typographie I & II«. In: *Typographische Mitteilungen* 23, Nr. 2, S. 39–42 und Nr. 3, S. 73–76.

Lissitzky, El (1925): »Typographische Tatsachen«. In: Aloys Ruppel (Hg.): *Gutenberg-Festschrift zur Feier des 25jährigen Bestehens des Gutenbergmuseums*. Mainz (Verlag der Gutenberg-Gesellschaft), S. 152 ff.

Lissitzky, El (1927): »Unser Buch (U.D.S.S.R.)«. In: *Gutenberg-Jahrbuch*, 2. Jg. S. 172–178.

Lusk, Irene-Charlotte (1980): *Montagen ins Blaue. László Moholy-Nagy – Fotomontagen und -collagen 1922–1943.* Gießen (Anabas).

Malsy, Victor (1992): *Apropos pleite: Kurt Schwitters, der Ring Neuer Werbegestalter und die neue Typografie.* München (Typographische Gesellschaft).

Moholy-Nagy, László (1923): »Die neue Typographie«. In: *Staatliches Bauhaus Weimar 1919–1923.* Weimar, München (Bauhausverlag), S. 141.

Moholy-Nagy, László (1925a): *Malerei, Fotografie, Film.* München (Langen). Der Abschnitt »Typofoto« mit geringen Korrekturen wieder abgedruckt bei Jan Tschichold (1925b), S. 202 ff.

Moholy-Nagy, Ladislaus (1925b): »Zeitgemässe Typographie – Ziele, Praxis, Kritik«. In: Aloys Ruppel (Hg.): *Gutenberg-Festschrift zur Feier des 25jährigen Bestehens des Gutenbergmuseums.* Mainz (Verlag der Gutenberg-Gesellschaft), S. 307–317.

Moholy-Nagy, László (1926): »Zur Ökonomie der Schriftform«. In: *Offset. Buch- und Werbekunst* 7, Nr. 10 (Bauhausheft), S. 395–398.

Moholy-Nagy, László (1928): »elementare buchtechnik«. In: Verein Deutsche Buchkünstler (Hg.): *Europäische Buchkunst der Gegenwart.* Leipzig (Rudolf Schick), S. 60–64.

Müller, Claudia (1994): *Typofoto. Wege der Typografie zur Foto-Text-Montage bei László Moholy-Nagy.* Berlin (Gebr. Mann).

Nerdinger, Winfried (Hg.) (1993): *Bauhaus-Moderne im Nationalsozialismus. Zwischen Anbiederung und Verfolgung.* München (Prestel).

Pinner (1926): »die vergustafnagelte buchdruckerkunst«. In: *Typographische Mitteilungen* 23, Nr. 8, S. 215.

Poeschel, Carl Ernst (1927): *Deutscher Buchdruck. Gestern, heute, morgen.* Mainz (Verlag der Gutenberg-Gesellschaft).

Purvis, Alston W. (2008): »Tschichold und die Neue Typographie«. In: Cees W. de Jong (Hg.): *Jan Tschichold, Meister der Typografie. Sein Leben, Werk und Erbe.* Köln (Verlag Bernd Detsch), S. 28–67.

Rasch, Heinz / Rasch, Bodo (1930): *Gefesselter Blick. 25 kurze Monografien und Beiträge über neue Werbegestaltung.* Stuttgart (Wissenschaftlicher Verlag Dr. Zaugg & Co).

Rattemeyer, Volker / Helms, Dietrich (1990a): *Kurt Schwitters. Typographie und Werbegestaltung.* Wiesbaden (Museum Wiesbaden).

Rattemeyer, Volker / Helms, Dietrich (1990b): *Friedrich Vordemberge-Gildewart. Typographie und Werbegestaltung.* Wiesbaden (Museum Wiesbaden).

Renner, Paul (1928): »Type und Typographie«. In: *Archiv für Buchgewerbe und Gebrauchsgraphik* 65, Nr. 6, S. 453–467.

Renner, Paul (1931): *mechanisierte grafik. Schrift Typo Film Farbe.* Berlin (Hermann Reckendorf).

Renner, Paul (1939): *Die Kunst der Typographie.* Berlin (Frenzel & Engelbrecher).

Rodenberg, Julius (1932): »Schrift und Bild der preisgekrönten 50 Bücher des Jahres 1931«. In: *Archiv für Buchgewerbe und Gebrauchsgraphik* 69, Nr. 4, S. 165 ff.

Rössler, Patrick (1998a): *Moderne Illustrierte – illustrierte Moderne. Zeitschriftenkonzepte im 20. Jahrhundert.* Stuttgart (Württ. Landesbibliothek).

Rössler, Patrick (1998b): »Multiplikatoren der Moderne. Diffusionstheoretische Überlegungen zu deutsche Illustrierten des 20. Jahrhunderts«. In: *Medien & Zeit* 13, Nr. 4, S. 32–41.

Rössler, Patrick (2007): *Das Bauhaus am Kiosk. die neue linie 1929–1943*. Bielefeld (Kerber).

Rössler, Patrick (2010): *Hygiene des Optischen. Zur Umschlaggestaltung von illustrierten Zeitschriften und Büchern in funktioneller Typografie*. Köln (Herbert von Halem).

Sachsse, Rolf (2002): »Après l'Avantgarde: Le Corps du Visible. Der Wandel in Kunst und Design – die neue Rolle von Typografie und Fotografie«. In: Werner Möller (Hg.): *Die Welt spielt Roulette. Zur Kultur der Moderne in der Krise 1927–1932*. Frankfurt/M., New York (Campus), S. 47–56.

Schauer, Georg Kurt (1962): *Kleine Geschichte des deutschen Buchumschlags im 20. Jahrhundert*. Königstein i. T. (Karl Robert Langewiesche).

Schautz, Georg (1940): *Lehrgang Typographisches Skizzieren und Drucksachenentwerfen. Teil I: Typoskizze (V 547). Teil II: Drucksachen entwerfen (V 549)*. Hg. vom Reichsorganisationsleiter der NSDAP. Berlin (Lehrmittelzentrale der deutschen Arbeitsfront).

Scheffler, Walter / Fiege, Gertrud (1971): *Buchumschläge 1900–1950. Aus der Sammlung Curt Tillmann*. München (Kösel).

Schmalbach, Hilary Frances (1992): *Neue Typografie und Reklame. Ein Beitrag zur Diskussion über die ›Neue Typographie‹ und ihr Einfluß auf die Reklame der zwanziger Jahre*. Magisterarbeit, Universität Kiel (Philosophische Fakultät).

Schmalriede, Manfred (1979): »Zur Entwicklung von Typographie und Typofoto innerhalb der Neuen Gestaltung. Kunsttheoretische Aspekte«. In: Ute Eskildsen und Jan-Christopher Horak (Hg.): *Film und Foto der zwanzige Jahre*. Stuttgart (Württ. Kunstverein), S. 26–37.

Schmidt, Heiko / Bartsch, Christian (2004): *Buchgestaltung linker Verlage in der Weimarer Republik*. Ausstellungskatalog. Berlin (Plättners Verlag).

Schröder, Fritz (1931): »Von den Grundlagen der Typographie«. In: *Archiv für Buchgewerbe und Gebrauchsgraphik* 68, Nr. 9, S. 5–8.

Schütte, Wolfgang U. (Hg.) (1988): *Publikationen der Vereinigung linksgerichteter Verleger 1925–1926*. München u.a. (Saur).

Schwitters, Kurt (1924): »Thesen über Typographie«. In: ders.: *Merz 11 (Typoreklame)*. Hannover (Aposs), S. 91.

Schwitters, Kurt (1928): »Moderne Werbung«. In: *Typographische Mitteilungen* 25, Nr. 10, S. 239 f.

Schwitters, Kurt (1930): *Die neue Gestaltung in der Typographie*. Hannover (Eigenverlag).

Stammberger, Fritz (1929): »Wandelt sich die elementare Typographie?« In: *Typographische Mitteilungen* 26, Nr. 1, S. 6–9.

Timm, Richard (1928): »Das Bauhaus Dessau, seine Bedeutung für das Handwerk und die Industrie«. In: *Fachblatt für Holzarbeiter* 23, Nr. 7, S. 145 ff.

Tsai, Joyce (2008): »László Moholy-Nagy und die Schicksalsfrage der Malerei«. In: Julia Friedrich et al. (Hg.): *Form & Gesellschaft*. Köln (Museum Ludwig), S. 4–53.

Tschichold, Edith (1982): »Interview«. In: Deutscher Werkbund / Werkbund-Archiv (Hg.): *Die Zwanziger Jahre des Deutschen Werkbunds*. Giessen (Anabas), S. 183–192.

Tschichold, Iwan (1925a): »Die neue Typographie«. In: *Kulturschau* Nr. 4, S. 9 f.

Tschichold, Jan (1925b): »Sonderheft elementare typographie«. In: *Typographische Mitteilungen* 22, Nr. 10, S. 192–214.

Tschichold, Jan (1927): »Zeitgemäße Buchgestaltung«. In: *Die Form* 2, Nr. 4, S. 116–123.

Tschichold, Jan (1928): *Neue Typographie. Ein Handbuch für zeitgemäss Schaffende*. Berlin (Verlag des Bildungsverbandes der deutschen Buchdrucker).

Tschichold, Jan (1930): *Eine Stunde Druckgestaltung. Grundbegriffe der Neuen Typografie in Bildbeispielen für Drucksachenhersteller und -verbraucher*. Stuttgart (Akademischer Verlag Dr. Fritz Wedekind & Co).

Volkmann, Ludwig (1928): »Die Wechselwirkungen zwischen Technik und Kunst«. In: *Archiv für Buchgewerbe und Gebrauchsgraphik* 65, Nr. 5, S. 405–430.

Watzal, Sebastian (1926): »Moderne Typographie und Reklame«. In: *Die Reklame* 19, Nr. 11, S. 554–557.

Watzal, Sebastian (1927): »Die zunehmende Verbreitung des Bauhausstils und unsere Stellung hierzu«. In: *Die Reklame* 20, Nr. 21, S. 750 f.

Wehde, Susanne (2000): *Typographische Kultur. Eine zeichentheoretische und kulturgeschichtliche Studie zur Typographie und ihrer Entwicklung*. Tübingen (Max Niemeyer).

Wendermann, Gerda (2008): »Der Internationale Kongress der Konstruktivisten und Dadaisten in Weimar im September 1922. Versuch einer Chronologie der Ereignisse«. In: Hellmut Th. Seemann (Hg.): *Europa in Weimar. Visionen eines Kontinents*. Göttingen (Wallstein), S. 375–398.

Wieynck, Heinrich (1926): »Neueste Wege der Typographie«. In: *Archiv für Buchgewerbe und Gebrauchsgraphik* 63, Nr. 6, S. 373–382. Überarbeitete Fassung als Vortragsmanuskript: ders. (1927a): »Die neue Typographie«. In: *Archiv für Buchgewerbe und Gebrauchsgraphik* 64, Nr. 4, S. 382–396.

Wieynck, Heinrich (1927b): »Probleme der Druckschriftgestaltung«. In: *Gutenberg-Jahrbuch*, 2. Jg., S. 200–208.

Willberg, Hans Peter (2000): »Schrift und Typographie im 20. Jahrhundert«. In: *Gutenberg-Jahrbuch*, 75. Jg., S. 257–287.

Witte, Bruno (1932): »Die Photomontage von gestern und heute«. In: *Archiv für Buchgewerbe und Gebrauchsgraphik* 69, Nr. 2, S. 71 f.

Zeitler, Julius (1926): »Historizismus und Konstruktivismus im Buchgewerbe«. In: *Archiv für Buchgewerbe und Gebrauchsgraphik* 63, Nr. 1, S. 100–108.

Zeitler, Julius (1928): »Buchgraphik«. In: *Archiv für Buchgewerbe und Gebrauchsgraphik* 65, Nr. 9, S. 655 f.

Texte ohne expliziten Verfasser

»kleinschreibung und die neue typographie«. In: *Typographische Mitteilungen* 22 (1925), Nr. 12, S. 239 f.

»Über die Kritik der neuen Satzgestaltung. Konstruktivismus und elementare Typographie. Zu den Stimmen aus der Fachwelt«. In: *Typographische Mitteilungen* 23 (1926), Nr. 8, S. 214–218.

»Eine Fanfare gegen die Schriftleitung«. In: *Typographische Mitteilungen* 24 (1927), Nr. 5, S. 130–138.

»kleinschreibung und die neue typographie«. In: *Typographische Mitteilungen* 26 (1929), Nr. 8, S. 184 f.

»Zierliche Vielliebchen in Taschenformat« Eichendorffs Blick auf die »ungeheure Maschine« der Literatur[1]

von Volker Mergenthaler

1. Zur Thematisierung der Buchherstellung in Eichendorffs *Viel Lärmen um Nichts*

1832 erscheint in der von Friedrich Wilhelm Gubitz herausgegebenen Berliner Zeitschrift *Der Gesellschafter oder Blätter für Geist und Herz* eine »Novelle von Joseph von Eichendorff« mit dem Titel »Viel Lärmen um Nichts«.[2] Sie hat, gemessen am Roman *Ahnung und Gegenwart* sowie an den Erzählungen *Das Marmorbild* und *Aus dem Leben eines Taugenichts,* in der Eichendorff-Forschung nur geringe, in der literarisch interessierten Öffentlichkeit keine nennenswerte Beachtung gefunden. Man habe es, so erfährt, wer sich im ausführlichsten Kommentar,[3] namentlich in demjenigen der ›Frankfurter Ausgabe‹ des *Deutschen Klassiker Verlags* orientieren möchte, mit einem Text zu tun, der den »Literaturbetrieb« um 1830 satirisch aufs Korn nehme. Folgerichtig ist, zumindest in den Augen Eingeweihter, das Personal der Erzählung transparent auf prominente Vertreter dieser Szene. »Graf [!] Romano« etwa, »der meist als Widerspiegelung von Hermann Fürst von Pückler-Muskau […] gedeutet wurde, vertritt die modisch-romantisierende Dichtung«, allerdings deuteten »einige Textpassagen […] darauf hin, daß Eichendorff bei der Figur des Romano eher an E. T. A. Hoffmann dachte als an Pückler«.[4] Aurora sei dagegen als »Muse einer erneuerten Dichtkunst« zu bestimmen, »Willibald und der Ich-Erzähler« wiederum »müssen als Spiegelungen Eichendorffs verstanden werden«.[5] »Als Vertreter einer neuen Dichtkunst erscheinen in der Satire die Novellendichter«: Der »Engländer« spiele »auf die Einflüsse der englischen Literatur im 19. Jahrhundert« an, die »›Dichterin‹ ist Vertreterin einer neuen Literatur, die Eichendorff in seinem Aufsatz *Die deutsche Salon-Poesie der Frauen* eigens angreift«, »die Identität des ›blonden, jungen Mannes‹, der zu den aufkommenden Talenten des Jungen Deutschland gehört und mit Begriffen Gutzkows argumentiert, ist« – zum Leidwesen des Kommentators – »nicht sicher zu bestimmen«.[6] Herr Publikum schließlich braucht allem Anschein nach gar nicht entlarvt zu werden, gerade so als trüge er, wenn überhaupt eine Maske, dann eine solche, die ihn selbst vorstellt. Eichendorff versuche nun gar nicht erst, wie Schultz weiter schreibt, »ein ›Rezept‹ zur Überwindung der literarischen Orientierungslosigkeit vorzulegen, sondern führt uns in einem literarischen Reigen die mehr oder minder komischen

---

1 Der Beitrag ist aus einem gemeinsam mit Nicola Kaminski (Bochum) realisierten Buchprojekt (»Der Dichtkunst Morgenröthe verließ der Erde Thal«: *Viel Lärmen um Nichts.* Modellstudie zu einer Literatur in Fortsetzungen mit einem Faksimile des *Gesellschafters oder Blätter für Geist und Herz* vom April 1832) hervorgegangen.

2 Eichendorff 1832. Nachweise stehen in Klammern im Text; zitiert wird, da die Aprilausgabe des *Gesellschafters* von 1832 nur noch in wenigen Exemplaren verfügbar ist, nach Band V/3 der historisch-kritischen Ausgabe der *Sämtlichen Werke des Freiherrn Joseph von Eichendorff.* Eichendorff 2006.

3 Schultz 1993.

4 Ebd., S. 621.

5 Ebd., S. 622.

6 Ebd., S. 625.

Bemühungen um die Göttin der Dichtkunst vor«[7]. Gemeint ist mit der (wie ich meine, etwas vorschnell) zur Göttin Promovierten die in Eichendorffs Erzählung von Romano und Herrn Publikum begehrte, am Ende jedoch mit Willibald, dem Wanderdichter, sich verbindende Gräfin Aurora.

Kein Wunder, so möchte man angesichts der von den einschlägigen Textkommentaren erhobenen Befunde und gezogenen Schlussfolgerungen meinen, dass die Erzählung in einem derart trüben Licht bloß ein literaturgeschichtliches Schattendasein führt und man über dem Geschäft des Entlarvens das einer literaturwissenschaftlichen Lektüre vernachlässigt hat, die mit dem sogenannten ›Literaturbetrieb‹ eben weit mehr in Augenschein zu nehmen hätte als lediglich das maskierte Personal eines Textes. *Viel Lärmen um Nichts* widmet sich nämlich nicht nur den Produzenten, sondern auch den von der Inventio des Autors abgekoppelten Notations-, Produktions- und Distributionsprozessen von Literatur, mithin einer Reihe weiterer ›Lebensabschnitte‹ literarischer Buchpublikationen.

Und dies wiederum ist durchaus nicht selbstverständlich, auch nicht zu einer Zeit, zu der die Literatur sich verstärkt mit sich selbst beschäftigt;[8] denn in der Regel zielt diese Selbstreferenz vor allem auf die vermeintlich vornehmsten Aspekte des ›Literaturbetriebs‹: auf die Ingeniosität der Hervorbringung, auf poetische Faktur und ästhetische Wirkung literarischer Texte. Freilich, auch diese Aspekte verhandelt Eichendorffs Erzählung; sie verhandelt allerdings zudem die Buchproduktion in ihrer handwerklich-materiellen Dimension. Ich möchte mich im Folgenden auf diesen Aspekt konzentrieren und demonstrieren, wie Eichendorffs Erzählung ›verlinkt‹ ist mit der zeitgenössischen Praxis der Buchproduktion, wie sie Stellung zu den jüngsten Entwicklungen nimmt und welche Schlussfolgerungen sie für die Literatur der 1830er Jahre zieht.

2. ›Verlinkung‹

In der Erzählung ist es Herr Publikum, der diesen ›Link‹ setzt: Publikum soll (so wollen es die Novellisten, die – wie allzu invasive Paparazzi – eine Hochzeit zu inszenieren versuchen, aus der sie dann eine lukrative »Novelle« machen können) »der Gräfin mit seiner Weltmacht imponiren« (92). Man lenkt daher einen gemeinsam unternommenen Spaziergang

> ohne Weiteres aus dem Garten nach dem sogenannten praktischen Abgrund hin […]. Indeß waren sie auf einen Felsenvorsprung aus dem Gebüsch getreten – da lag in einem weiten Thale zu ihren Füßen plötzlich ein seltsames Chaos: blanke Häuser, Maschinen, wunderliche Thürmchen und rothe Dächer, zu beiden Seiten einer Kunststraße an den Bergeshängen übereinanderragend. Es war aus dieser Vogel-Perspektive, als überblickte man auf einmal eine Weihnachts-Ausstellung,[9] Alles rein und zierlich, Alles bewegte sich, klippte und klappte, zuweilen ertönte ein Glöckchen dazwischen, zahllose Männchen eilten geschäftig hin und her, daß es Einem vor den Augen flimmerte, wenn man lange in das bunte Gewirr hineinsah.

7 Ebd., S. 628.
8 Vgl. z.B. Engel 1993.
9 Betont wird damit der künstlich-arrangierte Charakter des »praktischen Abgrund[s]« (286 b), der an die Miniaturwelten gemahnt, wie sie den Zeitgenossen von den Weihnachts-Ausstellung genannten figürlichen Arrangements aus Zucker- und Backwerk vertraut waren; vgl. hierzu Lorenz o.J., S. 58–63.

Der junge Mann trat erklärend zu der erstaunten Gräfin. ›Der Puls dieses bewun-
derungswürdigen Umlaufs von Kräften und Gedanken ist unser hochverehrter Herr
Publikum‹, – sagte er, während sie rasch herabstiegen – ›um seinetwillen, zu seinem
Besten sind alle diese Anlagen entstanden.‹ Er begann nun eine wohlgedachte und
herrlich stylisierte Abhandlung über die ernste praktische Richtung unserer Zeit,
die wir aber leider nicht wiederzugeben vermögen, da man inzwischen den Grund
erreicht hatte und vor dem wachsenden Lärm, dem Hämmern und Klopfen kein
Wort verstehen konnte.

Aurora war ganz verblüfft, und wußte nicht, wohin sie in dem Getöse sich wenden
sollte, als eine, wie es schien, mit Dampf getriebene ungeheure Maschine durch
die Eleganz ihres Baues ihre besondere Aufmerksamkeit auf sich zog. Sie näherte
sich neugierig, und bemerkte, wie hier von der einen Seite unablässig ganze Stöße
von dicken, in Schweinsleder gebundenen Folianten in den Beutelkasten geworfen
wurden, unter denen sie mit Verwunderung den Grafen Khevenhüller nebst andern Chroniken zu erkennen glaubte. Eine große Menge zierlich gekleideter Herren,
weiße Küchenschürzen vorgebunden und die feinen Hemdeärmel aufgestreift, eil-
ten auf und ab, das Schroten, Malen und Ausbeuteln zu besorgen, während armes,
ausgehungertes Volk gierig bemüht war, den Abfall aufzuraffen. – ›Das will wieder
nicht vom Fleck!‹ rief Herr Publikum den Arbeitern zu; ›rasch, nur rasch!‹ – Darauf
führte er die Gräfin in das andere Ende der Maschine und es dauerte nicht lange, so
spuckte ein bronzener Delphin die verarbeiteten Folianten als ein zierliches ›Vielliebchen‹ in Taschenformat und in Maroquin gebunden zu ihren Füßen aus. Publikum überreichte es, als das Neueste vom Jahre, galant der Gräfin. Aurora wollte sich
todtlachen und steckte das niedliche Dingelchen in ihren Strickbeutel.

Sie hätte sich gern noch anderweit im Fabrikwesen näher instruirt, aber das Treiben
auf der Kunststraße, die sie soeben betreten, nahm alle ihre Sinne in Anspruch. Das
war ein Fahren, Schnurren, Reiten und Drängen! (93–94)

> Die einschlägigen Stellenkommentare haben die Rede von der »ungeheure[n] Maschine«
> als Anspielung auf die (erstmals von Johann Friedrich Cotta)[10] so genannte Schnellpresse
> identifiziert,[11] ja genauer noch: auf ein Modell aus dem Pionierbetrieb *König & Bauer* in
> Unterfranken.[12]

3. Schnellpressen

> Zu verdanken ist diese wichtige Innovation auf dem Gebiet der Drucktechnik Friedrich
> König, einem bei *Breitkopf und Härtel* ausgebildeten Schriftsetzer und Buchdrucker mit
> vorzüglichen mathematischen und mechanischen Kenntnissen und Fähigkeiten, der 1806
> nach England zog, wo er gemeinsam mit dem Instrumentenmechaniker Andreas Friedrich

---

10 Dass der »*Buchdruckmaschine* […] durch den Stuttgarter
und Augsburger Buchdruckereibesitzer Freiherrn v. *Cotta*
der Name ›Schnellpresse‹ beigelegt wurde«, weist Goebel
1883, S. 81, nach.

11 Vgl. Schultz 1990, S. 572; Perfahl/Hillach 1970, S. 972. Als
»Anspielung« nicht auf die Schnellpresse, sondern »auf

die zeitgenössische Praxis, den Buchdruck mit Dampf zu
betreiben« ausgewiesen in Magen 2006, S. 676.

12 Vgl. Schultz 1993, S. 647 f. Über Friedrich König informie-
ren ausführlich Altmütter 1831, S. 411–424, sowie das
Handbuch der Buchdruckerkunst 1827, S. 557–640.

Bauer die erste marktfähige Druckmaschine entwickelte. Ein erstes Patent wird am 29.
März 1810 vergeben »für eine Methode mittels Maschinen zu drucken«, das zweite vom
30. Oktober 1812 sichert die Verwertungsrechte für die Einführung des Zylinderdruck-
anstelle des bisher üblichen Tigeldruckverfahrens, das dritte vom 23. Juli 1813 gilt der Verdoppelung der Druckzylinder, »die auch den Rückweg des Karrens productiv« machte, das
vierte Patent vom 24. Dezember 1814 ist auf ein Verfahren ausgestellt, das das Bedrucken
beider Bogenseiten in einem Arbeitsgang ermöglicht hatte.[13] Es folgen weitere Patente auf
Verbesserungen der bereits eingeführten Techniken und Verfahrensweisen. Hohes symbo-
lisches Kapital erwerben König und Bauer mit dem Verkauf einer ersten Maschinenpresse
und ihrem erfolgreichen Einsatz für die Londoner *Times* am 29. November 1814.[14] 1817
gründen »die Herren König und Bauer«, nach Differenzen mit einem britischen Geschäfts-
partner »dem deutschen Vaterlande wiedergegeben«, eine eigene Maschinenfabrik, »um
Deutschland mit den Werken ihrer Erfindung zu bereichern«.[15]

Aus den bei Oberzell nahe Würzburg angelegten Werkstätten [...] gingen im Jahr 1822
vier Drukmaschinen hervor [...]; zwei für die Spenersche Zeitungsdrukerei, und zwei für
die Deckersche geheime Oberhofbuchdrukerei in Berlin. Einen noch höhern Grad der
Vollkommenheit [...] gewährten die im Jahre 1824 von Hrn. König selbst in der litte-
rarischen Werkstätte des Freiherrn v. Cotta in Augsburg aufgestellten Maschinen. Zwei
Maschinen, die nur auf einer Seite abdruken, bezogen neuerlich die Eigenthümer des
Hamburger Correspondenten [...]; sie sind seit einigen Monaten bei dem Abdruk dieser
Zeitung in Thätigkeit.[16]

In vereinfachter Bauform »gingen mehre solcher Druckmaschinen seit 1814 nach Hamburg,
Kopenhagen, Stuttgart, Leipzig, Berlin, Breslau, Koblenz, Frankfurt, Paris und selbst nach Pe-
tersburg«.[17] 1826 umfasst die Produktpalette von *König & Bauer,* wie in einer u. a. im *Polytechnischen Journal* geschalteten Anzeige zu entnehmen ist, vier verschiedene Maschinentypen:

> Nr. 1. – Eine Maschine, die den Bogen nur auf einer Seite drukt; [...] man kann
> im Durchschnitte rechnen, daß mit einer Maschine dieser Art in den gewöhnli-
> chen Arbeitsstunden eines Tages 10,000 Abdrüke,
> also die Arbeit von 4 Pressen erhalten wird. [...] Der Preis ist 6000 fl. Rheinl.
> Nr. 2. – ist der vorigen in allem ähnlich und nur in der Größe verschieden. [...]
> Preis 5000 fl.
> Nr. 3. – ist eine Maschine, die den Bogen ebenfalls nur auf einer Seite, aber mit
> doppelter Geschwindigkeit drukt; sie liefert 2400 Abdrüke in einer Stunde [...]. –
> Preis 9000 fl.
> Nr. 4. – Eine Schön- und Wiederdruks-Maschine, die den Bogen auf beiden Seiten
> drukt. [...] Preis 20,000 fl.[18]

---

13 Vgl. Janzin/Güntner 2007, S. 318f.
14 Am 29.11.1814 erschien die erste auf einer Schnellpresse
    gedruckte Ausgabe der Londoner *Times.* Die in der Ausga-
    be selbst abgedruckte Erklärung zu dieser Neuerung führt,
    übersetzt ins Deutsche, an: *Handbuch der Buchdrucker-
    kunst* 1827, S. 569f. Eine ähnlich Erklärung gibt nach In-
    betriebnahme einer Maschinenpresse die *Berliner Zeitung*
    ab: Der Artikel »aus der Haude- und Spenerschen Berliner

Zeitung. Nr. 131. Sonnabend, den 1sten November 1823«,
ist ebenfalls im Handbuch der Buchdruckerkunst 1827,
S. 583–588, wiedergegeben.
15 O.T. 1820, Sp. 175.
16 *Die Schnellpresse* 1825, S. 930.
17 *Schnellpressen oder Druckmaschinen* 1836, S. 825.
18 *Schnellpressen* 1826, S. 474 f.

Auch wenn die Berechnungen zur Produktivitätssteigerung gegenüber den im 18. und frühen 19. Jahrhundert gebrauchsüblichen Handpressen im Einzelnen voneinander abweichen, eines bleibt unbestreitbar: Man hat es mit einer Vervielfachung der Produktivitätsziffer zu tun, und zwar bei gleichzeitigem Abbau der Personalkosten, wie eine Annonce des Marktführers *König & Bauer* vorrechnet

Wir wollen uns den Fall denken, daß ein Buchdrucker ohngefähr 4 Pressen beschäftige, und daß im Durchschnitte jeder Druker 3½ Thaler Sächsisch, Wochenlohn erhalte, so würden in einem Jahre 1456 Thaler Arbeitslohn bezahlt werden müssen.[19] Eine Maschine von der mit Nr. 1. bezeichneten Art würde die Arbeiten einer solchen Buchdrukerei bequem fördern und an Arbeitslohn kosten:
2 Mann, das Schwungrad zu treiben, angenommen,
daß solche wöchentlich mit 2 Rthlr. bezahlt würden . . . . 4 Rthlr.
2 Knaben zum Anlegen und Abnehmen der Bogen,
angenommen, daß solche mit 1½ Rthlr. bezahlt würden . . . . 3 Rthlr.
1 Aufseher, der die Formen zurichtet, die Maschinen in
Ordnung hält etc. . . . . 4 Rthlr.
Wöchentlich. . . . . 11 Rthlr.
Oder 572 Rthl. jährlich, welches eine Ersparung von 904 Rthlr. übrig läßt.[20]

Kein Wunder also, dass »die S[chnellpresse] [...] sich rasch über ganz Deutschland verbreitet, so daß gegenwärtig«, wie 1845 im Piererschen *Universal-Lexikon der Gegenwart und Vergangenheit* nachzulesen war, »fast alle bedeutenden Buchdruckereien daselbst dergl[eichen] besitzen«.[21]

4. Rekurs auf die Schnellpresse in *Viel Lärmen um Nichts?*

Nun evoziert Eichendorffs Text zwar fraglos die Vorstellung maschineller Buchproduktion, doch ist weder von einer Schnellpresse noch von einer Druckmaschine die Rede, auch gleicht die, »wie es schien, mit Dampf getriebene ungeheure Maschine« den Modellen von *König & Bauer* allenfalls in einigen geringfügigen Details. Nicht Papierbögen legen die »zierlich gekleideten Herren« mit den vorgebundenen »weiße[n] Küchenschürzen« und den aufgestreiften »feinen Hemdeärmel[n]« in die Maschine ein, vielmehr werden, als ginge es um die Herstellung von Papier, »von der einen Seite unablässig ganze Stöße von dicken, in Schweinsleder gebundenen Folianten in den Beutelkasten geworfen«, und am anderen Ende spuckt »ein bronzener Delphin die verarbeiteten Folianten als ein zierliches ›Vielliebchen‹ in Taschenformat [...] aus«. Noch nicht einmal gedruckt wird auf oder genauer »in« der »ungeheure[n] Maschine«; die Arbeiter sind vielmehr fürs »Schroten, Malen und Ausbeuteln« verantwortlich, für einen Vorgang also, der nicht vom Satz zum bedruckten Bogen, sondern von einem merkwürdigen Recycling-Vorgang[22] unversehens zum fertig gebundenen Buch führt.

---

19 Dieser Berechnung liegt zugrunde, dass eine Handpresse üblicherweise von zwei Buchdruckern betrieben wird. Vgl. hierzu *Schnellpressen oder Druckmaschinen* 1836, S. 826.

20 Ebd., S. 475. Korrekt gerechnet beträgt die Einsparung 884 Rthlr.

21 *Schnellpresse* 1845, S. 251.

22 Zu denken ist hier beispielsweise an die von Justus Claproth

5. Reminiszenz an Wilhelm Hauffs Buch-Fabrik?

Vielleicht, so mag man einwenden, hat sich Eichendorff weniger von den Produktionsrealitäten der Zeit um 1830 anregen lassen als von einer Skizze Wilhelm Hauffs, die im April 1827 unter dem Titel *Die Bücher und die Lesewelt* im Cotta'schen *Morgenblatt für gebildete Stände* erschienen war. Das Ich dieses kurzen Textes, ein Schriftsteller, trägt sich nämlich »mit dem sonderbaren Gedanken ein Buch zu schreiben«. Da er »noch keinen besondern Gegenstand oder Zweck« hatte und »noch sehr unentschieden [ist] […], nach welchem großen Meister« er sein »erstes Stück verfertigen sollte«, stellt er zunächst Beobachtungen an, »um die Leser und ihre Neigungen zu studieren«.[23] Die Studien führen das Ich in den »Buchladen« von »Salzer und Sohn« und in »die Leihbibliothek«,[24] deren Bibliothekar ihm von einer Fabrik mit geradezu utopischen Fertigungsprozesssen erzählt. In ihr werden Übersetzungen der Bestseller-Romane Sir Walter Scotts[25] angefertigt und noch im selben Produktionsgang gedruckt und zu Büchern gebunden:

> Die Fabrik ist […] folgendermaßen beschaffen: Hinten im Hof ist die Papiermühle, welche unendliches Papier macht, das schon getrocknet wie ein Lavastrom in das Erdgeschoß des Hauptgebäudes herüber rollt; dort wird es durch einen Mechanismus in Bogen zerschnitten, und in die Druckerey bis unter die Pressen geschoben. Fünfzehn Pressen sind im Gang, wovon jede täglich zwanzigtausend Abdrücke macht. Neben an ist der Trockenplatz und die Buchbinderwerkstätte. Man hat berechnet, daß der Papierbrey, welcher Morgens fünf Uhr noch flüssig ist, den andern Morgen um eilf Uhr, also innerhalb dreyßig Stunden, ein elegantes Büchlein wird.[26]

1774 erprobte und durch eine nur wenige Seiten umfassende Veröffentlichung ins Gespräch gebrachte Technik der Wiederaufbereitung von bereits bedrucktem Papier: »Der Papiermacher Schmidt bey kleinen Lengden, in der Gegend von Göttingen, ein fleißiger, geschickter und billiger Mann, war es, der diesen Versuch übernahm. Ich verdammte zu dieser Verwandlung drey Folianten, zusammen 45. Alphabet, welche auf schlechtes Schreibpapier mit Mönchsschrift ganz vollgedruckt waren. Er hat die drey Bände, ohne selbige auf dem Rücken von dem Buchbinderleim zu reinigen, in heißes Wasser gelegt, damit der Leim heraus ziehe, wie allemahl geschiehet, wenn Papier auch nur zu Pappen umgearbeitet werden soll. Hierauf hat er sechs Stück Walke- oder Wascherde (argilla fullonum) jedes 3 Zoll lang und 1 Zoll dicke mit in das Loch gethan, und die ganze Masse, welche vor ein Loch fast zu viel gewesen, 12 Stunden lang damit tüchtig stampfen lassen. Hierauf ist die Masse aus dem Loche gebracht, in die Mühle gelegt, eine Kanne voll Kalk dazu gethan, und hat 8 Tage gelegen. Diesemnächst ist die Masse in den Holländer gethan, wozu eigentlich zwey Löcher voll Masse erfordert werden, mithin war es im Loche zu viel, und im Holländer zu wenig. Daher rühren nach des Papiermüllers Aussage, die wenigen gelben Fleckchens im Papiere, welche nichts anderes als Rostflecken vom Holländer sind. Jm Holländer hat es nur zwey Stunden gegangen, und hätte noch ehender heraus genommen werden können, wenn es nicht des Waschens wegen geschehen wäre. Hierauf ist es

in die Bütte gethan, und weiter verfahren, wie mit anderem Papiere. Daraus hat er mir 1 Ries 12 Buch Papier, worauf diese Nachricht gedruckt ist, geliefert, mit dem Vermelden, daß er noch einen Klumpen Masse vorräthig habe, woraus etwa noch 5 bis 6 Buch gemacht werden könnten. […] Durch diese nutzbare Erfindung erwachsen folgende Vortheile: 1) können unbrauchbare gedruckte Sachen den Mangel derer Lumpen ersetzen, an welchen es oft fehlet, und immer mehr fehlen wird, jemehr seidene und wollene Zeuge getragen werden. 2) Kann mancher Verleger, Buchhändler und Bücherbesitzer seinen unbrauchbaren Vorrath, vor welchen bis hierhin nur ein Gulden vor den Centner von den Papiermüllern bezahlet worden, weil sie dergleichen gedruckte Sachen nur zu Pappen gebrauchet hatten, mit grossem Vortheile nutzen; und wie reich sind unsere Zeiten nicht an dergleichen Maculatur?« o.P.

23 Hauff 1827, S. 337b.
24 Ebd., S. 351a, 337b.
25 »Kein brit. Dichter, selbst Byron nicht, sah während seines Lebens eine so weit verbreitete Verherrlichung seines Ruhms«, resümiert der Artikel *Scott*, S. 74. Vgl. hierzu ferner Steinecke 1998, S. 77–87.
26 Hauff 1827, S. 346b.

6. Engführung von kulinarisch-digestivem Diskurs und Buchproduktion

Weniger einzelne Motive wie das »zierliche Vielliebchen«, das als leicht verzerrtes Echo des »eleganten Büchlein[s]« bestimmt werden könnte, oder die Überzeichnung des von der Buchherstellung gegebenen Bildes legen es nahe, den Maschinen-Passus aus *Viel Lärmen um Nichts* als Reminiszenz auf Wilhelm Hauffs kleinen Text zu verstehen; es ist vor allem die auffällige Engführung von maschineller Buchproduktion und kulinarisch-digestivem Diskurs. Bei Hauff erfolgt sie im Kapitel über den »Geschmack des Publikums«, über den das Ich beim Leihbibliothekar Erkundigungen einzuholen sucht: Der besagte Geschmack ist nämlich, wie man erfährt,

so verschieden [...] und [...] oft so sonderbar als der Geschmack an Speisen. Der eine will süße, der andere gesalzne, der eine Seefische, Austern und italienische Früchte, der andere nahrhafte Hausmannskost; in einem Punkt stimmen sie aber alle überein, sie wollen gut speisen.[27]

Die in poetologischer Hinsicht entscheidenden Fragen – »Aber wer ist der Koch [...], der für diese verschiedenen und verwöhnten Gaumen das Schmackhafte zubereitet? Wie kann man es allen oder nur vielen recht machen? denn darin liegt doch der Ruhm des Autors?«[28] – hatte Eichendorff mit der »Menge zierlich gekleideter Herren« ›beantwortet‹, die, »weiße Küchenschürzen vorgebunden und die feinen Hemdeärmel aufgestreift«, auf und ab eilen, »das Schroten, Malen und Ausbeuteln zu besorgen, während armes, ausgehungertes Volk gierig bemüht war, den Abfall aufzuraffen«.[29] Dass das Problem der Autorschaft auf dem Feld der Kochkunst verhandelt wird, ist deutlicher noch bei Hauff zu sehen. Als kulinarisches Exempel wird Jean Paul herangezogen, dessen Werkausgabe in der Leihbibliothek eine lange Reihe nahezu unberührter Bände bildet:

›Wie! rief ich mit Schrecken, ein Mann, der für die Unsterblichkeit geschrieben, sollte schon jetzt vergessen seyn? Hat er denn nicht Alles in sich vereinigt, was anzieht und unterhält, tiefen Ernst und Humor, Wehmuth und Satyre, Empfindsamkeit und leichten Scherz?‹
›Wer läugnet dieß?‹ erwiderte der kleine Mann; ›Alles hat er in sich vereint, um auch die verschiedensten Gaumen zu befriedigen; aber er hat jene Jngredienzien klein gehackt, wunderlich zusammengemischt und mit einer Sauce piquante gekocht; als es fertig war und das Publikum kostete, fand man es wohlschmeckend, delikat, aber – es widerstand dem Magen, weil niemand seine Kraftbrühen, den sonderbaren dunkeln Styl ertragen konnte. Dort stehen alle seine Gerichte unberührt, und nur einige Gourmands im Lesen nehmen hie und da ein Kampanerthal oder einen Titan nach Hause, und schmecken allerley Feines heraus, das ich und mein Publikum nicht verstehen. Sehen Sie in jene Ecke, die lange Reihe mit den neuen grünen Schildchen? das ist Herder‹[30]

---

27 Ebd., S. 341a.
28 Ebd., S. 341a–b.
29 Anspielung evtl. auf den Hadernmangel und die Jagd nach

den begehrten Lumpen zur Papierherstellung. Vgl. Janzin/ Güntner 2007, S. 290 ff.
30 Hauff 1827, S. 341b–342a.

– dem es, wie vielen deutschsprachigen Klassikern im 19. Jahrhundert, kaum besser ergangen war als Jean Paul: Die zunächst noch handwerklich sorgfältig, im Hinblick auf Schrifttype, Papier, Satz und Einband mit hohem Aufwand hergestellten Ausgaben, nicht die in der juristischen Grauzone als Lieferungen abgedruckten Groschendrucke, sondern die aufwendigen, waren teuer und vermochten den wachsenden Lektürebedarf nicht zu decken. Und sie boten darüber hinaus nicht das gesuchte Gut leicht verdaulicher, die zerstreuende Illusionsbildung fördernder Unterhaltung: Wer ein Buch dieser verstärkt nachgefragten Sparte zur Hand nimmt, verliert sich schnell darin: Es geht – in bester Übereinstimmung mit den ökonomischen Forderungen der Zeit[31] – »rasch vorwärts, die Augen jagen über die Zeilen hin, die Blätter fliegen«[32]. Der Aufmerksamkeit der fingierten Aurora teils durch die regieführenden Novellisten, teils durch die Sachverhalte selbst empfohlen wird zum einen ein »kunstgerecht« und wie bestellt eintreffender »literarischer Klatsch=Kourier« (94), zum andern eine Taschenbücher produzierende »mit Dampf getriebene ungeheure Maschine«. Während es im einen Fall offenbar nicht auf das Mitgeteilte, sondern nur darauf ankommt, dass Herrn Publikum mit möglichst forciertem Tempo und unter Verwendung moderner Nachrichtentechnik das Neueste vom Tage zugeführt wird, erfährt man weit mehr über das, was die »ungeheure Maschine« hervorbringt und wie sie es tut.

Während Hauff allerdings in gewisser Weise konventionell bleibt, das Problem der Autorschaft auf dem Feld des Kulinarischen verhandelt, die Buchfabrikation hingegen von diesen Vorgängen abkoppelt, legt Eichendorff diese beiden Komponenten auf intrikate Weise ineinander. Nicht Papierschöpfen, Setzen, Drucken und Binden erledigt die Eichendorff'sche Maschine, sondern »Schroten, Malen und Ausbeuteln« – das sind Arbeitsgänge, die eben nicht in der Buch-, sondern in der Lebensmittelbranche verrichtet werden; handelt es sich doch um die charakteristischen Tätigkeiten des Getreidemüllers. Seine »Maschine« besitzt im Unterschied zur Schnellpresse (und im Übrigen auch zur Papiermühle, in der zwar gemahlen, nicht aber geschrotet und ausgebeutelt wird[33]) sehr wohl einen Beutelkasten.[34] Da man, so unterrichtet *Krünitz's ökonomisch-technologische Encyklopädie,* »sehr wahrscheinlich […] in den ersten Zeiten mit Zermalmung der Körner zufrieden gewesen«, ist »man erst nachher auf den Einfall gekommen […], das Mehl von den Kleyen oder der Hülse oder Haut der Körner zu schneiden«. Um »das Mehl besonders auszubeuteln«, hat man Mühlbetriebe mit »eine[r] besondere[n] Beutelkammer« (in der Abb.: »Z«) ausgestattet, mit der das Mahlgut so lange ausgesiebt wurde, bis man »das feinste Mehl« erhielt.[35] (Vgl. Abb. 1).

Und doch führt die so wunderlich anmutende bildliche Einkleidung der maschinellen Buchverarbeitung nicht auf Abwege, sondern geradewegs in die uralte, bis in die Antike zurückreichende Tradition poetologischer Reflexion, in die Metaphern-Küche der imitatio- und Originalitätsdebatten. Genauer: auf die Spuren der Verdauungsmetapher, mit der man geistige Aneignung wie die Lektüre eines Textes und daran sich anschließende Verwertungsprozesse wie das aus dieser Lektüre sich speisende Verfassen eines ›eigenen‹ Textes zu veranschaulichen suchte. Wenn die »ungeheure Maschine« größere Texte schrotet, mahlt und ausbeutelt, um aus den für verwertbar befundenen Bruchstücken handliche ›neue‹

---

31 Vgl. zu den seit dem Ende des 18. Jahrhundert forcierten Auseinandersetzungen über die Beschleunigung des Lesens Mergenthaler 2002, S. 269–272.

32 Hauff 1827, S. 338b.

33 Vgl. Papier 1807, inbesondere die »Beschreibung einer

vollständig eingerichteten Papiermühle, und einiger bey der Papierbereitung besonders nützlicher Maschinen«, S. 790–839.

34 Dieser Bezug ist bereits im Blick bei Magen 2006, S. 676.

35 Mühle 1804, S. 28 f.

Texte zu gewinnen, dann folgt sie strukturell den von Seneca ins Feld gerufenen Bienen, die aus den Blüten das jeweils Beste herauslesen, in ihren Verdauungstrakt aufnehmen und in ein hochwertiges und eben doch ›eigenes‹, bienenhaftes Produkt überführen.[36]

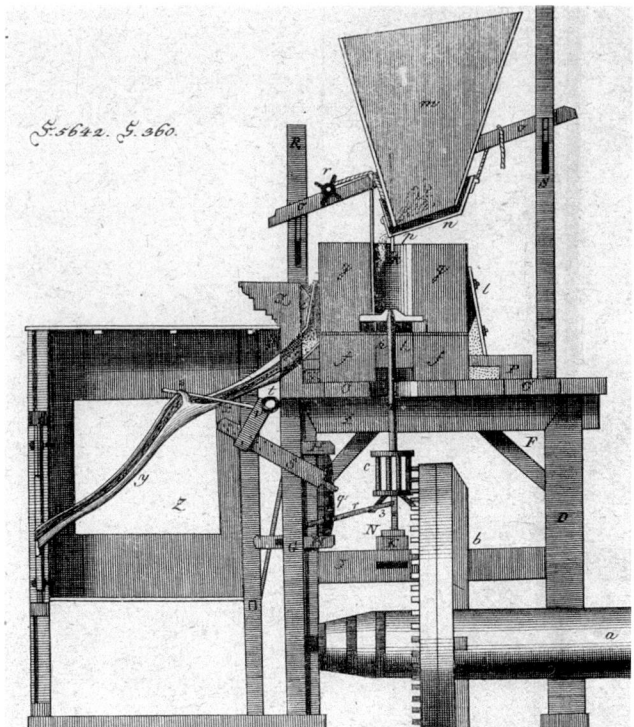

Abb. 1: Kupfertafel 26 (1804). In: *D. Johann Georg Krünitz's ökonomisch-technologische Encyklopädie, oder allgemeines System der Staats-, Stadt-, Haus- und Landwirthschaft, und der Kunst-Geschichte, in alphabetischer Ordnung.* Bd. 95. Berlin (Pauli), o. P.

7. Das ›Gütesigel‹ »in usum Delphini«

Dass es um das maschinell gewonnene Endprodukt allerdings nicht zum Besten steht, dass der ausgespuckte ›Honig‹ offenbar nicht über die gewünschte Qualität verfügt, wird deutlich, wenn man das »Ende der Maschine« näher besieht: Ein »bronzener Delphin« spuckt die »Vielliebchen« aus, der vielleicht mit der »Eleganz ihres Baues« und dem an diesem »herrlichen Morgen« (92) besonderen Zweck der forcierten Brautwerbung zu vereinbaren ist, keineswegs aber mit der für den Alltagsbetrieb charakteristischen ökonomischen Rationalität[37] maschinell bewerkstelligter Buchverarbeitung. Auch der Delphin ist vor den Augen der Zeitgenossen nämlich poetologisch aufgeladen, und zwar mehrfach: einmal durch den um 1500 wirkenden venezianischen Buchdrucker Aldus Manutius, dessen qualitativ

36   Nicht die früheste, aber »die ausführlichste Darstellung des Bienengleichnisses gibt innerhalb der römischen Literatur der Philosoph Seneca«; vgl. hierzu von Stackelberg 1956. Zur Engführung von Kognition, Dichtung und Verdauung vgl. Hart Nibbrig 1995.

37   Dass es hier um Ertragsmaximierung geht, geben die Kommentare des Herrn Publikum unzweideutig zu erkennen: »›Das will wieder nicht vom Fleck!‹ rief Herr Publikum den Arbeitern zu; ›rasch, nur rasch!‹« Eichendorff 1832, S. 94.

herausragende Druckwerke ein sich um einen Anker windender Delphin ziert,[38] sodann durch die mythologisch gesicherte Verbindung, die der Delphin zu Apollon unterhält und die ihn zum »Symbol der Kunst, insbes[ondere] der Dichtkunst« avancieren lässt,[39] und schließlich durch einen sprichwörtlich gewordenen literarischen Ver-, nein, Entwertungsprozess. Mit dem Etikett ›ad‹ oder ›in usum Delphini‹ kennzeichnete man seit der Ära Ludwigs XIV. Texte des klassischen Kanons, die ursprünglich in einer von Jacques Bénigne Bossuet und Pierre Daniel Huet herausgegebenen Reihe für den französischen Thronfolger, den Dauphin, später für sittlich noch nicht ausreichend gefestigte, in der Regel jugendliche Leserinnen und Leser ›ausgebeutelt‹, d. h. um aus sittlichen oder anderen Gründen für bedenklich befundene Passagen erleichtert worden waren.[40] Die literarische Qualität der »zierliche[n] ›Vielliebchen‹« darf daher mit guten Gründen angezweifelt werden.

8. »Das Neueste vom Jahre« oder: Aus dem »Grafen Khevenhüller« … »zierliche Vielliebchen« gewinnen – zum Verhältnis von Literatur, Buch und Wissen

Die Herstellung des das »Neueste vom Jahre« feilbietenden »Vielliebchen[s]« fällt konsequenterweise nicht *rhetores* oder *poetae* zu, die das nach eigenem Ermessen Beste aus der Fülle des ihnen vorliegenden Sprach- oder Textmaterials auswählen und in ein ›neues‹ und ›eigenes‹ Produkt überführen, sondern »Arbeitern«, deren Beitrag zur Buchproduktion sich wiederum auf die mechanischen Tätigkeiten des Schrotens, Mahlens und Ausbeutelns beschränkt. Die potenziell poetische Transformation von (textuell überlieferten) historischen Realia in das »Neueste vom Jahre«, das Format der »Novelle« nämlich, bleibt dagegen analytisch unverfügbar in der ›black box‹ der »ungeheure[n] Maschine« verwahrt. Unverfügbar zwar, aber nicht unkommentiert, denn was zwischen dem »Beutelkasten« am einen und dem »bronzene[n] Delphin« am andern Ende der Maschine geschieht, ist leicht zu errechnen: Das in aufwendig gefertigten Chroniken wie Frantz Christoph Khevenhillers *Annales Ferdinandei*[41] archivierte kulturelle Wissen wird aufgelöst und nach Maßgabe der literarischen Verwertbarkeit sortiert. Die extrahierten Historiae werden – in ihrer schieren Wissensmaterialität – in das handliche Sedez- und in das gefällige Unterhaltungsformat eines *historisch-romantischen Taschenbuches* überführt, in Maroquin gebunden und als »Vielliebchen« literarisch vermarktet. Seit Herbst 1827 erscheint es,[42] im Leipziger *Jndustrie Comptoir* herausgegeben von »A. von Tromlitz« alias Karl August Friedrich von Witzleben: Jahr für Jahr, zierlich und preiswert, drei bis vier historische Novellen für den »Strickbeutel« der nach Lesestoff gierenden Damen feilbietend. Das solche »Fabrikwaare« abnehmende Publikum, so notiert illusionslos bereits 1793 Georg Friedrich Rebmann,

> besteht nicht etwa aus den Tribunalen, die in Jena, Göttingen, und Berlin entscheiden, auch nicht aus den jungen Candidaten, angehenden Pastoren, oder Studenten, welche hie und da in mancher andern gelehrten Zeitung spucken, nein, das Publicum, dessen Stimme zwar nicht in kritischer, aber in öconomischer Hinsicht

---

38 Für den Hinweis hierauf danke ich Bernhard Metz (Berlin).
39 So Rösch 2008, S. 65.
40 »Die anstößigen Stellen wurden ausgelassen«, heißt es im Artikel *Dauphin* 1833, S. 71.
41 Khevenhiller 1721.
42 Tromlitz 1827.

über unsere Schriftsteller richtet, besteht aus Friseurs, Cammerjungfern, Bedienten, Kaufmannsdienern und dergleichen, die man in unsern Lesebibliotheken zu Dutzenden antrift. Daher gehen die gräuelvollen Märchen, die Lauren[43] und dergleichen, trotz aller Geisselhiebe, gut ab, während eine Buchhandlung in einer ansehnlichen Stadt Deutschlands mit Mühe und Noth zwei Exemplarien von Herders zerstreuten Blättern absezte! –

Jm Ganzen, glaub' ich, hat die Menschheit durch die zur Mode gewordene Lesesucht, auch der niederen Stände, gewonnen. Mögen die Kenntnisse, die der Mittelstand und der gemeine Mann daraus schöpft, immerhin meist oberflächlich und zum Theil schief seyn; so ist doch dadurch eine gewisse encyclopädische, practische, populaire Behandlung mancher zu wissen nöthigen und nüzlichen Dinge aufgekommen, die sonst in grossen schwerfälligen Quartanten und Folianten versteckt blieben. Unsre Litteratur hat aber wohl sicher dabey verloren, und ist in ihrem Wachsthum zurück gehalten worden. Die Menschen haben alles als kaufmännische Speculation zu benutzen gelernt, und sogar die Früchte des Genies sind bey uns nur ein Modeartikel, eine Kaufmannswaare.[44]

  Dass auch gut drei Jahrzehnte später noch der »Literatur-Zustand der Deutschen« desolat zu nennen ist, lässt eine im *Gesellschafter* abgedruckte Bestandsaufnahme erkennen: »Obwohl die neuesten Vier- und Zwei-Groschen-Ausgaben nicht mehr so viele Tausende von Abnehmern finden, wie sonst, verderben sie doch allen Original-Werken, und namentlich den besseren, den Markt. Die Leihbibliotheken werden mit der gewöhnlichen Romanen-Waare versehen, die, weil die Verfasser sie«, als stünden sie im Dienste des Herrn Publikum, »für einen Tagelohn schreiben oder übersetzen, schon bei einem geringen Absatz ihre Verleger befriedigen, aber selbst bei ihren geringen Preisen viel zu theuer sind.«[45]

  Die Rede von der »ungeheure[n] Maschine« in Eichendorffs Erzählung erweist sich vor diesem Hintergrund als zutiefst ambivalent:[46] Vordergründig-scherzhaft zielt sie auf die Maschinisierung des »Literaturbetrieb[s]«,[47] auf beschleunigte Druckverfahren und die Bevorzugung profitabler Darbietungsformate, genauer besehen erweist sich die »ungeheure Maschine« allerdings auch als Metapher nicht der maschinellen Buch-, sondern der Literaturproduktion – und sie lässt kein gutes Haar an der Zunft der auf die Produktion des »Neueste[n] vom Jahre« verpflichteten ›Dichter‹. Dabei zeugt es von konzeptioneller Konsequenz, dass derjenige Teil der Maschine als ›black box‹ eingeführt und verhandelt

43 Gemeint ist sehr wahrscheinlich der Erfolgsschriftsteller Carl Gottlieb Samuel Heun alias Heinrich Clauren.

44 Rebmann 1793, S. 39 f. Die Schrift erschien vermutlich der Zensur wegen anonym; dass Rebmann als ihr Verfasser identifiziert wurde, ist beispielsweise zu entnehmen aus Rassmann 1823, S. 261. Eine die Leihbibliothek frequentierende Kammerzofe findet sich (wenn auch in leichter Verschiebung) auch bei Hauff 1827, S. 342a–b: »Des Fräuleins Kammermädchen wird sogleich eintreten«, erfährt das Ich vom Bibliothekar der Leihbibliothek, »da haben Sie die beste Gelegenheit, den feinen, empfindsamen Geschmack jener Dame kennen zu lernen.« Es stellt sich heraus, dass die Besagte für ihre Dienstherrin nach einem, »um wenig zu sagen, gemeine[n] Buch« verlangt und dass die übrigen Signaturen auf dem »Zettelchen [...] des

Kammermädchens« kaum Besseres verheißen: »Zürnend nahm ich das Blättchen, auf welchem zierlich die Worte: ›für Fräulein von Milben,‹ und eine lange Reihe von Zahlen geschrieben waren. Jch fing mit der ersten Nummer an und fand [...] 1585 der deutsche Alcibiades, 2139 der Geist Erichs von Sickingen und seine Erlösung, 2995 Historien ohne Titel, 1544 der Blutschatz von H. Clauren, 1531–40 Scherz und Ernst von H. Clauren. Nein, weiter mochte ich diese Herzensgeheimnisse nicht entziffern; ›welche Heuchlerin ist dieses Mädchen!‹ rief ich, ›das ist ihre Lektüre, und ich glaubte, sie werde nur die Stunden der Andacht lesen!‹«.

45 *Gesellschafter* 1828, S. 576.

46 Vgl. Rademacher 1997.

47 Vgl. Schultz 1993, S. 620.

wird, der das Kerngeschäft poetischer Produktion, das Moment dichterischer Ingeniosität betrifft; vermag es begrifflich doch so wenig dingfest gemacht zu werden, wie die notorisch in »Liebeshändel«[48] sich verstrickende Aurora »unter die Haube [zu] bringen« (85) ist.

Und doch entzündet sich gerade an der Anziehungskraft Aurorens eine über die Grenzen von *Viel Lärmen um Nichts* hinausweisende poetische Produktivität. Weniger im kritischen, gegen das Geschäft der Dichtung gerichteten Impetus liegt demnach das Verdienst der Eichendorff'schen Erzählung, da die subtile Dichterschelte zugleich ein hohes analytisches Potential besitzt, das sich auf das Zusammenspiel von Dichtung, »Literaturbetrieb« und kulturellem Erbe erstreckt: Literatur greift dieses Erbe auf, archiviert es und macht es verfügbar: Kaum ein Buchtypus könnte dies (sieht man von der Enzyklopädie einmal ab) deutlicher machen als das durch Khevenhillers *Annales Ferdinandei* aufgerufene Genre der Chronik. Literatur, auch das lässt *Viel Lärmen um Nichts* kenntlich werden, hat zugleich wesentlichen Anteil an der Formierung kulturellen Wissens, denn das »Neueste vom Jahre«, die »Novellen«, die das »zierliche Vielliebchen« in das kulturelle Gedächtnis einspeist, sind nicht aus »Novellen«, im Sinne von ›Nachricht‹ oder ›Neuigkeit‹ gemacht, das »Neueste vom Jahre« ist vielmehr buchvermittelt und recycelt. Eichendorffs Erzählung hat daher nicht nur Anteil an der Akkumulation, Archivierung und Reproduktion kulturellen Wissens, sie hat zugleich Anteil am Prozess kultureller Selbstbeschreibung und damit an der Wissensproduktion einer Kultur. Der Literatur ist daher, in der durch *Viel Lärmen um Nichts* eröffneten Perspektive, neben einer mimetischen und poetologischen auch eine entschieden epistemologische Funktion zugewiesen.

Was die Erzählung vom Gros literarischer Texte unterscheidet und was an der Präsentation der »ungeheure[n] Maschine« deutlich wird, in der es um die Verknüpfung von Wissen, Literatur und Buchproduktion geht, ist ihre Transzendentalität: *Viel Lärmen um Nichts,* die »Novelle von Joseph von Eichendorff«,[49] verfügt über ein Bewusstsein vom eigenen Verstricktsein in diese Prozesse, macht sie also selbst zu ihrem Thema. Die neue »athemlose Zeit« (86) hat, wie die Erzählung deutlich werden lässt, eine tiefgreifende Veränderung im Zusammenspiel von Buch und Wissen bewirkt: Das Buch ist weitgehend abgekoppelt von Wissensakkumulation und -produktion, weil seine kommerziell begründete Halbwertszeit nicht mehr wie im Falle der *Annales Ferdinandei* in Jahrhunderten, sondern in Jahren bemessen wird: Die Nase vorn hat neuerdings, zumindest in ökonomischer Hinsicht, wie an der Herrn Publikum attestierten »Weltmacht« kenntlich ist, wer das »Neueste vom Jahre« zu gewinnen, festzuhalten und zu vermarkten versteht, kurz: wer »Novelle« »mach[t]« (91).

Wenn *Viel Lärmen um Nichts* denn als kritische Spitze zu lesen ist, dann richtet sie sich nicht pauschal auf den »Literaturbetrieb«, die »athemlose Zeit« und ihre technischen Innovationen und auch nicht – kaum weniger diffus – auf die Dichtkunst, sondern legt mit analytischer Schärfe das komplexe Zusammenspiel von Buch- und Literaturproduktion, von materiell-handwerklichen und ideell-poetischen Aspekten frei.[50] Sie richtet die Spitze, sobald man die »ungeheure Maschine« als Metapher der Literaturbegründung oder -hervorbringung bestimmt, damit freilich auch gegen sich selbst.

---

48 *Avrora* 1770, Sp. 488.
49 So lautet der Untertitel im ersten Druck; Eichendorff 1832, S. 265.
50 Wolfgang Lukas zählt Eichendorffs Erzählungen der 1830er Jahre zu denjenigen Texten, die »zugleich auf ei-

ner Metaebene eine Diskussion über die Romantik (bzw. Goethezeit) [führen] und [...] deren unwiderrufliches Ende selbst explizit oder implizit zum Thema« machen; Lukas 2001, S. 50.

Literatur

Altmütter, G[eorg] (1831): »Buchdruckerkunst«. In: *Technologische Encyklopädie oder alphabetisches Handbuch der Technologie, der technischen Chemie und des Maschinenwesens. Zum Gebrauche für Kameralisten, Ökonomen, Künstler, Fabrikanten und Gewerbetreibende jeder Art.* Hg. von Joh. Jos. Prechtl. Bd. 3. Stuttgart (Cotta), S. 253–424.

Claproth, Justus (1774): *Eine Erfindung aus gedrucktem Papier wiederum neues Papier zu machen, und die Druckfarbe völlig heraus zu waschen.* Göttingen (Barmeier).

Eichendorff, Joseph von (1832): »Viel Lärmen um Nichts. Eine Novelle«. In: *Der Gesellschafter oder Blätter für Geist und Herz.* Jg. 16, 2.4.–28.4., S. [265]–342.

Eichendorff, Joseph von (2006): »Viel Lärmen um Nichts. Eine Novelle«. In: *Sämtliche Werke des Freiherrn Joseph von Eichendorff.* Historisch-kritische Ausgabe. Begründet von Wilhelm Kosch und August Sauer. Fortgeführt und herausgegeben von Hermann Kunisch und Helmut Koopmann. Bd. V/3: Erzählungen. Zweiter Teil. Fragmente und Nachgelassenes. Text und Kommentar. Herausgegeben von Heinz-Peter Niewerth unter Mitarbeit von Konstanze Allnach. Erläuterungen von Antonie Magen. Tübingen (Niemeyer), S. 73–156.

Engel, Manfred (1993): *Der Roman der Goethezeit.* Bd. 1: Anfänge in Klassik und Frühromantik, transzendentale Geschichten. Stuttgart (Metzler).

Gesellschafter (1828) Nr. 12, 19. Juli, S. 576.

Goebel Theodor (1883): *Friedrich Koenig und die Erfindung der Schnellpresse. Ein biographisches Denkmal.* Stuttgart (Kröner).

Hart Nibbrig, Christiaan L. (1995): »Reader's Digest oder: Wie nahrhaft ist Literatur?« In: ders.: *Übergänge. Versuch in sechs Anläufen.* Frankfurt/M. (Insel), S. 125–181.

Hauff, Wilhelm (1827): »Die Bücher und die Lesewelt. Bilder«. In: *Morgenblatt für gebildete Stände.* Nr. 85, 9.4.1827, S. 337b–338b; Nr. 86, 10.4.1827, S. 341a–342b; Nr. 87, 11.4.1827, S. 345b–346; Nr. 88, 12.4.1827, S. 351a–352b; Nr. 89, 13.4.1827, S. 353b–354b; Nr. 90, 14.4.1827, S. 358b–359b.

Khevenhiller, Frantz Christoph (1721): *Annales Ferdinandei Oder Wahrhaffte Beschreibung, Käysers Ferdinandi Des Andern, Mildesten Gedächtniß, Geburth, Aufferziehung und bißhero in Krieg und Friedens-Zeiten vollbrachten Thaten, geführten Kriegen, und vollzogenen hochwichtigen Geschäfften, samt kurtzer Erzehlung deren in der gantzen Welt von höchstgedachter Käyserl. Majestät Geburthen biß auf derselben seeligsten Hintritt, das ist von Anfang des 1578. biß auf das 1637. Jahr vorgelauffenen Handlungen und denckwürdigen Geschichten. Jn Zwölff Theilen mit vielen Kupffern.* Leipzig (Weidmann).

Janzin, Marion / Güntner, Jochim (2007): *Das Buch vom Buch. 5000 Jahre Buchgeschichte.* 3. Aufl. Hannover (Schlüter).

Kaminski, Nicola/Mergenthaler, Volker (2010): »Der Dichtkunst Morgenröthe verließ der Erde Thal«: *Viel Lärmen um Nichts.* Modellstudie zu einer Literatur in Fortsetzungen mit einem Faksimile des *Gesellschafters oder Blätter für Geist und Herz.* Hannover (Wehrhahn).

Lorenz, Christa (o.J.): *Berliner Weihnachtsmarkt. Bilder und Geschichten aus 5 Jahrhunderten.* Berlin (Berlin-Information).

Lukas, Wolfgang (2001): »Abschied von der Romantik. Inszenierungen des Epochenwandels bei Tieck, Eichendorff und Büchner.« In: *Recherches germaniques,* Jg. 31, S. 49–83.

Magen, Antonie (2006): »Erläuterungen«. In: *Sämtliche Werke des Freiherrn Joseph von Eichendorff*. Historisch-kritische Ausgabe. Begründet von Wilhelm Kosch und August Sauer. Fortgeführt und herausgegeben von Hermann Kunisch und Helmut Koopmann. Bd. V/3: Erzählungen. Zweiter Teil. Fragmente und Nachgelassenes. Text und Kommentar. Herausgegeben von Heinz-Peter Niewerth unter Mitarbeit von Konstanze Allnach. Erläuterungen von Antonie Magen. Tübingen (Niemeyer), S. 654–698.

Mergenthaler, Volker (2002): *Sehen schreiben – Schreiben sehen. Literatur und visuelle Wahrnehmung im Zusammenspiel*. Tübingen (Niemeyer).

O.T. (1820). In: *Kunst- und Gewerb-Blatt des polytechnischen Vereins im Königreich Bayern*. Nr. 22. München (Fleischmann), Sp. 175.

Perfahl, Jost / Hillach, Ansgar (1970): »Kommentar«. In: *Joseph von Eichendorff. Werke*. Bd. II. Romane. Erzählungen. Hg. von Jost Perfahl und Ansgar Hillach. München (Hanser), S. 634–660.

Rademacher, Gerhard (1997): »Mit Eichendorff auf der Lokomotive? Oder: Anmerkungen zu Eichendorffs Einstellungen zur Technik«. In: Eichendorffs Inkognito. Hg. von Konrad Ehlich. Wiesbaden (Harrassowitz), S. 91–99.

Rassmann, Friedrich (1823): *PANTHEON deutscher jetzt lebender Dichter und in die Belletristik eingreifender Schriftsteller; begleitet mit kurzen biographischen Notizen und der wichtigsten Literatur*. Helmstedt (C. G. Fleckeisensche Buchhandlung).

Rebmann, Georg Friedrich (1793): *Kosmopolitische Wanderungen durch einen Theil Deutschlands*. Leipzig (Wilhelm Heinsius).

Schultz, Hartwig (1990): »Anhang«. In: *Joseph von Eichendorff. Sämtliche Erzählungen*. Herausgegeben von Hartwig Schultz. Stuttgart (Reclam), S. 517–654.

Schultz, Hartwig (1993): »Kommentar«. In: *Joseph von Eichendorff. Werke in sechs Bänden*. Herausgegeben von Wolfgang Frühwald, Brigitte Schillbach und Hartwig Schultz. Bd. 3: Dichter und ihre Gesellen. Erzählungen II. Hg. von Brigitte Schillbach und Hartwig Schultz. Frankfurt/M. (DKV), S. 620–660.

Stackelberg, Jürgen von (1956): »Das Bienengleichnis. Ein Beitrag zur Geschichte der literarischen ›Imitatio‹«. In: *Romanische Forschungen* 68, S. 271–293.

Steinecke, Hartmut (1998): *Unterhaltsamkeit und Artistik. Neue Schreibarten in der deutschen Literatur von Hoffmann bis Heine*. Berlin (Erich Schmidt).

Tromlitz, A. von [d.i. Karl August Friedrich von Witzleben] (1827): *Vielliebchen. Historisch-romantisches Taschenbuch für 1828*. Leipzig (Jndustrie-Comptoir).

Texte ohne expliziten Verfasser

»Avrora« (1770). In: *Benjamin Hederichs ehemal. Rect. zu Großenhayn gründliches mythologisches LEXICON, worinnen so wohl die fabelhafte, als wahrscheinliche und eigentliche Geschichte der alten römischen, griechischen und ägyptischen Götter und Göttinnen, und was dahin gehöret, nebst ihren eigentlichen Bildungen bey den Alten, physikalischen und moralischen Deutungen zusammen getragen, und mit einem Anhange dazu dienlicher genealogischer Tabellen versehen worden. Zu besserem Verständnisse der schönen Künste und Wissenschaften nicht nur für Studierende, sondern auch viele Künstler und Liebhaber der alten Kunstwerke, sorgfältigst durchgesehen, ansehnlich vermehret und verbessert von Johann Joachim Schwaben, öffentl. Lehrer der Weltweish. und fr. Künste zu Leipzig, des gr. Fürstencoll. Colleg. daselbst, und der Universitätsbibliothek Aufseher*. Leipzig (Gleditsch), Sp. 487–491.

»Dauphin« (1833). In: *Allgemeine deutsche Real-Encyclopädie für die gebildeten Stände.* (Conversations-Lexikon). Jn zwölf Bänden. 8. Aufl., Bd. 3. Leipzig (Brockhaus), S. 70 f.

»Die Schnellpresse« (1825). In: *Allgemeine Zeitung.* Nr. 233, 21.8.1825, Beilage, S. 929 ff.

Handbuch der Buchdruckerkunst (1827). Frankfurt/M. (Andreae).

»Mühle« (1804). In: *D. Johann Georg Krünitz's ökonomisch-technologische Encyklopädie, oder allgemeines System der Staats-, Stadt-, Haus- und Landwirthschaft, und der Kunst-Geschichte, in alphabetischer Ordnung.* Bd. 95. Berlin (Pauli), S. [1]–672.

»Papier« (1807). In: *D. Johann Georg Krünitz's ökonomisch-technologische Encyklopädie, oder allgemeines System der Staats-, Stadt-, Haus- und Landwirthschaft, und der Kunstgeschichte, in alphabetischer Ordnung.* Bd. 106. Berlin (Pauli), S. 489–888.

»Schnellpresse« (1845). In: *Universal-Lexikon der Gegenwart und Vergangenheit oder neuestes encyclopädisches Wörterbuch der Wissenschaften, Künste und Gewerbe.* Hg. von H. A. Pierer. 2. Aufl. Bd. 27. Altenburg (Pierer), S. 251 f.

»Schnellpressen der HHrn. *Bauer und König* in Oberzell bei Würzburg« (1826). In: *Polytechnisches Journal,* Jg. 7, Bd. 21, H. 17. S. 474 ff., hier S. 474 f.

»Schnellpressen oder Druckmaschinen« (1836). In: *Allgemeine deutsche Real-Encyklopädie für die gebildeten Stände.* (Conversations-Lexikon.) Jn zwölf Bänden. 8. Aufl. Bd. 9. Leipzig (Brockhaus), S. 825 f.

»Scott« (1836). In: *Allgemeine deutsche Real-Encyklopädie für die gebildeten Stände.* (Conversations-Lexikon). Jn zwölf Bänden. 8. Auflage. Bd. 10. Leipzig (Brockhaus), S. 74–79.

SchaufensterBücher
Zu einer vergessenen Debatte über Äußerlichkeiten

von Nina Schleif

> [...] denn die Zerstreuung eines Buches durch die
> Welt ist fast ein ebenso schwieriges und wichtiges
> Werk als die Verfertigung desselben.[1]

Das Buch ist eine Ware. Doch wer es kauft, ist eher Benutzer denn Verbraucher. Gelegentlich wurde sogar behauptet, »beim Kauf [entstehe] eine viel intimere Beziehung zum Buche« als beim Leihen.[2] Das Buch ist zudem kantig, im wahrsten Sinne des Wortes. Es hat nur eine einzige Form, dafür aber unendlich viele Formate. Für den Schaufenstergestalter, der mit dieser ›Flachware‹ einen Raum füllen und erfüllen muss, ist das Buch ein schwieriger Gegenstand, bestenfalls eine Herausforderung. Die wohl bedeutendste Schaufenstergestalterin ihrer Zeit, Elisabeth Stephani-Hahn, umriss 1926 die für den Buchschaufenster-Dekorateur entscheidenden Parameter treffend, als sie schrieb:

Durch die große Verschiedenheit der Buchumschläge in Farbe und Material und
den großen Wertunterschied der inneren wie äußeren Ausstattungen der Bücher ist
ein Aufbau derselben nur durch das große Verständnis für diese Werte zu leisten.[3]

Nicht allein also seine Gestalt, auch sein Wesen unterscheidet das Buch von anderen Waren. An eben diesen beiden Faktoren aber lässt sich untersuchen, ob und inwiefern es sinnvoll ist, von einer Epistemologie der Buchpräsentation zu sprechen, davon also, ob die Untersuchung des Buchschaufensters einen Erkenntnisgewinn für die Wissenschaften verspricht.

Diese Frage ist nicht ganz neu, denn der amerikanische Kulturkritiker Thorstein Veblen hat sie vor über hundert Jahren bereits in seiner bemerkenswerten *Theorie der feinen Leute* formuliert. Er verglich darin die Aufmachung und die Präsentation als allen Waren externe, künstliche Additiva mit der Bedeutung der Geisteswissenschaften für die Gesellschaft: Beide seien »dekorative Zusätze« und hätten keinen »Nutzen«.[4] Eine kulturwissenschaftliche Untersuchung, wie sie im Folgenden unternommen wird, muss diesen von Veblen in provokativer Absicht unterstellten ›Nutzwert‹ anderer Wareneigenschaften bzw. Wissenschaften natürlich hinterfragen. Am Beispiel des Buchschaufensters lässt sich nämlich zeigen, dass die verschiedenen Wissenschaften im Zeitraum dieser Untersuchung durchaus die Art der Präsentation von Büchern als eine Bereicherung ihrer Forschungen begriffen und dass darüber hinaus das Buchschaufenster auch Einfluss auf die Methoden dieser Wissenschaften hatte. Nicht nur die Experimentalpsychologie etwa behandelte das Buchschaufenster als ernsthafte Aufgabe, auch die Buchgestalter und Verlage zogen wichtige, bis heute relevante Lehren aus der Wirkung von Büchern in Schaufenstern.

---

1   Friedrich Schiller, zit. in Kliemann 1937, S. 3.
2   Giese-Hüser 1921, S. 341.
3   Stephani-Hahn 1926, S. 178.

4   Veblen 1899, S. 395 f.; im Original: »decorative parts and features« bzw. »intrinsic usefulness«.

Die *Werkbund*-Debatte

Zwischen 1900 und dem Beginn des Zweiten Weltkriegs gab es in Deutschland eine sehr ausführliche praxis- wie theorieorientierte Literatur zum Thema Buchschaufenster. Man findet sie ebenso für andere, ganz unterschiedliche Bereiche des Einzelhandels, etwa Apotheken oder Metzgereien.[5] Zu diesem großen, nicht nur Kaufleute, sondern auch Künstler und Intellektuelle, später sogar Psychologen und Politiker fesselnden Interesse an Schaufenstern war es in Deutschland gekommen, weil sich der *Deutsche Werkbund* seit seiner Gründung 1907 dieses Themas angenommen hatte und das Schaufenster als »Kulturfaktor« durchzusetzen suchte.[6]

Abb. 1: Buchschaufenster von *Axel Juncker,* Potsdamer Straße, Berlin. Eine seltene kolorierte Fotografie aus Vockerat 1913/14, S. 233.

Dass der *Werkbund* dem Schaufenster eine besondere Stellung zuschrieb, erklärt sich aus seinem Engagement für die qualitative und damit ästhetische Verbesserung sämtlicher Gegenstände und Phänomene des täglichen Lebens. Wie Walter Curt Behrendt 1920 formulierte, stehe neben der Frage der Werkstoffqualität

> gleichbedeutend und gleichwertig die Frage der geistigen Qualität, der Qualität der Form. Sie äußert sich in dem geistig-künstlerischen Gehalt der gewerblichen Erzeugnisse, in ihrer formalen Durchbildung, sie bekundet sich auch in der Art, wie das Erzeugnis dargeboten wird, in der Ausstattung, in der es auf den Markt kommt [...], wie [die Ware] im Laden aufgestellt und im Schaufenster ausgelegt wird; nicht zuletzt auch darin, wie für sie Reklame gemacht wird.[7]

---

5 Vgl. beispielsweise *Verunda. Fachzeitschrift für die Kundenwerbung der Apotheke* (1928–32); *Schaufenster für das Fleischer- und Wurstmacher-Gewerbe.* Berlin (Allgemeine Fleischer Zeitung) [1911].

6 Vgl. Schleif 2004, bes. Kap. 1.

7 Behrendt 1920, S. 97.

Für Mitglieder des *Deutschen Werkbunds* war das Schaufenster jedoch nicht nur ein Präsentationsort für ästhetisch verbesserte Produkte, es sollte zugleich auch als Instrument dienen, um auf ein breites Publikum einzuwirken, um ihm zu vermitteln, was guter Geschmack und was Kunst sei und damit sein Konsumverhalten zu optimieren. Aus heutiger Sicht mag bereits dieser weit über ästhetische Fragen hinausgehende Anspruch, den der *Werkbund* an das vermeintlich so profane und ursprünglich rein kommerziell gedachte Schaufenster geknüpft hat, sehr hoch gegriffen erscheinen. Doch bereits vor dem Ersten Weltkrieg hatte Karl Ernst Osthaus in einem viel beachteten Beitrag zum *Jahrbuch des Deutschen Werkbundes* 1913 den Maßstab noch höher gelegt. Der Händler, heißt es nämlich dort, sei

zum Volkserzieher geworden oder doch zu einem Mittler, von dem das Schicksal des Geschmacks in weiten Kreisen abhängt. Er hat sich diese Rolle nicht ausgesucht; sie ist ihm zugefallen. Doch wenn er groß von seinem Berufe denkt, wird er sie mit Freude aufgreifen. Sie führt ihn aus der Enge seiner Gilde wieder ins geistige Leben seines Volkes hinaus, wo neben dem Golde auch der Mensch gewogen wird.[8]

Damit war nicht nur eine ästhetische oder pädagogische Aufgabe ausgesprochen, sondern darüber hinaus auch eine kulturpolitische ebenso wie eine moralische Verpflichtung des Handels.

Diese Position des *Deutschen Werkbunds* muss für die nähere Betrachtung von Buchschaufenstern herangezogen werden, denn sie bildet den intellektuellen Rahmen und reflektiert die Diktion, die sich auch in der Literatur zum Buchschaufenster zwischen 1900 und 1939 finden lässt. Im Übrigen verlief der Diskurs um das Buchschaufenster, der die Fachorgane dieser Zeit beschäftigte, durchaus analog zu jenem über das Schaufenster im Allgemeinen, wobei sich eine leichte zeitliche Verzögerung konstatieren lässt, die wohl mit der von vielen Autoren freimütig eingestandenen konservativen Haltung der Buchhändler zusammenhängt.[9] Einige der zentralen und wiederkehrenden Grundfragen, die von der Fachliteratur in dieser Zeit diskutiert wurden, sollen im Folgenden nachgezeichnet und erörtert werden. Ein besonderes Augenmerk gilt dabei dem Verhältnis des ästhetischen Objekts Buch zum Werbeinstrument Schaufenster.

Die neuen Warenhäuser

Jeder Einzelhändler, oder Sortimenter, wie es damals hieß, musste sich mit der Frage nach der Gestaltung seines Schaufensters auseinandersetzen. Der Druck war seit Eröffnung der ersten Warenhäuser auch in deutschen Großstädten enorm gewachsen, hatten diese revolutionären Konsumstätten gegenüber den alten Läden doch für den Kunden viele Vorteile, wie sie etwa Emile Zola 1883 in seinem Roman *Paradies der Damen* sehr anschaulich schildert.[10] Neben einer bahnbrechenden Architektur und festen La-

---

8   Osthaus 1913, S. 69.
9   Kurt Loele, Ko-Autor einer wichtigen Fachmonographie, konstatierte 1926, was sich sowohl anhand von Texten als auch von Fotografien belegen lässt: »Nachdem der übrige Handel schon jahrelang mit der vollendeten Ausstattung seiner Schaufenster vorangegangen war und dabei künstlerische Schönheit mit Zweckmäßigkeit zu vereinigen ver-

stand, hat der Buchhandel erst verhältnismäßig spät die Werbekräfte seiner Schaufenster in stärkerem Maße entfaltet.« Loele 1925, S. 1.
10   Zola 1883. Über die Warenhäuser als Wegbereiter neuer ästhetischer Standards für die Schaufenstergestaltung schreibt auch Spiekermann 1999, bes. S. 573–585.

denpreisen, einem ebenso ausgedehnten wie heterogenen Warensortiment, boten die Warenhäuser aber auch zahlreiche Kundendienste an, die kleinere Händler nicht leisten konnten. Vor allem legten sie großen Wert auf die Warenpräsentation, sei es in den Geschäftsräumen selbst oder eben in ihren Schaufenstern. Berliner Warenhäuser, wie etwa *Wertheim* am Leipziger Platz leisteten sich sogar eigenes Personal für diese Zwecke und setzten auf diese Weise Maßstäbe für die gesamte Handelsbranche. Dabei verstand sich die Chefdekorateurin von *Wertheim,* Elisabeth Stephani-Hahn, durchaus als Künst- lerin. Zudem verfasste sie das wichtigste Lehrbuch zum Thema, das unter dem Titel *Schaufensterkunst* zwischen 1919 und 1926 drei Auflagen erlebte.[11] So erklärt sich, dass auch die Autoren, die sich zum Buchschaufenster äußerten, stets auf die Leistungen der Warenhäuser als Vorbild für den Einzelhändler verwiesen.[12] Dieser stand jedoch vor dem Problem, dass er sich in den meisten Fällen kein eigenes Personal für die Schau- fenstergestaltung leisten konnte, sondern stattdessen einen seiner (Jung-)Verkäufer mit der Aufgabe betrauen musste. Schon aus diesem Grunde gaben viele Buchschaufenster- Texte sehr detaillierte, vermeintlich leicht umzusetzende Anweisungen. Hinzu kommt, dass allein zwischen 1912 und 1937 mindestens fünf Monographien zum eigentlich entlegenen Thema Buchschaufenster erschienen sind, die fast alle mehrere Auflagen er- lebt haben.[13]

Während im zweiten Jahrzehnt des 20. Jahrhunderts vor allem Aspekte der Waren- und Ausstellungsästhetik die anerkannten Maßstäbe waren, rückten nach dem Ersten Welt- krieg werbepsychologische Aspekte in den Vordergrund, etwa der »Gedächtnis- und Aufmerksamkeitswert« oder die »schnelle Begriffsvermittlung unter Vermeidung stö- renden Beiwerks«.[14] Doch für die breite Praxis erwiesen sich solche Konzepte als zu abstrakt, sodass die Dekorationsfachleute in den 1930er Jahren, von den Erfahrungen der vorangegangenen Jahrzehnte profitierend, spezialisierte und vor allem umsetzbare Lösungen suchten.[15] Eine sehr direkte und höchst wirkungsvolle Methode der ästheti- schen Leistungssteigerung erkannte man in Deutschland bereits kurz nach der Jahrhun- dertwende und pflegte sie bis zur Vereinnahmung durch die Nationalsozialisten: Schau- fensterwettbewerbe. Wie sehr sich die Vorstellung einer kulturpolitischen Bedeutung dieser jurierten Leistungsschauen in Deutschland allgemein durchgesetzt hatte, zeigte sich schließlich daran, dass die Nationalsozialisten deren Durchführung der Reichspro- pagandaleitung unterstellten und von dieser reglementieren ließen.[16] Doch dazu unten mehr.

---

11 Elisabeth Stephani-Hahn, *Schaufensterkunst.* Berlin (Schott-laender), 1. Aufl. 1919, 2. Aufl. 1923, 3. erw. Aufl. 1926. Vgl. darin auch das Kapitel über Bücher im Schaufenster mit mehreren kommentierten Abbildungen.

12 Besonders ausdauernd und eindringlich betonen diesen Punkt Loele/Bruère 1919, passim. Vgl. aber auch Nakoinz 1929a, S. 6.

13 Vgl. Loele/Bruère 1919; Loele 1925; Reinecke 1926b so-wie zwei weitere Auflagen, 1924 und 1929, jeweils unter leicht verändertem Titel; Kliemann 1937 sowie drei wei-tere Auflagen zwischen 1923 und 1950; Nakoinz 1929a; Nakoinz 1929b.

14 Nakoinz 1929a, S. 10, der explizit die Faktoren »raum-künstlerische Leistung, Farbenwirkung, Verwendung schmü-

ckenden Beiwerkes« dem Aufmerksamkeits- oder Ge-dächtniswert unterordnete.

15 Einen Abriss dieser Entwicklung mit besonderem Blick auf den Buchhandel gibt Kliemann 1937, S. 3–7.

16 Reichspropagandaleitung, Rundschreiben Nr. 31/41, *Ver-einbarung über Schaufensteraktionen und Schaufenster wettbewerbe,* Berlin 14. 3. 1941, *National Archives and Records Administration,* Washington D. C. (Hoover, T581, roll 6). Freundlicher Hinweis von Kirsten Weiss. Vgl. auch Schleif 2004, S. 119–123 sowie die linientreuen Ausfüh-rungen zum Schaufenster bei Daldrop 1936, S. 33–49.

Die Ausbildung zum Schaufensterdekorateur

Verschiedentlich findet sich in der Literatur der Ruf nach Ausbildungsmöglichkeiten für die Buchschaufenster-Dekoration[17] und der 1900 vom *Börsenverein der Deutschen Buchhändler* verabschiedete »Ausbildungsplan für den Lehrling im Sortimentsbuchhandel« hatte unter Punkt IV (von insgesamt zehn) auch eine Einweisung in die »Auslage von Büchern im Laden auf Tischen und Gestellen« sowie die »Anordnung der Schaufenster-Auslagen« vorgesehen.[18] Ein Buchhändler berichtete 1919 von seinen Erfahrungen beim Besuch von Schaufensterkursen, die seit dem zweiten Jahrzehnt des 20. Jahrhunderts in allen deutschen Großstädten angeboten wurden und zog das ernüchternde Fazit: »Für die Zwecke des Buchhandels kommt jedoch dabei nicht viel heraus.« Dagegen lautete sein Vorschlag, die »Dekoration des Bücherschaufensters in den Rahmen des Unterrichts der Buchhändler-Lehranstalt zu Leipzig einzubeziehen«, was einige Jahre später mit viel Resonanz auch geschah.[19] Die Realität war und blieb freilich, dass die Buchhändler weder eigenes Personal noch, in den meisten Fällen, ein Budget für die Gestaltung der Schaufenster zur Verfügung hatten. Die Steigerung der Leistungen, die auf diesem Gebiet in den vier besprochenen Jahrzehnten ganz eindeutig stattfand, ergab sich daher in erster Linie aus dem Nacheifern der Warenhäuser und nur in zweiter Linie aus den Schaufensterwettbewerben, die in den meisten Städten ausgelobt und juriert wurden. Manche Autoren sahen hierin auch den Auslöser für eine vermeintliche ästhetische Verbesserung von Buchumschlägen, den unter epistemologischen Gesichtspunkten vielleicht wichtigsten Faktor der Buchpräsentation.[20]

Die Schaufensterwettbewerbe

Die meisten Branchen veranstalteten Schaufensterwettbewerbe, so auch der Buchhandel. Dazu gaben eine Jury oder ein Verlag ein Thema und deren Richtlinien vor, an denen dann freiwillig eingereichte Beiträge gemessen wurden. Die teilnehmenden Händler sendeten Fotografien ein. Man darf annehmen, dass sich die Jury oft genug nur mit diesen Abbildungen zufrieden gab, anstatt vor die Fenster selbst zu treten.

Ein in Leipzig ausgerichteter Buchschaufenster-Wettbewerb ist in einer eigenen Publikation besonders ausführlich dokumentiert. Aus ihr lässt sich Genaueres über Erwartungen und Umsetzungen erfahren, so etwa beim Blick auf den Siegerbeitrag des vom Leipziger *Keil Verlag* ausgerichteten Wettbewerbs. (Vgl. Abb. 2).

Er wurde als »Musterleistung buchhändlerischer Schaufensterkunst« bewertet und mit folgenden Worten kommentiert:

Schönheit und Zweckmäßigkeit reichen sich hier die Hand. Hierzu kommt noch die kraftvolle Stimmung des Ganzen, die durchaus als mitbestimmender Faktor für den Kaufentschluß in Rechnung gestellt werden kann.[21]

---

17 Lissauer 1908, S. 14; Loele 1925, »Ausbildungsgelegenheiten für Schaufensterdekorateure im Buchhandel«, S. 77–80.
18 Abgedruckt in Paschke/Rath 1912, Bd. 1, S. 494.
19 Loele/Bruère 1919, S. 77–80, bes. S. 79. Die Leipziger »Buchpropagandisten«-Ausbildung loben besonders Frenzel 1926, passim, und Marcus 1926, S. 19.
20 Vgl. Loele 1925, S. 1; Wittek 1926a, S. 12 f.
21 Loele 1925, S. 11, 15.

Auf den heutigen Betrachter wirkt die Auslage eher seltsam, denn die Waren und die Schrift gehen im Raum verloren. Auch die Dekoration mit den Papierquadraten und -dreiecken wirkt amateurhaft. Das für die Zeitgenossen Bemerkenswerte wird erst im Vergleich mit anderen Abbildungen deutlich: Der zuständige Dekorateur hat hier nämlich eine für die Epoche außerordentliche Reduktion der Mittel gewagt. Diese ästhetische Entscheidung, so die dann allerdings überraschende Erklärung, trage der wirtschaftlich schlechten Lage Rechnung, in der es das »Gebot der Stunde« sei, dass

> von Massenwirkungen in Reihen und Stapeln möglichst Abstand genommen und Ersatz in dem Bestreben gesucht wird, die gleiche und womöglich die bessere Wirkung mit einfacheren Mitteln zu suchen.[22]

Abb. 2: Sieger-beitrag eines Schaufenster-wettbewerbes des Verlages *Ernst Keil's Nachfolger*. Leipzig, 1925. Aus Loele 1925, Abb. 1.

In dieser Hinsicht hob sich dies Beispiel sehr stark von den anderen Wettbewerbsbeiträgen ab, sodass der Eindruck entsteht, hier habe das wirtschaftliche und nicht, wie nominell eingefordert, das ästhetische Argument für gute Buchschaufenster den Ausschlag für die Preisvergabe gegeben.[23] Es dürften aber extreme Beispiele wie dieses gewesen sein, die dann Ende der 1920er Jahre zu einer Abkehr vom Reduktionismus führten und einen Autor im *Buchhändlergilde-Blatt* verkünden ließen: »Die Zeit, in welcher nur ganz wenige Bücher ausgestellt wurden, haben wir hinter uns.«[24]

Der oft im Rahmen von Wettbewerben geäußerten Auffassung, dass man auch aus schlechten Beispielen lernen könne, verdanken wir zudem einige der interessantesten und ausgefallensten Bildbeispiele. Besonders deutlich wurde 1926 ein Juror, der in seinem Handbuch eine Abbildung mit den 31 schlimmsten »Fehlern und Sünden« abdruckte und unterhaltsam, aber streng kommentierte.[25] (Vgl. Abb. 3).

---

22 Ebd., S. 7.
23 Vgl. die Beurteilungskriterien für den Wettbewerb bei Loele 1925, S. 10, an Einzelbeispielen ebd., S. 11 ff. (mit Abbildung).
24 Semm 1929, S. 38.
25 Vgl. dazu die sehr erhellenden und unterhaltsamen Erläuterungen in Reinecke 1926b, S. 18–22, Abb. 1.

Seine Leser warnte er vor einer »unglaublichen Gefühlsrohheit und Unfähigkeit in der Pflege der [ihnen] anvertrauten Ware«, die beim Bücherliebhaber sogar »Kummer und Herze-
leid« auslöse, keineswegs aber einen Kauf.[26] Dieser Juror, Friedrich Reinecke, hatte sich als
Verfasser des vom *Börsenverein* mehrfach aufgelegten Bandes *Das gute Buchfenster* hervor-
getan. Er konnte jedoch nicht nur mit Kritik, sondern auch mit konstruktiven Vorschlägen
aufwarten. So formulierte er beispielsweise konkrete Anweisungen für die erfolgreiche Teil-

ı. Fehler und Sünden

Abb. 3: 31 Dekorations-
»Fehler und Sünden«, um
1926. Aus Reinecke 1926b,
Abb. 2.

nahme an Schaufensterwettbewerben, um damit auf einige der drängendsten Fragen und
Probleme einzugehen, mit denen sich die Buchschaufenstergestaltung zwischen 1900 und
1939 beschäftigte.[27] Eine der Forderungen, die nachweislich vieler Fotos oft missachtet
wurde, lautete: »Bücher ausstellen und nicht Dekorationsstoffe oder gar eine Sammlung
von Vasen, Leuchtern, Blumen, Kränzen, Möbeln.«[28] Reinecke befand zudem, dass sich für
das Buchschaufenster Metallständer wenig eigneten, dagegen Regale oder mit Stoff bezoge-
ne Konstruktionen umso besser, weil sie zur Ware passten. Die Farben sollten aufeinander
und auf die Bücher selbst abgestimmt werden;[29] eine Anweisung, die in den 1920er Jahren oft mit Ostwalds Farbtheorie erläutert (und die nicht nur von Schaufenstergestaltern
in der praktischen Umsetzung ebenso häufig missverstanden) wurde.[30] Schließlich warnte
Reinecke, wie auch der oben bereits zitierte Loele, vor einer »Überfüllung des Fensters«;

---

26 Ebd., S. 21.
27 Reinecke 1926a, S. 127 ff. Zu Schaufensterwettbewer-
    ben äußerten sich zuvor auch schon Loele/Bruère 1919,
    S. 81–84.
28 Reinecke 1926a, S. 128.
29 Vgl. Vockerat 1913/14, S. 233 bzw. Abb. 1.
30 Zu Ostwald und der Bedeutung seiner Farbenlehre für die
    Schaufenstergestaltung vgl. u. a. Engelhardt 1921; Rei-

ein Kriterium, das den Fotografien nach zu urteilen fast nie Umsetzung fand. Reinecke beendete seine 25 Punkte umfassende Liste mit der in der Praxis eher wenig hilfreichen Aufforderung: »Nichts im Fenster übertreiben.«[31] Ein anderer Aspekt, den anzusprechen viele Autoren immer wieder für nötig befanden, betraf die »Selbstverständlichkeiten der Sauberhaltung und Ordnung«, denn scheinbar machten gerade sie vielen Einzelhändlern zu schaffen.[32] Die Aufforderung »Nur scharfe Photographien einsenden« verwundert bei Durchsicht selbst der zum Druck gelangten Beispiele nicht, wobei die fehlende Schärfe nicht das einzige Manko der Aufnahmen war.[33] Probleme bereiteten vor allem Spiegelungen oder auch verunglückte Bildausschnitte.[34]

Das Vordringen von wahrnehmungspsychologischen Erkenntnissen in das Gebiet der Schaufenstergestaltung erhellt aus Reineckes Forderungen: »Gute Gesamtwirkung und anziehende Wirkung auf weitere Entfernung« sowie »Schaffung eines Blickfanges«.[35] Damit war ein Konzept angesprochen, das ganz unterschiedlich interpretiert wurde, wie besonders anschaulich zwei drastische Beispiele in einer Publikation von 1926 zeigen, wo der Blickfang einmal der Tod ist, metaphorisch in einem Plakat mit drei Kreuzen dargestellt, ein andermal die Erotik, veranschaulicht in einem rücklinks dargestellten weiblichen Akt.[36] Dem Schlagwort ›Blickfang‹ lag eine relativ junge Vorstellung von der Bedeutung der Aufmerksamkeitserlangung und -bewahrung zugrunde, die im Kern auf Forschung amerikanischer und deutscher Psychologen zur Anwendung von Wahrnehmungspsychologie zurückging, wie unten ausgeführt wird. Reinecke forderte, die Details der Ausführung, also Beschriftung, Plakate, Wahl der Materialien sowie die Aufstellung der Bücher, in den Dienst dieses Blickfangs zu stellen.

Eigenarten der Ware Buch I: Form

An Reineckes Liste fällt insgesamt auf, dass sie zum einen recht unspektakulär, zum anderen gar nicht spezifisch für den Buchhandel ist. Alle diese Punkte wurden in anderen Publikationen ebenso für andere Waren geltend gemacht. Damit ergibt sich die Frage, wo denn die Besonderheit der Buchschaufenster wirklich liegt. Es gibt mindestens zwei Antworten, die ganz eng mit dem Buch selbst zusammenhängen: seine Form und sein Anspruch, zugleich Ware und kulturelles Gut zu sein. Ein Fachmann konstatierte 1919:

> Man hört oft die Behauptung, daß das Buch ein dekorativ schwer zu behandelndes Objekt sei. Das ist es nicht nur aus äußeren, sondern auch aus inneren, sich aus dem Charakter der Individualware ergebenden Gründen. Damit darf aber niemals die Möglichkeit einer vollendeten Schaufensterdekoration mit Büchern bestritten werden.[37]

necke 1926b, S. 36ff., sowie Kliemann 1937, S. 385 (mit Farbabbildung des Ostwald'schen Farbkreises) und S. 385 ff. zu den Farbharmonien und Farbverbindungen.

31 Reinecke 1926a, S. 129.

32 Beispielsweise Loele/Bruère 1919, S. 32, 87 f.; Stephani-Hahn 1926, S. 178.

33 Vgl. Loele 1925, Abb. 16 und Nakoinz 1929a, Abb. 32, wo vor dem Schaufenster die Ladenbesitzer posieren.

34 Vgl. Beuhne 1912, Abb. 61.

35 Rahmel 1917, S. 63. Ein stark psychologisierender Ansatz zu diesem Gedanken findet sich bei Nakoinz 1929a, S. 9–16.

36 Reinecke 1926b, Abb. 20 und 46.

37 Loele/Bruère 1919, S. 5. Ähnlich argumentiert Stephani-Hahn 1926, S. 178.

Dieser Herausforderung, die zugleich ein Ideal beschwört und damit eine über rein merkantile und dekorative Ansprüche hinausgehende Vorstellung formuliert, suchten sich deutsche Buchhändler, mal mit mehr, mal mit weniger Erfolg, zu stellen.

Zunächst zur Form des Buches. Es stellte und stellt den Schaufenstergestalter heute noch vor die schwierige Aufgabe, wie mit diesem flachen rechteckigen Gegenstand ein Raum angemessen und möglichst Aufmerksamkeit erregend zu füllen sei. Buchhändler hatten früh erkannt, dass sich Verlagssortimente, die ja oft eine einheitliche Gestaltung aufwiesen, besonders gut für die weitverbreitete Alternative zum Schaufenster, den Schaukasten eigneten.[38] Seine eigene flache Form und die Möglichkeit der trennenden Horizontalen bedingen, dass die Gestaltungsfreiheit nicht, wie man vielleicht überschnell schließen könnte, nicht existiert, sondern dass sie vielmehr fast völlig von dem Buchäußeren selbst abhängt. Schaukästen waren begehrte zusätzliche Werbinstrumente für Buchläden und häufig in unmittelbarer Nähe zu finden. Eine andere Sonderform der Buchauslage, die der Form des Buches ohne Schwierigkeit gerecht wird und daher ebenfalls bei allen (sich dazu schriftlich äußernden) Fachleuten besonders beliebt war, war seit dem zweiten Jahrzehnt des 20. Jahrhunderts der Buchautomat. Zu diesem Phänomen ließe sich einiges mehr sagen, doch soll hier nur der von Peter Behrens 1912 für *Reclam* entworfene genannt sein.[39] Eine zeitgenössische Besprechung würdigte die Maschine als ein Instrument zur Erhöhung der Verkaufszahlen und Erweiterung der Leserkreise. Der Autor schwärmte:

Hinter der blanken Scheibe des Gehäuses grüßen die großen Geister der Literatur und Wissenschaft, wohnen die Seelen von Menschen, die ihren Brüdern so viel von ihrem eigenen Selbst geben können, daß ihnen das Leben lebenswerter, das Dasein froher und glücklicher erscheint.[40]

Wie im Schaukasten, so war auch die Präsentation der Bücher im Buchautomat vor allem zweckdienlich und verließ sich auf das Aussehen der Bücher oder auf eingängige Titel und Autoren.

Zahlreiche Bildbeispiele legen nahe, dass als die beiden wichtigsten Werbemittel im Schaufenster der Buchumschlag und das Plakat galten. Selten waren Buchumschläge mit einem solch markanten Motiv versehen wie etwa das für das *Adress- und Exporthandbuch der Maschinen-, Metall- und Elektrotechnischen Industrie* mit einem roboterähnlichen, schematisierten Kopf. (Vgl. Abb. 4).

In den meisten Fällen hatten es Buchhändler dagegen mit Umschlägen zu tun, bei deren Gestaltung die Verleger nicht an die für das Schaufenster wichtige Fernwirkung gedacht hatten. Noch seltener vergegenwärtigten sie sich vermutlich den Anspruch, den man 1925 in den freilich in eigener Sache sprechenden *Monatsblättern für Bucheinbände und Handbindekunst* lesen konnte:

---

38 Vgl. zum Beispiel Loele/Bruère 1919, S. 17.

39 In einem 1912 in der *Allgemeinen Buchhändlerzeitung* erschienenen Artikel wird leider ohne konkretere Angaben erwähnt, dass »bereits vor einem Jahrzehnt […] der erste Versuch gemacht« wurde, Bücher aus einem Automaten zu verkaufen. Zu dem von Behrens entworfenen Automaten vgl. auch Spiekermann 1999, S. 362 f., der erwähnt,

dass *Reclam* zwischen 1912 und 1914 die beachtliche Zahl von 1.600 Automaten aufstellte.

40 S. C. 1912, S. 124. Hier auch eine lesenswerte Beschreibung der Funktionsweise. Vgl. zudem das Stichwort ›Buchautomat‹ in *Wikipedia* (wikipedia.org/wiki/Buchautomat [März 2010]). Im Internet finden sich zahlreiche Fotografien von international verwendeten Buchautomaten.

Denn da der Einband eines der wichtigsten Propagandamittel des Verlegers ist, da er die Werbekraft des Buches ungemein steigern und auch verringern kann, da er schließlich allein in der Auslage des Sortiments ein Mittel der ästhetischen Volkserziehung ist, so gewinnt die Frage, wie der Verlegereinband aussehen sollte, nicht nur für den Verleger, sondern auch in kultureller Beziehung überhaupt eine hervorragende Bedeutung.[41]

Abb. 4: Schaufenster mit auf Fernsicht angelegter Buchgestaltung, Berlin, um 1925. Aus Stephani-Hahn 1926, S. 183.

Bemerkenswert ist hier die Ernsthaftigkeit, mit der das Thema der Buchpräsentation erörtert wird; eine Ernsthaftigkeit, die eine wissenschaftliche Relevanz des Themas zu rechtfertigen scheint, auch wenn sie ihren Ursprung in einer allgemeiner ausgerichteten Kulturbewegung hatte. In den von diesem Autor angeführten Argumenten klingen die Formulierungen des *Deutschen Werkbunds* noch nach und finden eine späte Fürsprache. Die Realität indes sah in den 1920er Jahren so aus, dass nicht hehre kulturelle Ideale für den wirtschaftlich gebeutelten Buchhändler den Antrieb zur Werbung gaben, sondern ohne Zweifel die Notwendigkeit der Absatzsteigerung.

Wenige Autoren gingen jedoch so weit, wie Erhard Wittek, der Verfasser von *Das Buch als Werbemittel* (1926), der forderte:

> Jeder Sortimenter stellt Bücher mit wirkungsvollem Umschlag gern ins Fenster, viele Sortimenter stellen nur Bücher mit gutem Schutzumschlag in die Auslage. Und das Buch im Fenster wirkt meistens besser als das Plakat dafür. Ein guter Schutzumschlag ist das beste Schaufensterplakat.[42]

Oft genug war es die geringe Größe der Bücher und Umschläge, die eine Werbewirkung auf die Ferne hin unterband und die das Plakat zur wichtigsten Alternative für den werbenden Umschlag machte.

---

41   Anonym 1926, S. 16 f.   42   Wittek 1926a, S. 13. Ähnlich auch in Wittek 1926b, S. 7.

An ihren späteren Zielorten, im privaten Bereich und in Bibliotheken, werden Bücher dann in Regalen verwahrt und zeigen allein ihre Schmalseiten, die Buchrücken. Dies war, wie ein französisches Bildbeispiel belegt, auch für einen Schaufenstergestalter im 18. Jahrhundert eine akzeptable und nach der Menschentraube vor dem Fenster zu urteilen erfolgreiche Lösung.[43] Im frühen 20. Jahrhundert jedoch versuchten viele – nicht alle – Schaufenstergestalter, den architektonisch vorgegebenen, oft tiefen Schaufensterraum abwechslungsreicher und origineller zu bespielen, was nicht immer gelang, wie etwa diese Auslage um einen der großen Protagonisten des deutschen Buchschaufensters, Friedrich Schiller, belegt.

Abb. 5: Das Buchschaufenster als Bücherregal, *Richard Bong,* Leipzig, um 1919. Aus Loele/Bruère 1919, Abb. 21.

Der Dekorateur setzte hier ganz darauf, dass potenzielle Käufer sich die Mühe machen würden, die schmalen Buchrücken nach den Titeln abzusuchen und im Übrigen den Hinweis »Goldene Klassiker Bibliothek« als hinreichende Überzeugungsleistung goutieren und mit dem Erwerb honorieren würden. Mängel konnten freilich noch dramatischer ausfallen. So bemerkte 1928 ein Kritiker:

Beim Betrachten, besonders der in letzter Zeit hergestellten [Buchschaufenster], drängt sich die Vermutung auf, es seien die [...] erteilten Ratschläge nicht verstanden worden. Mit Hilfe von Kunstgegenständen, Bildern, Möbeln, Stoffdraperien wird versucht, dem Buch einen vermeintlich sehr würdigen Schauplatz zu geben. Es steht auf einer mehr oder weniger stilisierten Bühne wie einer jener unseligen Kommödianten, die ihren Pathos den Kulissen anpassen. Wir müssen eine Verniedlichung, eine Bewertung des Buches als dekorativen Hausrat über uns ergehen lassen, die

---

43 Anonym, Buchhandlung *Martinet,* Paris. Ende 18. Jahrhundert, in: Kirchner 1956, Bd. II, Abb. 632.

trotz ästhetischer Fortschritte dem Kanibalismus [sic] der meterweise angeschafften Bibliothek nicht nachsteht. In dem zu eifrigen Bemühen, die Aufmerksamkeit des Vorübergehenden zu erregen, wird das Buch Gegenstand exzentrischer Willkür.[44]

Abb. 6: Das Buch als dekorativer Hausrat, Schaufensterausstellung *Das schöne Buch,* Berlin um 1919. Aus Loele/Bruère 1919, Abb. 15.

In der Tat sind solche Gestaltungen zahlreich dokumentiert. Auch wurden Bücher vielfach behandelt wie in anderen Auslagen andere Waren, etwa Stoffe oder Papier, sodass man erst vor dem Schaufenster stehend erkennen konnte, um welche Ware es sich tatsächlich handelte. (Vgl. Abb. 6). Eigene, die Form und Funktion des Buchs herausstellende Lösungen waren wohl schwieriger zu erreichen und sind folglich seltener in der Fachliteratur zu finden.

Nach dem Ersten Weltkrieg hatte das Plakat, angeregt durch künstlerische Bemühungen aus dem Umfeld von Bauhaus, De Stijl oder Konstruktivismus, eine größere Beachtung und Wertschätzung als ästhetischer und werbepsychologischer Faktor in der modernen Großstadt erlangt. 1927 erschien eine Monographie, die sich ausschließlich dem Schaufensterplakat widmete, denn, so äußerte sich der Autor überzeugt, »die Werbewirksamkeit des modernen Schaufensters steigert sich in dem Maße, in dem die Plakatkunst Anteil daran hat«[45]. Nicht selten blieb der künstlerische Anspruch unerfüllt, dennoch galt dem Plakat forthin große Aufmerksamkeit von theoretischer wie praktischer Seite. Auch empirisch schien sich die Effektivität des Schaufensterplakats zu bestätigen, wie ein amateurpsychologisch interessierter Autor anhand von drei Diagrammen zu den mit und ohne Plakat erreichten Verkaufszahlen zu belegen suchte.[46] Leider handelte es sich bei den von ihm konstatierten Steigerungen nur um Zahlen unter fünf Exemplaren, was die Aussagekraft seines Experiments fraglich erscheinen lässt.

Plakate konnten vom Verlag geliefert werden oder vom Schaufenstergestalter selbst angefertigt sein, wozu die meisten Fachautoren rieten, da dadurch eine individuellere und

44 Schulz 1928, S. 137.
45 Langeweyde 1927, S. 86.
46 Nakoinz 1929a. Zu den Diagrammen, in denen die Ver-

kaufszahlen in Bezug zur Verwendung von Schaufensterplakaten gesetzt werden, vgl. dort die Seiten 9, 11 f.

dem Buchhandel angemessenere Lösung erreichbar sei.[47] Die beiden für Buchschaufenster
bedeutendsten Eigenschaften des Plakats waren zum einen die Möglichkeit, das Schaufenster unter ein bestimmtes Thema zu stellen, zum anderen seine Fernwirkung. »Es ist
das Bildliche, das beim Buchhändler-Schaufenster zutage treten soll«, formulierte 1917 ein
Artikel im *Buchhändlergilde-Blatt*.

Nicht nur das Bildliche im Bilde selbst, sondern in der ganzen Aufmachung des
Schaufensters. Dieser Gedanke ist so aufzufassen, daß das Schaufenster in seiner Ge-
samtheit ein farbenprächtiges Bild abgibt, wobei im einzelnen die Buch-Illustration
und der schöne Einband als Lock- und Reizmittel hervortreten können.[48]

Der andere Faktor, der für das Schaufensterplakat als Werbefaktor sprach, war, wie bereits
erwähnt, seine gegenüber dem einzelnen Buch vorteilhaftere Größe und damit seine Fernwirkung, die von Büchern auch dann nur selten erreicht wurde, wenn deren Umschläge
besonders grell waren oder eine markante Anhäufung desselben Titels oder einer Serie
gewählt wurde.[49] So blieben Stimmen wie die von Erhard Wittek Ausnahmen. Er forderte von Buchhändlern wie Verlagen: »Die Kosten, die man ständig für die Herstellung
von [Säulen-]Plakaten verwendet, verwende man lieber auf die bessere Ausgestaltung des
Schutzumschlages, eine der wichtigsten Angelegenheiten bei der Buchpropaganda.«[50] Die
Frage jedoch, ob Umschlag oder Plakat im Schaufenster die effektivere Buchwerbung sei,
blieb in den 20er Jahren umstritten, obwohl sie schließlich auch wissenschaftlich unter-
sucht wurde. Für die Gestaltung beider schien sich die Berücksichtigung psychologischer
Kriterien, nicht zuletzt die Einfühlung »in die Psyche des Betrachters«, besonders zu eig-
nen, versprach sie doch einen empirisch fundierten Ansatz in der Werbung.[51]
Die erste Studie mit wissenschaftlichem Anspruch, die die Wirksamkeit von Buchschaufenstern zu erforschen beabsichtigte, erschien bereits 1921 und zog gegen Ende des Jahrzehnts eine Reihe ähnlicher, wenn auch nie wieder so kritisch ausgewerteter Studien nach
sich:[52] Margarete Giese-Hüser publizierte ihre statistische Auswertung einer Kundenbefra-
gung des Jenaer Verlags *Eugen Diederichs* aus den Jahren 1914 bis 1915 unter dem Titel
Zur Psychologie des Bücherkaufens.[53] Es ist bemerkenswert, dass einzig diese unter allen pub-

---

47 Eine Kritik daran, dass Verlage »ganze Dekorationssätze fix
    und fertig« an Einzelhändler versandten, findet sich z.B.
    bei Schulz 1928, S.137, eine Kritik daran, dass sie dies zu
    wenig täten, bei Reinecke 1926b, S.15.
48 Rahmel 1917, S.63.
49 Bestimmte Verlagsserien boten sich aufgrund ihrer Gestal-
    tung besonders an; so etwa die Blauen Bücher vom *Verlag
    Langewiesche* (Abb.z.B. bei Loele/Bruère 1919, Abb.20;
    Nakoinz 1929a, Abb.8 und 11); »die bunten Ullstein-
    bücher« (Rahmel 1917, S.63; Abb.z.B. bei Loele/Bruère
    1919, Abb.25); die Montanus-Bücher (Abb.z.B. bei Lo-
    ele/Bruère 1919, Abb.24); die Wiking-Bücher (Abb.z.B.
    bei Loele/Bruère 1919, Abb.23), die Universal-Bibliothek
    von *Reclam* (S. C. 1912; Abb.z.B. bei Loele/Bruère 1919,
    Abb.7–10, 22); *Eugen Diederichs* (Giese-Hüser 1921, pas-
    sim). Zur Serie bzw. deren Gestaltung vgl. auch Cahn und
    Windgätter (in diesem Band).

50 Wittek 1926a, S.13 und Wittek 1926b, S.6f.
51 Semm 1929, S.39.
52 Vgl. Kliemann 1937, S.388–395 (bibliographische Anga-
    ben auf S.395), der die Umfragen zusammenfasst und
    versucht, sie insgesamt auszuwerten. Die Studie von Gie-
    se-Hüser beruft sich dabei auf die wenigsten, nämlich nur
    704, die vom *Karl-May-Verlag* zwischen 1918 und 1930
    durchgeführte dagegen mit 31.819 auf die meisten Kun-
    denantworten.
53 Vgl. Giese-Hüser 1921. Die Wissenschaftlerin ist jenseits
    dieser Publikation unbekannt. Giese-Hüser hatte die Um-
    frage nicht selbst initiiert, sondern durfte auf das ihr vom
    Verlag zur Verfügung gestellte Material zurückgreifen.
    Sie behauptete, »daß sowohl Verleger wie Sortimenter
    äußerst ungern dergleichen Untersuchungen zulassen«
    (S.341) und rechtfertigt so den großen zeitlichen Abstand
    zu der bereits 1914/15 durchgeführten Umfrage.

lizierten Studien die Buchgestaltung als Kaufreiz nannte; die Schaufensterauslage hingegen wird auch in anderen Studien genannt,[54] wenngleich nie an erster, sondern zumeist an fünfter Stelle der Liste der verkaufsrelevanten Faktoren.

Zu Beginn der 1920er Jahre war Deutschland Vorreiter auf dem damals so genannten Gebiet der Psychotechnik, der auf die Arbeitswelt angewandten Psychologie, und die deutsche Forschung hatte ein spezielles Augenmerk auf Schaufenster geworfen, die sich, so meinte man, besonders gut für empirische Studien eigneten.[55] Der entscheidende Impuls hierzu war von Hugo Münsterberg ausgegangen, der seine Ansichten bereits 1910 in »Vorlesungen über angewandte Psychologie« geäußert und 1912 in Buchform in Deutschland veröffentlicht hatte. Münsterberg forschte seit 1892 an der *Harvard University* und er prägte den Begriff »Psychotechnik«. Sein erklärtes Ziel war es, »durch exakte psychologische Methoden zu ermitteln, wie jene gesuchte Befriedigung der wirtschaftlichen Bedürfnisse am leichtesten, am schnellsten, am besten, am sichersten, am nachhaltigsten erreicht werden könne«[56]. Diesen vom Kundenstandpunkt gedachten Ansatz griffen deutsche Psychologen wie Edmund Lysinki und Walter Blumenfeld nach dem Ersten Weltkrieg auf und führten in Deutschland die ersten Experimente durch. Sie wählten dafür Schaufenster, was davon zeugt, wie sehr sich die *Werkbund*-Vorstellungen von der gesellschaftlichen Bedeutung des Schaufensters allgemein durchgesetzt hatten. Beide Studien erzielten einen unvorstellbaren Erfolg; nicht so sehr, weil ihre Erkenntnisse so bedeutsam waren, sondern vielmehr, weil sie suggerierten, die Werbung (im Schaufenster) sei wissenschaftlich steuerbar und zur Konsumsteigerung nutzbar. Begriffe wie ›Aufmerksamkeitswert‹ und ›Blickfang‹ durchzogen forthin die Fachliteratur, sei es die der Apotheker oder eben auch die zum Buchschaufenster. Jeder schreibende Laie, jeder Buchhändler machte sich die psychologisierende Diktion zu eigen; oft genug ist deutlich, dass die Autoren nicht wussten, wovon sie eigentlich sprachen.

In diesem historischen Kontext entstand die Studie von Margarete Giese-Hüser. Sie wertete statistisch die Antwortkarten von 738 durch den *Eugen Diederichs Verlag* befragten Buchkäufern nach Geschlecht, Bildungsgrad, Wohnort der Käufer sowie nach Genre und Preis des Buches aus. Der Verlag hatte erfahren wollen »welche Art von Propaganda heute noch ihren Zweck erfüllt«[57]. Konkret wurden die Käufer befragt, welches Kriterium zum Kaufentschluss geführt habe. Giese-Hüser ging in ihrer Auswertung nach den damals gängigen wissenschaftlichen Maßstäben vor, hinterfragte die Ergebnisse kritisch und suchte nach plausiblen Erklärungen für ungewöhnliche Werte. Eine von ihr selbst schon formulierte Schwäche der Studie lag in der Begrenzung auf ein Verlagsprogramm, das zumal in Bezug auf die in Frage kommenden Käufer sowie die Verlagsbuchgestaltung notwendigerweise sehr einseitig war. Eine weitere Schwäche, die sicher frappierender für die Aussagekraft der Studie war, lag darin, dass die Autorin nur Kaufmotive auswertete, die von den Käufern bewusst wahrgenommen wurden. Unbewusste Stimulantien hingegen, wie wir sie heute unterstellen, konnte die Umfrage nicht erfassen.

Giese-Hüsers Ergebnisse sind trotzdem von Interesse, geben sie doch einen Einblick in das Kaufverhalten ihrer Zeitgenossen, schließlich hatte der Kauf zum Zeitpunkt der Umfrage

---

54 Vgl. Kliemann 1937, S. 392 ff., hier eine Übersicht mehrerer Umfragen.
55 Vgl. hierzu Schleif 2004, S. 112–119.
56 Münsterberg 1912, S. 144.
57 Giese-Hüser 1921, S. 341.

bereits stattgefunden und die Antworten der Kunden gaben ihre je eigene, jedoch auch kulturell determinierte Einschätzung wieder. Und schließlich hatten sich die Kunden dieser Verlagsumfrage freiwillig unterzogen. (Vgl. Abb. 7).

In Tabelle I werden die Ergebnisse zunächst unter dem Kriterium »Kaufanreiz und Geschlecht« betrachtet. Unter dem Stichwort »Reiz« sind 19 mögliche Gründe für den Buchkauf genannt, die die Psychologin aus den vom Verlag vorgegebenen Antworten kondensiert hatte. Spitzenreiter der Kaufstimulantien ist die Rezension. Das Schaufenster (unter Punkt 5) ist dagegen in Prozentpunkten weniger als halb so effektiv, wobei auffällt, dass anscheinend Männer mehr für Schaufensterauslagen empfänglich waren als Frauen. Interessant ist nun der Blick auf die Zahlen, die für den Einfluss von »Druck und Einband« auf den Buchkauf stehen und die unter Punkt 19 als »Buchausstattung« geführt werden: Die Studie legt den Schluss nahe, die Buchgestaltung könne zum Verkaufserfolg nicht viel beitragen, denn von allen Kaufanreizen ist sie der am seltensten genannte.

Tabelle I.

Reiz	M· von 589 Pers. 931 Angaben	W von 149 Pers. 238 Angaben
1 persönliche Empfehlung	5,4	7,0
2 Empfehlung vom Freund	8,8	10,0
3 Empfehlung vom Buchhändler	5,2	7,0
4 Rezension	18,1	17,6
5 Schaufenster	8,6	5,0
6 Anzeigen	4,0	1,2
7 Sonderprospekte	9,8	5,0
8 Katalog	6,7	5,4
9 andere Werke	13,8	12,0
10 Persönlichkeit des Verfassers	1,3	1,7
11 Vortragskolleg	2,8	5,0
12 Interessen-Studium	4,7	3,3
13 Ansichtssendung	0,8	1,2
14 Zeitungsartikel	3,0	3,3
15 Zitate	2,6	3,3
16 Textproben	2,1	2,5
17 Verlagsberichte	0,8	—
18 vorherige Lektüre	0,9	2,1
19 Buchausstattung	0,3	0,8

M = Männer
W = Frauen   738 Personen.
Kaufanreiz und Geschlecht.

Abb. 7: Psychologie des Buchkaufs, Umfrageauswertung »Kaufanreiz und Geschlecht«, 1921. Aus Giese-Hüser 1921, S. 343.

In einer weiteren Aufschlüsselung (Tabelle II) untersuchte Giese-Hüser den Zusammenhang zwischen »Bildungsstufe und Bücherkaufreiz« und hier ergibt sich, dass sich nach Selbstauskunft männliche Akademiker am meisten und weibliche Nichtakademiker am wenigsten von Schaufenstern zum Buchkauf verführen ließen. Gleichzeitig sind es diese beiden Gruppen, auf die die Buchgestaltung überhaupt eine Wirkung erzielen konnte. (Vgl. Abb. 8).

Schließlich analysierte die Psychologin noch die »Kaufreiz-Verteilung auf Einzelgebieten«, also aufgeschlüsselt nach literarischen Genres. Durch Schaufenster lassen sich, so geht aus Tabelle V hervor, besonders gut naturwissenschaftliche Publikationen verkaufen, was die Autorin mit einer für diese Richtung angeblich typischen Art der Schaufenstergestaltung

Abb. 8: Psychologie des Buchkaufs, Umfrageauswertung nach literarischen Genres, 1921. Aus Giese-Hüser 1921, S. 346.

Tabelle V.
Kaufreiz-Verteilung auf Einzelgebieten.

Reiz	Belletristik	Biographie u. Briefwechs.	Religion	Philosophie	Kultur-geschichte	Pädagogik	Naturwiss.-schaft	Volks-wirtschaft	Kunst
1 persönliche Empfehlung	6,0	10,6	7,7	7,0	7,0	7,7	4,2	11,5	7,0
2 Empfehlung vom Freund	12,1	6,0	7,7	12,0	3,0	15,4	2,9	4,0	7,0
3 Empfehlung vom Buchhändler	13,5	8,0	3,8	3,5	5,0	—	7,0	4,0	—
4 Rezension	20,4	12,0	23,0	21,0	20,0	33,0	10,0	34,5	14,0
5 Schaufenster	5,0	—	4,5	1,2	9,0	—	18,0	11,5	14,0
6 Anzeigen	3,3	12,0	1,3	2,5	5,8	2,5	3,3	4,0	—
7 Sonderprospekte	9,2	12,0	14,0	9,6	11,6	7,7	5,4	4,0	18,0
8 Katalog	8,5	4,0	9,7	9,6	8,0	7,7	5,8	11,5	21,0
9 andere Werke	11,1	6,0	6,4	3,5	7,0	2,5	32,0	4,0	3,5
10 Persönlichkeit des Verfassers	1,4	2,0	0,7	1,2	0,7	2,5	0,8	—	—
11 Vortragskolleg	2,8	6,0	3,2	7,0	4,2	—	0,8	8,0	—
12 Interessen-Studium	1,1	10,6	5,8	3,5	6,3	5,0	3,7	—	3,5
13 Ansichtssendung	1,9	—	2,0	—	3,0	—	2,1	—	—
14 Zeitungsartikel	1,6	4,0	3,8	3,5	1,4	10,0	0,4	—	—
15 Zitate	1,9	—	3,8	7,0	2,1	5,0	—	—	—
16 Textproben	2,6	2,0	1,3	—	0,7	—	—	—	—
17 Verlagsberichte	1,1	—	—	—	—	—	—	—	—
18 vorherige Lektüre	1,9	—	0,7	—	2,1	—	2,1	4,0	7,0
19 Buchausstattung	1,0	—	—	—	—	—	—	—	—
Prozente von Angaben:	420	47	155	83	136	39	238	26	27

erklärt: »Die hier übliche Massenauslage muß ja suggestiv wirken.«[58] Dass auch das Kunstbuch durch das Schaufenster gut vertreten wird, überrascht nicht weiter, dagegen jedoch der schlechte Wert für Belletristik, der man doch, wie auch ein Blick auf den Faktor »Buchausstattung« bestätigt, eine besonders ansprechende äußere Gestalt zutrauen darf. Doch, so leider der untrügliche Schluss aus dieser Studie: Zwischen Buchgestalt und seinem Verkaufserfolg im Schaufenster ist kein Zusammenhang ersichtlich.

Für die konservativ und zurückhaltend gestalteten Bücher des *Eugen Diederichs Verlags* verwundert dieses Ergebnis nicht. Doch darf bezweifelt werden, dass andere, modernere Verlagssortimente ähnlich schlecht abgeschnitten hätten. Im Schaufenster fällt immer das auf, was sich aus der Masse – sei es der anderen Schaufenster, sei es der anderen Waren – abhebt. Dazu zählten, zumindest optisch, die *Diederichs*-Bücher nicht.

Die sich rasch verbreitende und anhaltende Popularität solcher Kundenumfragen in den 1920er Jahren belegt für die Buchbranche auch eine weitere, kleiner gefasste, eher dilettantisch ausgeführte Umfrage, die 1926 in der Fachzeitschrift *Der Verlag* abgedruckt wurde und Aufschluss zu geben versprach »nach welchen Grundsätzen und Zufällen das Publikum Bücher kauft«[59]. Der Autor der Studie hatte ganz unbefangen 100 Karten mit Rückporto an Bekannte versandt (und auch zurückerhalten) und diese nach ihrer Motivation beim Bücherkauf gefragt. Das Ergebnis seiner Studie gleicht dem Giese-Hüsers insofern, als auch er die Angabe erhielt, dass Rezensionen und der Bekanntheitsgrad der Autoren die beiden wichtigsten Impulse waren. Auch der Wert für das Schaufenster als ausschlaggebender Reiz, in der späteren Studie bei 5 %, ist vergleichbar den Aussagen aus der *Diederichs*-Studie. Das verkaufsrelevante Kriterium »Aufmachung«, also das Buchäußere, erreichte 1926 freilich den beeindruckenden Wert von 12 %, was einer Steigerung ums Ganze gegenüber den von der Psychologin ermittelten Werten gleichkam.

Vielen Schaufensterdekorateuren, die sich mit dem Thema auseinandersetzten, waren solche Studien jedoch zu abstrakt. Sie suchten die konkrete Anwendung der psychologischen

---

58 Ebd., S. 347.   59 Gervais 1926. So der Titel des Beitrags.

Erkenntnisse und neben dem bereits erwähnten ›Blickfang‹ lenkten sie die Aufmerksamkeit der Dekorateure auf die Blickrichtung der Passanten. War Blumenfeld in seinem Experiment zu dem Schluss gekommen, dass in der Mitte unterhalb der Augenhöhe die zu verkaufende Ware am besten platziert werden müsse, um sie möglichst vielen potenziellen Kunden vor Augen zu führen, so wussten viele Autoren bald darauf hinzuweisen, dass es noch wichtiger sei, zu berücksichtigen, »in welcher Richtung sich die größere Zahl der Vorübergehenden bewegt«, das heißt, dass das urbane Umfeld ausschlaggebend für die individuelle Schaufenstergestaltung ist.[60]

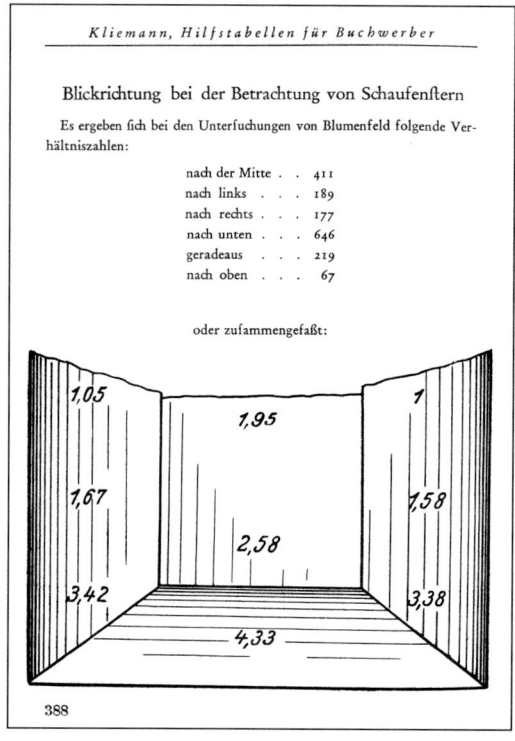

Kliemann, Hilfstabellen für Buchwerber

Blickrichtung bei der Betrachtung von Schaufenſtern

Es ergeben ſich bei den Unterſuchungen von Blumenfeld folgende Verhältniszahlen:

nach der Mitte . . 411
nach links . . . 189
nach rechts . . . 177
nach unten . . . 646
geradeaus . . . 219
nach oben . . . 67

oder zuſammengefaßt:

1,05   1,95   1
1,67   1,58
2,58
3,42   3,38
4,33

388

Abb. 9: Blickrichtung bei der Betrachtung von Schaufenstern (nach Blumenfeld). Aus Kliemann 1937, S. 388.

Dieses Schwanken zwischen einerseits möglichst umsetzbaren und andererseits allgemeingültigen Ratschlägen kennzeichnet die Schaufensterliteratur der 20er Jahre und machte sie sicher zu einem Großteil nutzlos für den Mitarbeiter einer Buchhandlung, der mit der Gestaltung der Auslagen betraut war. Letztlich galt damals wie heute, was Stephani-Hahn in ihrem Lehrbuch formulierte:

Wer einigermaßen im Reklamewesen orientiert ist, weiß, daß das laute Schreien (bildlich gemeint) nichts nutzt, wenn [...] Laut und Gebärde sich nicht [...] aus dem Geschwirr nachbarlicher Reklamepauken herausheben, wenn Laut

---

60 Zur Blickrichtung äußerten sich u.a. Loele/Bruère 1919, S. 24f.; Reinecke 1926b, S.40f.; Kliemann 1937, S.388 (bildliche Auswertung von Blumenfeld). Zitat: Semm 1929, S.38.

und Gebärde der Reklame nicht einen Ton im Vorübereilenden anschlagen, der eine Gedächtniswirkung auszuüben vermag. Wir sind im Lebenstrubel so vielen Eindrücken ausgesetzt: man denke, wie es auf einen von den Dächern herunter leuchtet und flackert, wie die Reklamebilder auf Autobussen, Geschäftswagen, elektrischen Bahnen an einem vorbeisausen, Riesenbilder der Litfaßsäulen, durchleuchtete Reklameschränke unseren Weg hemmen – es kann also nur etwas Außergewöhnliches einen Funken in uns anschlagen, der unser Interesse weckt.[61]

Die Ratgeberliteratur büßte dennoch in Deutschland nichts von ihrer Popularität ein und hielt vor allem weiter an dem Glauben fest, die Psychologie könne verbindliche und erfolgreiche Dekorationsempfehlungen aufweisen. Beispielsweise fragte 1926 ein Autor: »Wird nicht zu viel ›gefühlsmäßig‹ dekoriert?«, und schloss an diese Überlegung ein ausführliches Plädoyer für die nüchternere Anwendung psychotechnischer Erkenntnisse im Buchhandel an.[62] In seiner Diktion sowie in der Radikalität, mit der er seine Forderungen formulierte, klingt bereits an, warum sich die Psychotechnik schließlich den Nationalsozialisten geradezu aufdrängte, um ihre politischen Ziele pseudowissenschaftlich zu begründen. Da war die Rede von »Auslese nach Eignung« und von »Menschenbewirtschaftung«, Begrifflichkeiten, die aus heutiger Sicht in fataler Weise den Jargon des Holocaust vorwegnahmen. Doch die Anwendung solcher ›Kriterien‹ auf ein scheinbar so unpolitisches Feld wie den Buchhandel zeigt, wie verbreitet und akzeptiert die Vorstellungen von einer Verwissenschaftlichung der Werbung bereits in den 1920er Jahren waren und deutet voraus auf die Instrumentalisierung auch der Buchschaufenster durch die Nazis.

Eigenarten der Ware Buch II: Inhalt

Auch die zweite Eigenart der Ware Buch, ihr Inhalt, bewegte deutsche Buchhändler immer wieder zu Reflektionen darüber, was genau sie ausmache und was sie für die Schaufenstergestaltung bedeute. Anders als die Buchform und seine Aufmachung war dieser Punkt jedoch schwerer greifbar, gerade deswegen aber ideologisch leichter zu instrumentalisieren. Die Ausgangsfrage klingt zunächst unverfänglich: Ist das Buch eben doch nur eine Ware wie andere? Gerade diese Frage beschäftigte die Fachliteratur bis zum Zweiten Weltkrieg sehr und wurde von Buchhändlern natürlich heftig abgestritten. Das *Lehrbuch des Deutschen Buchhandels* definierte:

> Die Entstehung des Buches ist bestimmend für seine Wareneigenschaften. Es ist ein geistiges (also nicht greifbares, ein immaterielles) Erzeugnis, das erst dadurch, daß es in seiner äußeren Form eine greifbare Vereinigung von Papierbogen mit darauf wiedergegebenen Schriftzeichen bildet, zu einer Ware wird.[63]

Dass aber diese Verbindung von Inhalt und Form letztlich doch nicht den Kern, das Wesen des Buches, trifft, belegten dieselben Autoren mit der Feststellung:

---

61 Stephani-Hahn 1926, S. 220. Andere Autoren, die diesen Punkt betonten, waren zum Beispiel: Reinecke 1926b, S. 87; Nakoinz 1929a, S. 8; Kliemann 1937, S. 22.

62 Marcus 1926, S. 19.

63 Paschke/Rath 1912, S. 35.

Ein gutes Buch auf dem schlechtesten Papier und auf die billigste Weise gedruckt, bleibt darum noch ein gutes Buch. [...] ebensogut aber ist es möglich, daß minderwertige und anerkanntermaßen schlechte [Bücher], die dazu vielleicht noch moralisch schlechte sind, auf dem besten Papiere mit den schönsten Typen gedruckt und dazu noch kostbar gebunden werden.[64]

Weniger greifbar, daher aber auch weniger anfechtbar war die Behauptung eines anderen Lehrbuchs, das mit dem Zitat »Die geistige Kultur einer Stadt erkennt man in den Buch-Schaufenstern« auftrumpfte, dann jedoch nur die sehr vage Umschreibung bot:

Der Buchhändler muß wissen, daß er, wenn er sein Schaufenster dekoriert, dessen Raum mit einer Art Geisteswelt erfüllt, die nicht allein für sich selbst, sondern auch für seine Wesensart zeugt. Alle diese Objekte sind durch ihre Beseelung mit ihm und dem Beschauer durch geheimnisvolle Fäden verbunden. Gerade für den Buchhändler liegt eine tiefe Bedeutung in dem Satze, daß das Schaufenster das Auge des Geschäfts sei.[65]

Dieses fast hilflos wirkende Ringen nach Definition weist jedoch in die Richtung und auf die Antwort, mit der sich die meisten Autoren in der Folge begnügten, wenn sie überhaupt nach den ›inneren‹ Unterschieden des Buches von anderen Waren suchten. In einem Beitrag für das *Zentralblatt für Volksbildungswesen* war 1908 etwa zu lesen: »Die Frage nach den kulturellen Aufgaben, die eine Buchhandlung heute zu leisten hat, steht in Beziehung zu einem wesentlichsten Problem der Gegenwart: dem Verhältnis von Kapitalismus und Kultur.« Es sei Pflicht des Buchhändlers »zwischen diesen beiden Aufgaben den Ausgleich zu finden«.[66] Die zudem weitverbreitete Vorstellung vom Buchhändler als Vermittler, als »Kulturträger und -verbreiter«[67] verdankt sich der eingangs zitierten, von Karl Ernst Osthaus auf das Schaufenster ausgedehnten *Werkbund*-Vorstellung vom Händler als Kulturvermittler. Dass auch das Buch ein ganz besonderes Verhältnis zur Kultur haben müsse, ist eine vor allem in Deutschland gepflegte Vorstellung, aber in den 1920er Jahren wurde sie auf das Buchschaufenster übertragen und das machten sich die Nationalsozialisten schnell zunutze.

---

64 Ebd., S. 37. Ähnlich ein empörter Kunde des Verlags *Eugen Diederichs:* »Wie kann man ein Buch, das bestimmt ist, einem vertraut zu werden, in Pappe binden!? Ich weiß, daß es modern ist und habe z.b. im ›Kunstwart‹ Artikel zu seiner Propaganda gelesen. Aber ich hätte mir's nie gekauft, wenn mich nicht der Inhalt besonders angezogen hätte.« Zit. bei Giese-Hüser 1921, S. 349.

65 Loele/Bruère 1919, S. 12 (»ein sehr gescheiter Mann«) und 11. Auf S. 25 findet sich auch die nicht weiter ausgeführte Auffassung, »daß wir es nicht mit gewöhnlicher Ware, sondern mit beseelten Objekten zu tun haben«. Auf S. 37 heißt es dann: »Ganz allgemein ist das Schaufenster des Buchhändlers der Spiegel des geistigen Lebens der Zeit, vielleicht in höherem oder geringerem Maße auch des geistigen Lebens einer Stadt.«

66 Lissauer 1908, S. 12, 14. Ähnlich auch Loele/Bruère 1919, S. 7, wo es heißt, der Buchhändler habe sich das Bewusst-

sein zu bewahren, »im Leben seiner Nation eine wichtige Kulturaufgabe zu erfüllen [...]. Die Erhaltung einer solchen, durch die Art der Ware gegebenen Sonderstellung muß der Wall bleiben, der uns vor dem Überhandnehmen eines einseitigen und darum gefährlichen Merkantilismus bewahrt«.

67 Paschke/Rath 1912, S. 39. Noch höher hängte den Vermittleranspruch der Verlagsbuchhändler Köhler 1905, als er formulierte: »*Menschenwürde und Menschenwohlfahrt herbeizuführen und zu erhalten* ist im wesentlichen die Mission literarischen und buchgewerblichen Fleißes« (Hervorhebungen Köhler-Gera 1905, S. 1). Er sprach an gleicher Stelle auch davon, dass das Buchgewerbe »die Nährmutter geistigen Fortschritts« sei.

Die Fachpublikationen belegen, dass die deutschen Schaufensterdekorateure, vor allem wo sie organisiert waren, schon gegen Ende der 1920er Jahre auf die kulturpolitische Linie der Nazis einschwenkten und dabei einen ungewöhnlichen Enthusiasmus an den Tag legten, wie auch diese Lehrlingsarbeit zum Thema ›Geist‹ belegt:

Abb. 10: »Das Buch kämpft für Geist und Körper«, *Deutsche Buchhändler-Lehranstalt,* Leipzig, um 1937. Aus Kliemann 1937, Abb. 9.

So verwundert es nicht, wenn schließlich Joseph Goebbels, seit 1933 Reichsminister für Propaganda, bemüht wurde, das Besondere an der Ware Buch zu erklären. Das folgende Zitat war 1937 der dritten Auflage des Bestsellers *Die Werbung fürs Buch* vorangestellt: »Ein Stand, der das Buch als seine Lebensaufgabe gewählt hat, der sieht darin nicht nur eine geschäftliche, sondern weit darüber hinaus eine kulturelle Funktion.«[68] Neben dem in den 20er Jahren leichter einzugestehenden und zu formulierenden Ziel des Warenabsatzes war den Fachleuten nur noch die Kulturrhetorik geblieben und hier stand die politische Gleichschaltung unmittelbar bevor. 1937 schrieb ein den Nationalsozialisten eindeutig nahestehender Fachautor: »Der Buchhandel kämpft nicht mehr allein und ›gegen‹, sondern ›mit‹ im Rahmen einer einheitlich ausgerichteten Kulturpolitik.«[69] Frühere, im Sinne des *Deutschen Werkbunds* schreibende Autoren hatten die kulturelle Aufgabe des Einzelhandels weniger politisch als vielmehr erzieherisch aufgefasst. Wie bereits erwähnt, sollte der Händler die Passanten mit guter Warenqualität, gutem Produktdesign und nicht zuletzt mit Schaufenstern, die künstlerisch wertvoll waren, aufklären und zu gutem Geschmack und Qualitätsbewusstsein erziehen, was sich idealerweise im entsprechend aufgeklärten Kaufverhalten niederschlagen würde. Diese Haltung klammerte die Tatsache aus, dass in kapitalistischen Systemen dem Handel der Umsatz wichtiger sein muss als Kunst, Kultur oder gar Geschmack. Diese in den ersten beiden Jahrzehnten des 20. Jahrhunderts gepräg-

---

68 Kliemann 1937, S. 1–25, »Grundsätze und Grundgesetze«.
69 Ebd., S. 7. Im gleichen Lehrbuch schreibt sein Kollege Werner Dietrich von der »politischen Aufgabe des Buchhandels«: »Über die große Bedeutung und Verantwortung des Buchhandelsstandes, die darin besteht, das Wollen des Führers ins Volk zu tragen, ist bereits soviel geschrieben worden […].« Zit. nach ebd., S. 291.

te Diktion hatte sich gehalten und bestand fort, wurde aber schließlich, ebenso wie die Schaufenster selbst, von den Nazis für ihre Zwecke umgedeutet und missbraucht.

In Hitlers *Mein Kampf* findet sich dann die Pervertierung des Gedankens eines mit Kultur beauftragten Schaufensters wieder: »Theater, Kunst, Literatur, Kino, Presse, Plakat und Auslagen sind von den Erscheinungen einer verfaulenden Welt zu säubern und in den Dienst einer sittlichen Staats- und Kulturidee zu stellen.«[70] Auch die Buchschaufenster entzogen sich diesem pervertierten Kulturverständnis nicht, wie eine anlässlich der Reichstagswahlen am 29. März 1936 entstandene Auslage belegt:

Abb. 11: Ein »Führer-Schaufenster«, Firma *Sachse & Heinzelmann*, Hannover, um 1937. Aus Kliemann 1937, Abb. 10.

Die bereits zuvor in deutschen Buchschaufenstern betriebene Heldenverehrung wurde problemlos im Sinne der Nationalsozialisten adaptiert. Wo bisher Gipsbüsten von Schiller und Goethe das Vorrecht hatten, wurde seit Ende der 1920er Jahre die Hitler-Büste zum nationalen Symbol (»Deutschland dankt dem Führer«) verklärt. Hier überragt sie das bedrohlich wie eine Doppelgängerarmee in Reih und Glied aufgestellte Konterfei des Autors auf dem Umschlag einer Ausgabe von *Mein Kampf*.[71]

Ausblick

Der geschichtliche Zeitraum, den diese Betrachtung umrissen hat, bleibt einzigartig in der Geschichte der Schaufenster. Nie mehr danach wurden sie so ernsthaft als kulturelles Phänomen verstanden und behandelt. Nie mehr wurde der Gestaltung des Buchschaufensters ein höherer Stellenwert in der Vermarktung von Büchern zugeschrieben, nie mehr wurde

---

70   Hitler 1933, Bd. I, Kap. 10, S. 279.
71   Zur Haltung der Nationalsozialisten gegenüber dem Schau-   fenster vgl. auch Schleif 2004, S. 119–123 sowie Herding 1997.

sie als der Buchgestaltung überlegen angesehen. Dagegen sind heutzutage dem Buchschaufenster alle erzieherischen Ambitionen entzogen. Allein die Verkaufszahlen entscheiden über seinen Wert und Mehrwert. Doch in ästhetischer Hinsicht profitieren Buchhandlungen auch gegenwärtig noch von den Bemühungen und Leistungen der ersten vier Jahrzehnte des 20. Jahrhunderts. Auslagen werden nicht mehr vollgestopft, wenngleich der vorhandene Platz genutzt wird. Einzelne Titel werden betont, mal durch Reihung, mal durch Isolierung. Und auf plüschiges, heimeliges und bildungsbürgerliches Zubehör wird in der Regel verzichtet. Ein gewisses Niveau wird gehalten, aber es wird wohl nie wieder in jene kulturellen Höhen gehoben werden, wie sie einst der *Deutsche Werkbund* angestrebt und wie sie einige Jahre lang eine ganze Nation für möglich gehalten hatte. Die anfangs aufgeworfene Frage nach der wissenschaftlichen Relevanz von Buchschaufenstern, so stellt es sich nach diesen Überlegungen dar, ist in den ersten Jahrzehnten des vergangenen Jahrhunderts mit großem Ernst erläutert und von unterschiedlichen Seiten erörtert worden. Die Ergebnisse für den Buchhandel, für Buchgestalter und auch Psychologen waren äußerst einträglich. Schaut man dagegen auf das Fortwirken der Schaufensterdiskussionen in den Geisteswissenschaften, so muss eine fast komplette Niederlage eingestanden werden. Fast, denn eine Wiederentdeckung der Relevanz von Schaufenstern für die Geistes- oder jetzt auch Kulturwissenschaften wird nicht zuletzt durch die Aufnahme dieses Beitrags in diesen Band belegt.

Das Schaufenster ist ein modernes Phänomen, dessen Faszination mit der Moderne selbst zu Ende ging. Eine Entwicklung, die freilich nicht für die Lehren gelten muss, die aus einer ernsthaften Auseinandersetzung mit dem Thema etwa für die Kunstgeschichte gezogen werden könnten. So hat die einstige Bezauberung durchs Buchschaufenster überraschenderweise ein Protagonist der Moderne, noch dazu ein auf dem Lande weilender Künstler, am schönsten formuliert, Vincent van Gogh, der in einem Brief an seinen Bruder Theo gegen Ende des Jahres 1889 schrieb:

> [...] es liegt mir noch so sehr am Herzen, eines Tages eine Buchhandlung zu malen, mit einem Schaufenster voller Romane, gelb und rosa, am Abend, und mit schwarzen Passanten – das ist ein ausgesprochen modernes Motiv. Weil es auch bildlich gesehen ein Brennpunkt des Lichts ist. Weißt Du, das wäre ein Motiv, das zwischen einem *Ölbaumgarten* und einem *Kornfeld* gut am Platze wäre, die Saat der Bücher, der Kupferstiche. Es liegt mir sehr am Herzen, das zu machen, das wäre wie ein Licht in der Finsternis. Ja, man kann Paris auch von der schönen Seite sehen. Aber schließlich laufen einem Buchhandlungen nicht davon wie die Hasen [...].[72]

---

72 Vincent van Gogh an Theo van Gogh, Brief von Ende
  1889, in: Gogh 1985, Nr. 615, S. 340 ff.

Literatur

Anonym (1926): »Ästhetik des Bucheinbandes. Der Verlegereinband (Schluss)«. In: *Monatsblätter für Bucheinbände und Handbindekunst*, H. 6/7, Okt./Nov. 1926. Leipzig (Hübel & Denck) S. 16–24.

Behrendt, Walter Curth (1920): *Der Kampf um den Stil im Kunstgewerbe und in der Architektur*. Stuttgart (Deutsche Verlags-Anstalt).

Beuhne, Adolph (1912): *Das Schaufenster*. München (Callwey).

Daldrop, Walter (1936): *Erscheinungsformen der Reklame, ihre neugeordnete praktische Anwendung und moderne Ideengestaltung*. Ochsenfurt (Fritz & Rappert Nachf.).

Engelhardt, R. (1921): »Buchkultur und Buchreklame«. In: *Börsenblatt für den Deutschen Buchhandel*, Nr. 72, 29.3.1921, S. 389 f.

Frenzel, [Prof. Dr.] (1926): »Buchverlag und Buchpropagandisten«. In: *Der Verlag*, 2. Jg., Januar 1926, S. 4 f.

Gervais, Otto R. (1926): »Nach welchen Grundsätzen und Zufällen das Publikum Bücher kauft. Ergebnis einer Umfrage«. In: *Der Verlag*, 2. Jg., April 1926, S. 4 f.

Giese-Hüser, Margarete »Zur Psychologie des Bücherkaufens«. In: *Deutsche Psychologie*, Nr. 5/6, (1921): S. 341–352, 354.

Gogh, Vincent van (1985): *Sämtliche Briefe*. 6 Bde. Berlin (Henschel).

Herding, Klaus (1997): »Ästhetisch-politische Irrationalität. Das Beispiel eines Schaufensters aus der NS-Zeit«. In: *Ästhetische Erfahrung: Perspektiven ästhetischer Rationalität. Festschrift Gunther Otto*. Velber (Friedrich), S. 105–108.

Hitler, Adolf (1933): *Mein Kampf*. 2 Bde. in einem Bd. Erstaufl. 1925 (Bd. 1) und 1927 (Bd. 2). Leipzig (Eher).

Kirchner, Joachim (1956): *Lexikon des Buchwesens*. Hg. von Joachim Kirchner, 4 Bde. Stuttgart (Anton Hiersemann), Bd. 4.2: Bilderatlas zum Buchwesen.

Kliemann, Horst (1937): *Die Werbung fürs Buch*. 3. voll. neubearb. Aufl. Stuttgart (C. E. Poeschel).

Koehler-Gera, W[oldemar] (1905): *Das Buch im Strom des Verkehrs. Eine nationalökonomische Studie über das literarische Wertproblem als Grundlage für die Neuordnung des modernen Buchverkehrs*. Heidelberg (Carl Winter).

Langeweyde, Wolf Sluyterman van (1927): *Das Künstlerplakat im modernen Schaufenster*. Wien, Berlin, Leipzig (Barth).

Lissauer, Ernst (1908): »Über die kulturellen Aufgaben einer Buchhandlung«. In: *Zentralblatt für Volksbildungswesen*, Nr. 1/2, S. 12–15.

Loele, Kurt / Bruère, Otto (1919): *Das Bücher-Schaufenster. Mit einem Anhang: Innenauslagen und Innenausstattung, Ausstellungen*. Berlin (Oldenburg & Co.).

Loele, Kurt (1925): *Neuere deutsche Schaufensterkunst dargestellt im Zusammenhange mit einem Schaufensterwettbewerb des Verlages Ernst Keil's Nachf. (Aug. Scherl) G.m.b.H. in Leipzig*. Leipzig (Ernst Keil's Nachf. – Aug. Scherl).

Marcus, Theodor (1926): »Zur Wirtschaftslage (4. Teil). Industrielle Psychotechnik«. In: *Der Verlag*, 2. Jg., März 1926, S. 19 f.

Münsterberg, Hugo (1912): *Psychologie und Wirtschaftsleben. Ein Beitrag zur angewandten Experimental-Psychologie*. Leipzig (Barth).

Nakoinz, Clemens (1929a): *Das Schaufenster des Sortiments Buchhändlers unter besonderer Berücksichtigung des Plakates und seiner ökonomischen Verwendung*. Stuttgart (Emil Fink).

Nakoinz, Clemens (1929b): *Das Buchfenster und seine hochgradig verkaufskräftige Gestaltung.* Berlin (Reuther und Reichard).

Osthaus, Karl Ernst (1913): »Das Schaufenster«. In: *Jahrbuch des Deutschen Werkbundes 1913*, S. 59–69, Abb. S. 93–108.

Paschke, Max / Rath, Philipp (1912): *Lehrbuch des Deutschen Buchhandels.* 3. verm. und verb. Aufl., 3 Bde. Leipzig (Börsenverein der Deutschen Buchhändler).

Rahmel, Hans (1917): »Schaufenster, Zeitungsprämien und Demokratisierung des Buchhandels«. In: *Buchhändlergilde-Blatt,* Nr. 2, S. 62–65.

Reinecke, Friedrich (1926a): »Wie beteilige ich mich mit Erfolg an einem Schaufensterwettbewerb?« In: *Buchhändler-Taschenbuch,* Nr. 17, S. 127 ff.

Reinecke, Friedrich (1926b): *Das gute Buchfenster.* Leipzig (Börsenverein der Deutschen Buchhändler).

S. C. (1912): »Bücherautomaten«. In: *Allgemeine Buchhändlerzeitung,* Nr. 11, S. 123 ff.

Schleif, Nina (2004): *SchaufensterKunst. Berlin und New York.* Köln (Böhlau).

Schulz, W. M. (1928): »Buchfenster«. In: *Buchhändler-Taschenbuch,* Nr. 4, S. 136–139.

Semm, Hanns (1929): »Das Buch in der Auslage«. In: *Buchhändlergilde-Blatt,* Nr. 3, S. 37–40.

Spiekermann, Uwe (1999): *Basis der Konsumgesellschaft. Entstehung und Entwicklung des modernen Kleinhandels in Deutschland 1850–1914* (Schriftenreihe zur Zeitschrift für Unternehmensgeschichte, 3). München (C. H. Beck).

Stephani-Hahn, Elisabeth (1926): *Schaufenster Kunst. Lehrsätze und Erläuterungen.* 3. verb. Aufl. Berlin (L. Schottlaender & Co. G.m.b.H.).

Vockerat, Philipp (1913/14): »Schaufenster-Künste«. In: *Velhagen & Klasings Monatshefte,* 28. Jg., Okt. 1928, S. 231–241.

Veblen, Thorstein (1899): »The theory of the leisure class. An economic study of institutions«. In: *The collected works of Thorstein Veblen.* 10 Bde., Bd. 1. London 1994.

Wittek, Erhard (1926a): *Das Buch als Werbemittel.* Leipzig (Börsenverein der Deutschen Buchhändler).

Wittek, Erhard (1926b): »Bemerkungen zum Buchplakat«. In: *Der Verlag,* 2. Jg., Mai 1926, S. 3–7.

Zola, Emile (1883): *Paradies der Damen.* München (Winkler) 1976.

Vom Buch zu Büchern
Wissenschaftliche Verlagsserien im 19. Jahrhundert

von Michael Cahn

Die Buchgeschichte umkreist immer wieder neu dasselbe Problem: Was ist das Buch, oder neuerdings: Was war das Buch. Die bibliographische Frage, die ich in diesem Aufsatz behandeln möchte, tritt dagegen einen Schritt weiter zurück: Ist das Buch wirklich die grundlegende Einheit in der Geschichte der typographischen Produktion? Ist nicht die Konzentration auf das einzelne Buch eine Illusion, die paradoxerweise umso überzeugender erscheint, je mehr die Bücher massenhaft und in identischer Form auftreten? Demzufolge wäre die Buchgeschichte genau dann ideologisch, wenn sie sich an dem besonderen, singulären Buch orientiert, an der Erstausgabe, und von der industriellen Flut der Bücher schweigt, die uns seit dem 19. Jahrhundert umgibt. Die eigentümlichen erkenntnistheoretischen Implikationen der Bücher in ihrem massenhaften Auftreten interessieren uns im Folgenden. Genauer: Wie verändert sich der Begriff des Buches unter den Bedingungen der industriellen Buchproduktion?

Betrachten wir die traditionelle Konzentration auf die Erstausgabe in jenem größeren Feld, dann erscheint das einzelne Buch umzingelt von Heftchen und anderen Drucksachen, von Ungebundenem und Einseitigem, aber auch von mehrbändigen Werken und anderen typographischen Zusammenschlüssen wie Gesamtausgaben[1], Buchreihen oder Zeitschriften, von Wiederholungen und Serien, Nachdrucken und Umdrucken. Die Konzentration auf das einzelne Buch, vornehmlich als Erstausgabe gedacht, vollzieht eine konzeptionelle Isolierung, die das Druckwerk von seinem typographischen Revier abtrennt. Dagegen soll im Folgenden das Buch gezielt in den Kontext seiner typographischen Repetition gesetzt und im Licht der ökonomischen Rationalität der Verlegerentscheidungen betrachtet werden.

Liber oder Libri

Typographie ist ihrer Natur nach immer Repetition. Druck, schon beim zweiten Andruck, ist Nachdruck und jeder einzelne Bleibuchstabe ist eingebettet in ein umfassendes System der Repetition. Insbesondere im Zeitalter der typographischen Massenproduktion ist das Buch ein Element in einem größeren System, das immer dann verfehlt wird, wenn Bibliographen von dem Phänomen des Nachdrucks schweigen. Werden Bücher massenhaft hergestellt, dann müssen sie auch als massenhafte Quantität analysiert werden. Die Geschichte des Buches missversteht sich selbst, wenn sie nicht als eine Geschichte der Bücher im Plural durchgeführt wird. Der rhetorische Singular im Namen unserer Disziplin (›Histoire du livre‹, ›history of the book‹, ›storia del libro‹) ist mehr als eine grammatische Floskel: Sie ist vielmehr ein Erkenntnishindernis, wenn das Buch im System seiner vielfachen Exemplare betrachtet werden soll.

Doch der Widerstand gegen eine Perspektive, die den Plural der Bücher zum Ausgangspunkt nimmt, ist beträchtlich. Mit jedem neuen Exemplar tritt das Buch mit dem Ver-

---

1   Vgl. dazu Cahn 2004.

sprechen eines intimen *tête-à-tête* vor uns hin, ruft imaginierte Lektüren am Kamin und im Garten auf. Das Buch trägt in sich das Versprechen eines persönlichen Kontakts ohne Schweiß und Hetze – und die Intimität dieses Kontakts widerspricht der Perspektive auf die Vielfalt der Exemplare. Selbst das moderne Buch mit ISBN und Barcode tilgt seine industrielle Herkunft und wird für seinen Besitzer zum privaten, intimen Bezugsobjekt. Der Leser fühlt sich nicht als Eigentümer einer Ware, sondern er hat mit dem Buch einen Teil seines eigenen Lebens in die engere Familie seiner Bibliothek adoptiert. Die Macht dieser romantisierenden Dimension des Buches ist belegbar durch die Verwirrung des Buchbesitzers, die entsteht, wenn zwei Exemplare desselben Titels in seinem Regal stehen. Aber auch ein neuer Geruch, ein anderer Strich am Seitenrand, ein festerer Stil der Unterstreichung, eine unbekannte Methode der Seitenmarkierung, ein Knick im Umschlag können diese warme Beziehung plötzlich beenden und entfremden uns von unserem ›eigenen‹ Buch. Das Leihbuch mit den Stempeln der Bibliothek und den Spuren anderer Leser projiziert eine unauflösliche Fremdheit, die für manche Leser schlicht unerträglich ist, und die der Idee des Buches selbst zu widersprechen scheint.[2]

Quer zu dieser Erfahrung einer persönlichen Beziehung zum Buch als eigenes (oder fremdes) liegt eine weitere Dimension, die unseren Umgang mit Büchern bestimmt. Dem Leser erscheint jedes einzelne Buch als ein besonders schutzwürdiges Objekt. Nicht alle gehören dem Tierschutzverband an, aber alle Nachfahren Gutenbergs sind aktive Mitglieder in einem impliziten Buchschutzverein, der allen Lesern gewissermaßen ins Blut übergegangen ist. Das Buch ist eben etwas ganz anderes als das Papier, die Pappe und Tinte, aus denen es hergestellt wurde. Deshalb ist schon das Herausreißen einer einzelnen Seite oder selbst die Entfernung eines Teils einer Seite verpönt und verboten. Leseranmerkungen in Tinte gelten als Buchschändung und fallen unter ein weitverbreitetes kulturelles Tabu. Selbst die mit dem *Kindle* sozialisierten Studenten von heute reagieren entrüstet, wenn der Professor vor ihren Augen das Buch zerreißt, um die reine Materialität des Objekts zu demonstrieren und ihre vorhersehbare Empörung zu thematisieren. Die Anthropologie des Buches zeigt den Leser gefangen in einer ideologischen Negation jenes massenhaften Herstellungsprozesses, verhaftet in der Vorstellung einer besonderen Schutzwürdigkeit, obwohl doch das Buch dank seiner industriellen Machart längst zu einem Wegwerfartikel geworden ist. Selbst die besseren Exemplare geben im Impressum Rechenschaft über die beschränkte Lebensdauer ihres Papiers und dementieren damit das romantische Klischee.

Das Studium der Makulatur bietet einen interessanten Zugang zu diesem Buchschutztabu. Selbst bei Verschärfung des ökologischen Imperativs bleibt die materielle Wiederverwertung eines Buches, als ob es Altpapier wäre, mit dem schlechten Gewissen des Buchmörders behaftet. Hilaire Belloc behandelt diese systematisch verdrängte Seite des modernen Buchwesens unter dem Titel *On Remainders and Pulping* in *The Aftermath*.[3] Belloc provoziert den Leser und spielt mit der Hemmung, die industrielle Machart des modernen Buches anzuerkennen. Seine Ausführungen kulminieren in einem Index, in dem über vier

---

2   Es gibt anekdotische Hinweise darauf, dass Wolfgang Iser eine große Abneigung gegen Bücher verspürte, die Spuren anderer Leser trugen. Es wäre zu prüfen, ob diese Haltung mit dem klinischen Begriff des Textes kommuniziert, wie ihn Isers Phänomenologie des Lesens entwickelt hat. Im Gebrauchsbuchhandel ist dieser Typ des Kunden, für den Vorbesitzerspuren am Buch unerträglich scheinen, wohlbekannt und gefürchtet.

3   Belloc 1903, S. 187–194.

Seiten mehr als 80 Begriffe, unter ihnen die erhabenen Konzepte humanistischer Buchkultur (Art, Authorship, Books, Education etc.), durch ein lakonisches »see Pulping« ›erklärt‹ werden.

Die Verklärung des Buches zum intimen Besitz und seine behauptete Inkompatibilität mit dem Wertstoffkreislauf markieren einen Festungswall, gegen den sich ein Blick auf die Strukturen der Massenhaftigkeit des Drucks und ihre epistemologische Dimension erst durchsetzen muss. Die Buchgeschichte weiß seit Langem, dass nicht die gedruckte Seite ihr Gegenstand ist, sondern die Versammlung der Bögen, die das Buch ausmachen. Die folgenden Ausführungen wollen einen analogen Weg weisen, der vom einzelnen Buch zum größeren Ganzen der Verlagsproduktion führt, mit besonderer Rücksicht auf Nachdrucke und Verlagsserien.

In der Frühzeit der Buchgeschichte war die Konzentration auf die Erstausgabe noch eine vom Markt der seltenen Bücher bestätigte Tendenz. 1922 gründet A. J. A. Symons den *First Editions Club*. Wie aber verändert sich die Geschichte des Buches, wenn ihr Nordpol nicht mehr die Erstausgabe ist, sondern die Massentypographie des 19. Jahrhunderts und die mit ihr verbundenen Phänomene des Buchmarktes. Sid Huttner hat mit seinem *Lucile Project*[4] diese neuen Fragen beispielhaft aufgeworfen, die sich für die Geschichte des Nachdrucks stellen: Seine bibliographische *tour de force* beschreibt die Nachdruckgeschichte eines Textes von Meredith, der zwischen 1873 und 1937 in mehr als 2.000 verschiedenen Ausgaben bei etwa 100 Verlegern erschien. Auf diesem mühsamen Weg vom Singular zum Plural, vom Buch zu den Büchern, verändert sich eben auch die Frage nach der epistemologischen Dimension der Buchgestaltung.

Der Text als Seite im Druck

Die Buchgestaltung, traditionellerweise als visuelles Phänomen der gedruckten Seite beschrieben, findet sich durch das hier Ausgeführte in einen größeren erkenntnistheoretischen Kontext platziert. Dabei gehören die Technologien des komplexen Textes, die Anordnung von Text und Kommentar, und die Werkzeuge des Textzugangs wie Index, Schriftwahl, Seitentitel etc. bereits in das Jahrhundert vor Gutenberg. Sie lassen sich nicht vollständig mit der Erfindung des Drucks verrechnen.[5]

So hat Walter Ong in *Orality and Literacy: The Technologizing of the Word* den Raum der gedruckten Seite als ein spezifisches Paradigma der neuzeitlichen Wissenschaft beschrieben. In Anlehnung an Marshall McLuhan stellt Ong mit großem Scharfsinn den typographischen Raum der gedruckten Seite beinahe wie eine kantianische Kategorie dar und beschreibt die Wissenseffekte dieses Raums. Die Tabelle, die ramistische Klammer auf der Seite, aber auch der Index, postulieren eine Perfektion und Reinheit von Beziehungen und Strukturen, die im geometrischen Regime der Bleilettern vervollkommnet wird und die durch die numerische Fülle und Identität der typographischen Auflage ihren Platz im modernen Wissenschaftsbetrieb gefunden hat. Die Tabelle und das ramistische Klammerschema versteinern im Druck zu absoluten Beziehungskonzepten, die in der typographischen Kultur vermittelt werden und die sich durch den Umgang mit Büchern als eine zweite Natur behauptet haben. Der typographische Raum der Seite wird zu einer epistemologi-

---

4   Vgl. http://sdrc.lib.uiowa.edu/lucile/ [März 2010].   5   Ong 1982; Parkes 1991.

schen Dimension. Das Denken in Tabellen und ihre Implikation von Proportionalität und Relation oder die Analyse eines Sachverhalts nicht mit Mikroskop oder Fernrohr, sondern mit der geschweiften Klammer, wie wir sie in den Lehrbüchern des 16. und 17. Jahrhunderts finden, sind Wissenseffekte des typographischen Repertoires.

Daneben ist die gedruckte Fußnote eine wichtige typographische Struktur mit ihren eigenen erkenntnistheoretischen Implikationen.[6] Die Fußnoten konstituieren den gelehrten Diskurs nicht nur in den Konventionen der Darstellung und durch eine Markierung der Grenzen des Gebiets, sondern postulieren bereits eine absolute Gegebenheit des Bücherwissens, als ob es keine geographische Variation der Literaturversorgung gäbe, als ob die Distanz von vielen Tausend Meilen, die die *Worldcat*-Funktion ›Find a copy in a library near you‹ anzeigt, nicht bestünde, als ob Unterschiede des Budgets und der Sprachen vernachlässigt werden könnten. Fußnoten projizieren eine ideale Dimension des wissenschaftlichen Austausches, in der die Verfügbarkeit jedes Buches an jedem Ort unterstellt wird. Diskurse ohne bibliographische Adresse fallen aus dem Universum des Zitierbaren, das in den Fußnoten abgebildet wird, heraus und gehören nicht in den Rahmen der akademischen Disziplinen. Die Grenzen des Anmerkbaren sind die Grenzen der Wissenschaft selbst.

Viele Hundert Jahre Bibliothekswesen und bibliographische Standardisierung führen zu einer Formalisierung bibliographischer Beschreibungen, die heute jedes Buch und jeden Aufsatz schon vor dem Druck darauf vorbereiten, in einer Fußnote aufzutreten, reduziert auf seine wesentlichen bibliographischen Attribute. Bücher werden zu bibliographischen Angaben: CIP Datensätze und ›Please quote as‹ Anweisungen führen mit *Google Books* und *Worldcat* zu einer scheinbar globalen bibliographischen Transparenz, in der nichts mehr schwierig, selten, entfernt oder gar exotisch sein soll.

Die Effekte dieser typographischen Techniken, durch die der visuelle Raum der gedruckten Seite Beziehungskonzepte strukturiert, nennt Ong »noematisch«[7]: Das Repertoire der gedruckten Seite wird gleichsam zu einer Bedingung der Möglichkeit von Erkenntnis. Ong bezieht sich hauptsächlich auf graphische Elemente (Klammer, Tabelle), aber auch typographische Strukturen, wie etwa das System von Brotschrift und Auszeichnungsschrift, lassen sich als ›noematische‹ Effekte rekonstruieren. In seiner Beschreibung hält Ong eine Balance zwischen der Phänomenologie der gedruckten Seite und der Identität der vielen Exemplare desselben Titels. Diese doppelte Perspektive der Analyse setzt einen Standard, den die Analyse des Buches als Serienprodukt beibehalten muss.

Charles Babbage und die Stereotypie

Ein anderes Beispiel für eine solche Analyse der gedruckten Seite stellen die Experimente mit farbigem Papier dar, die Charles Babbage, der Erfinder der *Differential Engine* um 1834 durchführte. Seine *Logarithmic Tables*[8] wurden 1834 auf gelblich getöntem Papier gedruckt, aber zuvor untersuchte Babbage den Effekt von mehr als 150 Farben auf die Lesbarkeit seiner Tabellen.[9] Dabei verfolgte er eine Rationalisierung der Farben von Druck und Papier, um noch kleinere Schriftgrößen lesbar zu halten. Seine »Rules of Typographical Perspicuity« betreffen auch die Gestalt der arabischen Zahlsymbole, die Behandlung

---

6   Vgl. Cahn 1996; Grafton 1997.   8   Babbage 1834.
7   Ong 1982.   9   Babbage 1832.

von Tabellen und Trennungslinien in Tabellen, mit besonderer Rücksicht auf jene Strecke, die die Pupille beim Betrachten der Tabelle zurücklegen würde.

Solche typographische Experimentierfreudigkeit erinnert daran, dass die Konventionen der typographischen Darstellung in langwierigen Prozessen entwickelt wurden, in denen die Strukturen der Wahrnehmung, der Stand der technologischen Entwicklung, die ökonomischen Kosten der Technik und ihr soziales Kapital jeweils unterschiedliche Synthesen bilden. Es bleibt jedoch offen, ob etwa die von Babbage in Betracht gezogene Veränderung von Ober- und Unterlängen in der typographischen Gestalt der arabischen Zahlentypen wirklich eine epistemologische Dimension des Druckwesens genannt werden kann. Andererseits könnte die Reduktion der Fehlerrate beim Lesen der Ziffern durchaus dieses Attribut verdienen.

Babbage selbst weist in seinem Vorwort zu den *Logarithmic Tables* auf eine weitere Dimension der Buchgestaltung hin, die nicht auf der Seite selbst, sondern eher zwischen den Exemplaren zu verorten ist: Er spricht von der Logarithmentabelle, die in Paris beim *Bureau de Longitude* zur Verfügung steht und drückt den Wunsch aus, dass diese Rechenarbeit, »so vast a monument of industry and of science, should be rendered more perfect, as well as more indestructible, by embodying it in stereotype plates«[10]. Seine Sorge gilt der Erhaltung dieser mathematischen Arbeit und ihrer Verbreitung als Druckwerk. Aber Babbage denkt nicht nur an die typographische Dissemination dieser Information, sondern nennt das Klischee-Verfahren (»stereotype plates«) ausdrücklich beim Namen. Durch ein Klischee wird von dem typographischen Satz seitenweise ein vollständiger Abdruck genommen, der wiederum der Grundstock für ein Druckverfahren wird, in dem kein Raum mehr ist für eine Variation zwischen den einzelnen Exemplaren: ›Stereotype plates‹ verhalten sich wie ein einzelner Buchstabe, als absolut fixiertes, unveränderliches Zeichen, ohne jene Fehler, die ein Drucker später in den Satz einführen könnte. ›Stereotype printing‹ beendet die Beweglichkeit der Lettern und transformiert die Typographie in ein noch festeres, noch absoluteres Verfahren, das besonders für hohe Auflagen geeignet ist und gleichzeitig wegen seiner Unveränderbarkeit für Babbage eben auch ein höheres Maß an Kontrolle und Korrektur impliziert. Sie markiert einen höheren Grad der typographischen Festschreibung und der mathematischen Richtigkeit. Für Babbage jedenfalls steht der einfache Druck von Bleilettern bereits im Verdacht, ungenau und fehlerhaft zu sein.

Das Klischeedruckverfahren ist eine technische Variation der Typographie, die die Struktur der typographischen Arbeit im 19. Jahrhundert grundlegend berührt und die bereits von Babbage als Aspekt einer Epistemologie des gedruckten Buches vorgestellt wird. Seit 1820 werden viele Titel produziert, indem ein Abguss (Klischee) von den gesetzten Seiten in Gips oder ›papier-maché‹ genommen wird, und dann von diesem Abguss durch flüssiges Metall ein exaktes Abbild des Satzes seitenweise hergestellt wird. Die Vorteile liegen auf der Hand: Schutz der Bleilettern, welche sich sonst bei hohen Auflagen schnell verbrauchen; beschleunigte Wiederverwendung der Bleilettern zum Satz anderer Texte (reduzierte Kapitalbindung, Beschleunigung der Produktion). Auch beim Papierverbrauch lassen sich durch die Stereotypie ähnliche ökonomische Effekte erzielen: Die Möglichkeit einen Nachdruck herzustellen, ohne einen neuen Satz zu produzieren (Herstellung von mehrfachen Kli-

---

10 Babbage 1834, S. viii.

schees), geringere Kapitalbindung für Papier, weil die Auflage nach Bedarf gedruckt wird, abhängig von dem Verkaufserfolg. Auch die geographische Struktur der Buchproduktion wird durch diese Technologie berührt: Von einer gesetzten Seite kann mehrfach ein Abguss hergestellt werden und diese können an verschiedenen Maschinen oder an verschiedenen Orten gleichzeitig verwendet werden. *The Times* in London entwickelt das Verfahren seit 1850, um hohe Auflagen an verschiedenen Maschinen parallel herzustellen. In Nordamerika wird mit derselben Technik ein Verfahren entwickelt, das mit dem Ausdruck »Boiler Plate« verbunden ist. Hier versenden Vorläufer der modernen Nachrichtenagenturen an ihre Kunden Klischees aus ›papier-maché‹, die dann im Druck ›ready made‹ neben dem lokal gesetzten editorischen Teil erscheinen.[11]

Buchgestaltung zwischen den Büchern

Diese punktuellen Ausführungen sollen einen ersten Hintergrund für meine These bieten. Sie lautet: Die Gestaltung des Buches erweist sich als Gestaltung von Büchern. Buchgestaltung kommt niemals allein. Wo ein Buch Form annimmt, da gibt es bald auch ein zweites Buch, das anders angezogen daherkommt und mit dem ersten ein Gespräch oder einen Streit anfängt. So wie die Literaturwissenschaft unter dem Stichwort ›Intertextualität‹ die Strukturen eines literarischen Dialogs entwickelt hat, so ist die publizistische Produktion immer eingebettet in ein Feld von Alternativen und Vorgängern, sodass die Herstellungsart des einzelnen Buches sich erst im Kontext der verlegerischen Entscheidungen in seinem Umfeld erschließt.

Das vereinzelte Buch als Zentrum der Analyse ist eine unzulässige Isolierung, die das breite Spektrum der typographischen Landschaft vergessen macht, in dem der Titel auftritt und seinen Platz sucht. Diese Isolierung blendet das Gespräch aus, durch das die Gestaltung dieses Bandes oder jener Serie sich mit anderen anlegt und Konkurrenten zu überbieten sucht – und doch ermutigt uns die romantisierende Beziehung zum Gedruckten immer wieder, genau diesen Kontext zu vergessen, präsentiert es als reinen Inhalt, und vertuscht den impliziten Dialog über Äußerlichkeiten, in dem das Buch seine Gestalt annahm. Für die Buchgeschichte führt die Analyse eines Buches nicht über die Rekonstruktion von Leseerfahrungen, nicht über eine Auseinandersetzung mit den literarischen Formen des Textes, sondern über die vielfältigen publizistischen Entscheidungen, die in seine Produktion eingegangen sind. Erst eine historische Rhetorik der Buchgestaltung, deren Basis auf exemplarische Weise in Huttners Bibliographie von 4.000 unterschiedlichen Ausgaben desselben Titels *(Lucile)* gelegt wurde, lässt das Buch als Buch verständlich werden. Ohne seine bibliographische Entdeckungsreise in diesen Kontinent namens *Lucile* ist keine seiner 4.000 Ausgaben zu verstehen und nach ihrem Vorbild wäre jedes Buch als publizistisches Ereignis zu analysieren, in dem nicht die Textvarianten, sondern die Einbandvarianten ausschlaggebend sind. Während Philologie und Hermeneutik sich gerade in ihren theologischen Wurzeln aus dem Vergleich von Texten entwickelt haben, wird der Plural der Ausgaben zur Basis einer materialistischen Rekonstruktion der Buchwissenschaft als Medienwissenschaft, die den Weg vom Buch zu den Büchern weist.

---

11 Vgl. Kubler 1941, S. 84.

Die Singularisierung der Büchergeschichte zur Buchgeschichte erscheint aus dieser Perspektive als eine gezielte Irreführung. Sie ist selbst ein Produkt der typographischen Massenproduktion, in der sich noch der nummerierte Band einer Verlagsserie als singuläres Objekt dem Leser anbietet, als vorgestellte Direktverbindung zum Bewusstsein des Autors. Erst wenn wir über den Rand der Seite blicken und erst wenn wir registrieren, in welcher Rubrik der Titel im Verlagsprogramm geführt wurde, erst wenn wir sehen, wie er in der Verlagsreklame beworben wurde, erst wenn wir die Alternativen seiner Formate und Einbandvarianten vor uns haben, erst dann können wir anfangen, das Buch als Produkt und Ware im Markt zu verstehen. Die Buchgeschichte soll damit nicht der Wirtschaftsgeschichte überschrieben werden, denn diese kann weder die Transformation der Ware Buch in Kultur konzeptualisieren, noch die psychologischen Investitionen der Buchbesitzer beschreiben. Der Markt der Bedeutungen, in dem Bücher gehandelt und behandelt werden, kann nur deutlich werden auf dem Hintergrund des Buchhandels und des Verlagswesens. Die Fixierung auf das einzelne Buch und seinen Text ist eine Idealisierung, die diesen publizistischen Kontext vergessen macht und die eine bestimmte Klasse von typographischen Produkten als ›Werke‹ hervorhebt und von ihrem Ort im Markt der Bücher entfernt. Gegen diese Tendenz, die in der Kultur der Erstausgabe ihren populären und persistenten Ausdruck findet, werde ich im Folgenden versuchen, das Meer der massenhaft produzierten Druckwaren in Hinsicht auf seine erkenntnistheoretischen Strukturen darzustellen.

Mit der Fixierung auf das einzelne Buch folgte der Buchhistoriker einer heroisierenden Rhetorik des Mediums, in der sich das Buch wie ein lebendiges Gegenüber dem Leser anbietet. Diese Sichtweise des Buches ist selbst eine kommerzielle Strategie. Wenn wir also das Buch zurückführen in den Kontext verlegerischer Entscheidungen, müssen wir uns auch von den gängigen Idealisierungen typographischer Produktion verabschieden. Vor jeglicher Frage nach der Bedeutung des Textes, nach der Intention des Autors oder seiner Effekte beim Leser tritt als Ausgangspunkt die grundlegende strukturale Frage, was es bedeutet, wenn *ein* Autor mehr als ein Buch schreibt, wenn *ein* Verleger *viele* Bücher produziert, wenn zu *einer* Serie *viele* Titel gehören und wenn von *einem* Titel *viele* Ausgaben veranstaltet werden. Autor, Titel, Verleger, Serie und Ausgabe erscheinen dabei in einem komplexen Beziehungsdiagramm, dessen Bedeutung sich erschließt, wenn wir uns eine Buchlandschaft vorstellen, in der jeder Verleger nur ein Buch herausgeben würde, jeder Autor nur für ein Buch den Text liefern würde oder jeder Titel nur einmal gedruckt erschiene. Dabei ist es genau diese kontrafaktische Imagination, die das Buch aus seinen Serien herausnimmt und es in jeder Hinsicht als Unikat betrachtet, die die implizite Basis der traditionellen Buchanalyse umschreibt. Die für diese Analyse paradigmatische Erstausgabe erfüllt genau diese Leistung, dass sie den Blick von der wirklichen Buchwelt und ihren vielfältigen *One-to-Many* Relationen in die Sphäre serienloser (oder seriengründender) Unikate richtet.
Die zunehmende Beschleunigung der Typographie im 19. und 20. Jahrhundert ist nicht nur ein Ergebnis der industriellen Papierherstellung oder der Dampfdruckerei und ihren technischen Veränderungen. Sie ist auch ein Ergebnis der konzentrierten ökonomischen Struktur des Verlagswesens, wo ein Verleger immer noch ein weiteres Buch in sein Programm aufnehmen kann und in dem der Autor über die modernen Buchwerkzeuge verfügt (Bibliographie, Bibliothek, Buchhandel), die es ihm erlauben, immer noch ein weiteres Buch zu verfassen. Gleichzeitig muss die Anzahl der Verleger berücksichtigt werden, denn eine Reduktion der Verlagsanzahl bei gleichzeitigem Produktionsanstieg hat direkte Aus-

wirkungen für den einzelnen Titel. Je mehr Titel ein Verleger produziert, desto geringer das Gewicht, das jedem einzelnen in Hinsicht auf den Charakter des Verlagsprogramms zukommen kann.

Uns interessieren im Folgenden besonders die internen Differenzierungen im Feld der typographischen Produktion, durch die wiederum Wissensansprüche im Markt vorgetragen werden. Dabei fanden wir bereits die Idealisierung des Buches zum singulären, fast sakralen Objekt kompensatorisch-paradox verbunden mit der faktischen Banalisierung des Buches als Massenkonsumartikel. Die typographische Produktion des 19. Jahrhunderts geht hier Hand in Hand mit den internen Elitenbildungsstrategien innerhalb der Buchproduktion. Je größer die Zahl der Bücher, desto wichtiger wird es, sich von dem Meer der Titel abzuheben und besonderen Status, Anspruch und Gewicht zu reklamieren. Der Verlag selber, sein Name ebenso wie die mit ihm assoziierten Autoren und Titel, aber auch die Struktur der Serien wird dabei zu einem Ausweis der Produktqualität. Die Autoren des 19. Jahrhunderts haben, wie heute noch, ein genaues Sensorium für das Renommee und die Bedeutung eines jeden Verlegers. Der Verlagsname wiederholt sich auf jeder Titelseite und diese Iteration bereichert eine Phänomenologie des Buches, für die die Serienhaftigkeit der Buchproduktion grundlegend ist. Damit ist auch eine Perspektive angedeutet, die eine wahrnehmungspsychologisch formulierte Rezeptionstheorie erweitern kann, indem sie die äußerliche Begegnung mit dem Buch berücksichtigt. Dazu gehört das weite Feld der Verlagsreklame, die aus der Buchgestaltung hervorgeht, besonders im Kontext der Geschichte der Markenbildung und der Industrialisierung der Konsumgesellschaft.[12] Die Einheitlichkeit der Buchproduktion in Serien reicht bis in die gestalterische Konsistenz der Verlagsanzeigen, die selbst als eine Form der Serienproduktion auftreten.

Die Landschaft der industriellen Buchproduktion im 19. Jahrhundert zeigt vielerlei Differenzierungen: Format, Einband, Erscheinungsfrequenz, Märkte, Preise, Namen. Speziell in England und in den USA sehen wir eine ökonomische Konzentration auf der Verlegerseite, die ihrer Anzahl nach abnehmen und zugleich ihrem Programm nach immer größer werden. Diese Tendenz zur Monopolisierung geht einher mit einer internen Differenzierung der jeweiligen Verlagsprogramme, die in Serien zerfallen oder heute als ›Imprints‹ ausdifferenziert werden. Serien entstanden und bestehen weiterhin, weil sie einerseits die Strukturierung eines umfangreichen und unübersichtlichen Verlagsprogramms erlauben und gleichzeitig dem Käufer die Vereinfachung (und den neuen Reiz) der Serienanschaffung bieten. Ihrer Struktur nach gleicht die Tätigkeit des Verleger einem Abenteurer oder einem Spieler, der sein Kapital riskiert: Als Konsistenzstrategie ist die Serie deshalb ein Instrument zur Reduktion des verlergerischen Risikos, durch das das publizistische Abenteuer beherrschbar gemacht wird.

»Sustained Literary Ventures«[13]

Bibliographisches Sumpfgebiet
Die traditionellen Parameter des gedruckten Buches sind Autor, Titel, Verlagsort, Verleger und Jahr. Im Laufe des 19. Jahrhunderts tritt mit der Verlagsserie eine neue Dimension

---

12 Vgl. Strasser 1989.   13 Vgl. Howsam 1992.

hinzu. Diese Serien zeichnen sich durch jeweils eigene Herausgeber, Ertragsrechnungen und Märkte, aber auch ihre eigenen Vertriebsstrategien aus. Dabei kann ein Titel beim selben Verleger in unterschiedlichen Serien erscheinen, wobei der Unterschied im Einzelfall nur am Einband abzulesen ist. In der Tat eröffnet die Serie ein weites Feld bibliographischer Unsicherheiten, die sich nicht leicht aus dem Weg räumen lassen: Bibliographien, die Serien durch den Nachweis aller in ihnen erschienenen Titel nachweisen wollen, bleiben regelmäßig traurige Ruinen und bis heute gibt es keine bibliographische Normalisierung historischer Serientitel.[14] Ein Grund für diese Unsicherheit liegt darin, dass die Angabe der Serie nicht immer auf dem Titelblatt erscheint, sondern erst am Einband, auf dem Schutzumschlag, auf dem Buchrücken oder an der allgemeinen Gestaltung des Buches abzulesen ist. Was aber nicht auf dem Titelblatt buchstabiert ist, bleibt erstmal bibliographisch draußen. Zudem haben Bibliographen und die Katalogisierungsregeln der Bibliotheken die Serie in erster Linie als eine rein kommerzielle Dimension betrachtet. Die enge Verbindung von Nachdruckerei und Serienbildung ermutigte deshalb zu einer Vernachlässigung auf breiter Front, so dass auf diesem Gebiet bis heute eine große Datenunsicherheit besteht. Allerdings stellen die modernen bibliographischen Datenbanken inzwischen einige Werkzeuge zur Verfügung, um hier Fortschritte zu erreichen.

Einheitlichkeit

Die bibliographische Unsicherheit in der Beschreibung der Serie geht einher mit einem großen Reichtum auf der phänomenologischen Ebene. Wenn Bücher sich in einer äußerlichen Einheitlichkeit präsentieren, die über die Wiederverwendung der Verlegermarke hinausgeht, wenn nicht jedes Buch anders aussieht, sondern eine Reihe von Büchern bewusst das gleiche Kleid tragen, dann lassen sich damit wichtige Einstellungen und Zugangsweisen korrelieren, die den Umgang des Käufers, des Lesers und des erkennenden Subjekts mit dem Buch beschreiben. Zu berücksichtigen sind hier Zutrauen, Erkennbarkeit, Wiedererkennung, Bekanntschaft, eine positive Reduktion von Komplexität in einem stets unübersichtlichen Buchangebot und die ganz neue Herausforderung des Käufers, der die Serie ins Zentrum seiner Kaufentscheidungen rückt. Dabei ist die publizistische Serie nicht ein Fortsetzungswerk wie eine mathematische Serie, in der ein fehlendes Glied den Wert der Reihe beeinträchtigt oder zerstört, sondern sie gleicht eher einem Haufen, in dem die Reihenfolge meist keine Rolle spielt und Vollständigkeit nur im Einzelfall in Betracht kommt.

So ebnet die Einheitlichkeit der Serie den Weg des Buches vom Buchhandel ins Wohnzimmer und in die Bibliothek, weil sie dem Kunden sowohl den Trost des Bekannten, als auch die Aussicht auf eine räumliche Konsistenz in seinem Bücherregal bietet. ›Books do furnish a room‹, sagt der Volksmund auf Englisch, und diese Arbeit im Wohnzimmer leisten sie besonders effektiv als vielbändige Werkausgabe oder optisch einheitliche Serie. Solche Einheitlichkeit ist besonders wichtig wenn Verleger im 19. Jahrhundert überregionale Märkte eröffnen und Kunden gewinnen, für die privater Buchbesitz ein Novum darstellt. Über die *Library of Choice Reading* etwa schreibt ein unbekannter Rezensent 1847:

This series is now a library in itself, and contains several years of good reading in it –
to say nothing of what is announced as yet to come. It is reading, too, adapted to all

---

14 Vgl. *Books in Series* 1982.

seasons, and to a great variety of cultivated tastes. The form of the numbers is such that they may be conveniently carried in the pocket, to annihilate time when one is also annihilating space in a rail car or steamboat, to add to the felicity of a summer sojourn in the country, or to enliven the comfort of the winter fireside.[15]

Jene äußerliche Einheitlichkeit, die erst der ›Verlegereinband‹ gewährleistet, erleichtert die Kaufentscheidung und bietet Berechenbarkeit sowie Erwartungserfüllung. Die Einheitlichkeit der Serie ersetzt die literarische Bildung und Kultur für jene Buchkäufer, die zu dieser Kultur erst noch den Zugang suchen. Ohne diese konsistente Gestaltung kann es eine Serie eigentlich nicht geben. Ohne die industrielle Buchschwemme, die den Buchmarkt unübersichtlich werden lässt und die Bücher an neue Kunden heranführte, die von einer kulturellen Sozialisation bisher ausgeschlossen waren, bestand kein Bedarf für die Serie. Für diese neuen Käuferschichten strukturiert die Serie eine Kaufentscheidung, die an der Periodizität der Zeitschrift geschult ist und die die repräsentative Einheitlichkeit des Buchregals im Auge behält. Was dem zumeist kleinformatigen Serientitel an vertikalem Format fehlt, das versucht die Serie durch laterale Ausdehnung zu kompensieren. Die Einheitlichkeit der Serie auf dem Buchregal intendiert damit dasselbe Großbuchterrain, das traditionell im Folioformat oder in der Gesamtausgabe ausgedrückt wurde.

Schließlich findet sich die bibliographische Zweitadresse der Serie so weit verbreitet, dass Einzeltitel Serien fingieren, weil ein Buch ohne den Schutz einer Serienadresse nackt und ungeschützt scheint.[16] Andere Verleger markieren einige ihrer Titel als ›Fuori Collana‹ und nähern sich damit dem paradoxen Phänomen einer Serie jener Titel, die nicht Teil einer Serie sind. Aus dem akademischen Betrieb kennen wir auch die Markierung einer Unterbrechung der Serialität, tatsächlich oder vorgetäuscht, wenn eine nummerierte Serie auf 1 zurückgesetzt wird und als ›Neue Serie‹, ›New Series‹, dem Leser Umbruch und Aktualität andeuten soll. Die unterschiedliche Veraltungsgeschwindigkeit der Serie, ablesbar an dem Rhythmus mit dem die Gestaltung der Serie aktualisiert wird, unterstreicht einen Widerspruch zwischen Tradition und Erneuerung, zwischen dem Bedürfnis nach Wiedererkennen und Aktualität.

Besonders für die neuen Käuferschichten des 19. Jahrhunderts ist nicht nur die äußerliche Einheitlichkeit maßgeblich, sondern auch die absolute Vorhersehbarkeit des Preises. Genau deshalb finden wir immer wieder den Preis in den Namen der Serie eingeschrieben:

> »Arrowsmith's Three Shilling 6 Pence Series«, »Low's Half Crown Novels«, »Low's 2 Shilling Series«, »Macmillan's Sixpenny Series«, »Macmillan's Two Shilling Library«, »Nimmo's New Ninepenny Books«, »Newnes Sixpenny Books«, »Routledge Six Shilling Novels« etc.[17]

---

15 Anon 1847, S. 239.

16 An den Rändern der Verlagsserie wären folgende Pseudoserien zu unterscheiden: Die fiktive Verlagsserie, die nur in einem einzigen Titel nachzuweisen ist und die ohne Intention der Fortsetzung erfunden wurde; die Einbuchserie, bei der es aus unterschiedlichen Gründen (›habent sua fata‹) nicht zu einer Fortsetzung der Serie kam; die fälschliche Seriendeklaration, in der ein unabhängig erschienener Titel nachträglich und ohne eine entsprechende Titelseite in einem späteren Verlagsprospekt einer Serie zugeschlagen wird; und schließlich die falsche Serie, in der Titel von ganz unterschiedlichem Äußeren (Format, Einband) auf dem Titelblatt nominell einer Serie zugeteilt werden.

17 *The English Catalogue of Books* 1901, S. 212 ff.

Durch den verlegerischen Akt der Einreihung eines Titels in eine Serie oder die Akquisition bzw. die Übersetzung eines Titels für eine Serie schafft sich der Verleger zugleich seinen eigenen Platz auf der großen Bühne des Buchwesens, auf der Berühmtheit und Ehre aufgeführt werden. Auf dieser Bühne sind besonders seit dem 18. Jahrhundert in erster Linie die Autoren aufgetreten und führten dort ihre Metamorphose zum Inbegriff einer öffentlichen Persönlichkeit auf. Allerdings hatte schon Aldus Manutius in seiner Verlagsproduktion durch Typographie und Format eine Einheitlichkeit hergestellt, die mit seinem eigenen Namen verbunden wurde,[18] und er kann damit als frühes Beispiel für den Verleger gelten, der sich durch die einheitliche Äußerlichkeit seiner Produktion ein eigenes und ganz originales Profil schaffte, dessen Imitation als ›Contrefacon‹ diskreditiert werden konnte. Dabei wäre es ein historiographischer Fehlschluss, dem Verleger persönliche Geltungssucht als Motiv für solche Mitfahrgelegenheiten zum literarischen Ruhm zu unterstellen. Für den besten Verleger ist immer Umsatz und Einkommen das Motiv seiner Handlung. Die Einheitlichkeit der Produktion, mit der er sich und seinem Haus einen Namen gemacht hat, ist in erster Linie als erfolgreiches Marketing zu rekonstruieren, nicht als persönliche Eitelkeit. *Suhrkamps* konsistenzbildende Serientätigkeit seit 1963 (vor allem die *edition suhrkamp*)[19] ist deshalb durchaus vergleichbar mit den Strategien des Aldus Manutius.

Die historische Pointe der Formation der Serie auf der Basis des Verlegereinbandes im 19. Jahrhundert ist, dass Pickering's *Diamond Classics* (seit 1820), die als der Anfang des modernen Verlegereinbands gelten, zugleich als ein Serieneinband funktionieren: Verlegereinband und Serieneinband entstehen dadurch gleichzeitig, mit demselben Titel: Der erste Verlegereinband ist ein Serieneinband. Dabei bahnt das Miniaturformat dieser Serie (48°) den Weg für die Investition in den Einbandstoff, da die geringe Buchgröße die Materialkosten niedrig hält.

Beschleunigung und Konzentration

In der Mitte des 19. Jahrhunderts sehen wir eine industrielle Beschleunigung der Buchproduktion.[20] Neue Produktionsweisen, Vertriebswege und Konsumgelegenheiten entstehen. *Railway Novels, Sunday School Books* und nicht zuletzt die Entdeckung der Schulen und Schulbezirke als Buchverbraucher führen zu einem rasanten Wachstum der Produktion. Im Markt entstehen Konzentrationen, die zu einer reduzierten Anzahl der Verleger und der Verlagsorte führen. Der einzelne Verlag deckt ein immer größeres thematisches Spektrum ab und publiziert eine zunehmend unübersichtliche Menge von Titeln. Die Titel des britischen Verlagshauses *Macmillan* werden 1891 mit einem nachgebundenen Katalog von 54 Seiten plus vier Seiten Nachtrag ausgeliefert. Henry George Bohns *Standard Library* hat bereits früh die gefärbten Vorsatzpapiere seiner Bände als Reklamefläche benutzt. Sein Katalog erreicht 22 Seiten im Jahre 1888; zehn Jahr später[21] sind es 48 Seiten. *Williams & Norgate* (1881) halten mit 40 Seiten gut mit und belegen, wie das nachgebunde Prospekt mit dem Buch selber in eine Konkurrenz um Aufmerksamkeit des Lesers eintritt, und wie sehr jeder einzelne Titel so gestaltet wird, dass er zum Sprungbrett für die Anschaffung weiterer Titel vom selben Verlag oder in derselben Serie wird. Der Pfad, der vom einzelnen Buch über das beigebundene Prospekt zum nächsten Buch führt, ist ein weiterer

---

18 Vgl. Lowry 1979. Seine kleinformatigen Bände sind durch Format und Typographie ein Beispiel für Serien vor dem Verlegereinband.

19 Vgl. Windgätter (in diesem Band), S. 10 ff.

20 Vgl. Biesalski (in diesem Band), S. 53 ff.

21 *George Bell & Sons* 1898.

Beleg für die Notwendigkeit, die singularisierende Perspektive der Buchgeschichte zu einer Büchergeschichte zu erweitern. Ein spätes Beispiel (1940) für die schiere Unübersichtlichkeit der Produktion eines einzelnen Verlagshauses ist die auf dem Umschlag der *Penguins* abgedruckte Versicherung, dass die Verfügbarkeit ihrer Titel so rasch wechselt, dass vom Abdruck einer Liste der lieferbaren Titel auf dem Umschlag abgesehen werden muss. Der Leser wird stattdessen aufgefordert, den neusten Katalog postalisch anzufordern. Unter den Bedingungen der Kriegswirtschaft gerät hier die Dauerhaftigkeit des einzelnen Titels als Werbeträger in Widerspruch mit der sich rapid verändernden Lieferbarkeit der Titel, die im beigehefteten Verlagskatalog angezeigt wurden.

Der Wandel in der *One to Many* Struktur im Verhältnis zwischen den vielen Autoren und den wenigen Verlegern ist ein struktureller Grund für die Entstehung von Serien, die die ausufernde Produktion des Verlegers in Territorien zerlegen, denen jeweils ein anderer Teilmarkt entspricht. Serien treten auf, wenn zu wenige Verleger zu viele Titel produzieren. Aber die Serienstruktur allein reicht nicht aus, um die Menge der Titel in eine Ordnung zu bringen. Deshalb versuchen Verlagsanzeigen auf unterschiedliche Art ihre Serien selbst zu organisieren, wobei dann etwa das Alphabet der Autoren zu einer Alphabetisierung der Serientitel erweitert wird; exemplarisch der Zwischentitel von *Williams & Norgate* (1891) »A Complete List of Libraries and Series in Alphabetical Order«[22]. Hier hat die Serie selbst ihre Grenze als Ordnungsmittel erreicht und die Alphabetisierung wird nun als übergeordnetes Organisationsprinzip eingesetzt.

Wenn freilich ein Serientitel etabliert ist und möglicherweise ein Herausgeber beauftragt wurde, dann erreicht die Buchproduktion in Serien eine neue Stufe: Mit einer Vorgabe von zehn, zwölf, 20 neuen Titeln im Jahr wird der Verleger zu einer Lokomotive der typographischen Produktion. Was für *Faber* aus dem Jahre 1939 überliefert ist, war bereits 50 Jahre früher wahr: »We don't believe in waiting for books to come to us. If necessary we invent them.«[23] Neue Titel werden produziert, weil ein unersättlicher Markt für sie entstanden ist. Jeder Tag verlangt seine Zeitung, jede Woche ihr Journal und jeder Monat vier neue Buchtitel. Die romantische Vorstellung vom Verleger als Abenteurer, der gelegentlich ein interessantes Manuskript findet, weicht einem hoch entwickelten Apparat von Auftragsarbeiten, Umarbeitungen, Übernahmen, Zusammenstellungen, Adaptationen, Übersetzungen, Reprints etc., der seinen eigenen ökonomischen Gesetzen folgt und die Verlagsproduktion immer mehr der Produktion von Zeitschriften annähert. Zwar werden Bücher immer noch einzeln verkauft, aber es gibt Hinweise im System des Buchhandels, dass sie im Dutzend vertrieben werden: Im Katalog für Kinderliteratur christlichen Inhalts werden die Titel in Einheiten von zwölf oder 60 Exemplaren »in a box« angeboten, die *Home University Library* erscheint in Zehnereinheiten, und die erste Auslieferung der *edition suhrkamp* wird durch ein Paket von 20 Bänden inszeniert.

Diese Buchzusammenschlüsse in Serien, aber auch der Vertrieb von mehrfachen Exemplaren, bedarf genauer Analyse. Das einzelne, isolierte Buch wird in dieser rasenden Landschaft der Dampfdruckerei zunehmend insignifikant. Vor dem Horizont der Serienproduktion mutiert das Einzelbuch zur Fiktion, ein ideologischer Ausdruck selbst dort noch, wo es wirklich realisiert wird: etwa bei William Morris und seiner *Kelmscott Press,* die bewusst eine Position gegen die industrialisierte Buchproduktion eingenommen hat.

---

22 *Williams and Norgate* 1891, S. 31.   23 Holman 2008, S. 6.

Betrachten wir also das massenhaft produzierte Buch unter einem epistemologischen Ge-
sichtspunkt. Mit der Serie bewegt sich der Verleger aus der Rolle des publizistischen Aben-
teurers heraus und präsentiert der Öffentlichkeit ein eigenes Profil, einen erkennbaren
Charakter, eine nicht-persönliche Individualität. Diese Kolorierung der Verlagstätigkeit
beginnt bereits mit den historischen Firmenmarken und Handwerkerzeichen, die in den
ersten Jahrhunderten des Buchdrucks einen festen Platz auf den Titelseiten einnehmen.[24]
Diese Semiotik des Verlegers möchte ich mit einem Hinweis über Ort und Name des
Verlags anreichern, weil sich bereits auf dieser einfachsten bibliographischen Ebene Spuren
jener Stilisierung des Verlegers finden, die in der Serie kulminiert.

Exkurs über Orte und Namen

Ein wichtiger Ausweis des Buches ist der Ort seiner Publikation.[25] Die traditionelle Buchgeschichte wird deshalb über große Strecken als Lokalgeschichte durchgeführt, in der die
Prototypographen jeweils die Rolle des Helden spielen. In Großbritannien sind London
und Edinburgh die wichtigsten Orte der Buchproduktion. Daneben gibt es provinzielle
Produzenten, die einen lokalen Markt mit billigen Ausgaben versorgen bzw. weit vom
Zentrum der Macht entfernt illegale, revolutionäre oder pornographische Drucksachen
herstellen. Der Verlagsort jedoch besitzt seine eigene Rhetorik und geht über eine natu-
ralistische, bloß topographische Bestimmung hinaus. Der Katalog von *Bell & Co.* spielt
genau diese rhetorische Karte, indem er seinen Ort als ›London, New York und Cambridge‹ bestimmt: Wir lesen dabei New York als ökonomisch und juristisch begründet,
weil dadurch das *Copyright* für den amerikanischen Markt abgesichert werden kann und
wir verstehen Cambridge als Element eines Wahrheitsanspruchs für das Gedruckte, weil
durch die Niederlassung am Ort der akademischen Elite nicht nur der Vertrieb an ein
akademisches Klientel gesichert werden kann, sondern dem Verlag selbst ein akademischer
Status zugeschrieben wird. An der Grenze zwischen Wissensansprüchen und Reklame darf
sich der Buchhistoriker nicht scheuen, dort hinzuschauen, wo der Verleger vom akademischen Prestige eines Ortes oder eines Namens zu profitieren versucht und damit Ansprüche
für seine Produktion verbindet. Schon durch die Wahl des Verlagsortes gibt der Verleger
seinem Programm eine Richtung, die eben auch die Grenzen des Diskurses beschreibt, in
dem sich seine Produkte situieren.

Daneben gibt es auch eine Bewegung gegen London als Verlagsort. Edward Arber, der
Herausgeber der *Records of the Stationer's Company,* publiziert seine *English Reprints* Serie
zunächst in Birmingham im Selbstverlag (1868 ff.). Im Direktvertrieb baut er seine eigene
Alternative zum etablierten Verlagswesen auf. Auch John Ruskin verabschiedet sich von
der Londoner Verlagsszene nach Orpington in Kent (1871), wo er seine Kritik der Industrialisierung als Selbstverleger praktisch werden lässt, gefolgt von William Morris und
seiner *Kelmscott Press* bei Lechlade (seit 1891): Vereinzelte Beispiele eines verlegerischen
Atavismus, der sich als Kritik der etablierten Vertriebswege äußert und insbesondere dem
Handel seine Kommission aberkennen möchte.

Der nächste Ausweis des Buches ist der Name des Verlegers: Wenn viele Bücher bei wenigen Verlagen erscheinen, dann steht der Name des Verlags schnell für ein Programm, mit
dem sich im Wettbewerb der Bücher eine Spezialisierung herausbildet. Jeder kommerzielle

---

24 Vgl. Wendland 1984.   25 Vgl. Genette 1992.

Erfolg wird dem Verlagsprogramm eine neue Richtung verleihen und ein publizistischer Erfolg ist erst dann vollständig, wenn der Verleger ihn zu wiederholen in der Lage ist. Die einfachste Form dieser Differenzierung von Verlagsprogrammen besteht in der Pflege seiner Autoren oder in der Aufgabe einer Serie, wenn sie ihre Kosten nicht einspielen kann. Das verlegerische Profil ist zunächst am Verlagskatalog abzulesen, aber auch an den Ornamenten und Symbolen die auf dem Einband Verwendung finden. Es kann zudem an der Form des Verlagsnamens selbst abgelesen werden: Ob es ein Einzelname ist oder der eines Konsortiums, ob sich darin regionale Implikationen zu erkennen geben, in England nicht selten ein schottischer Hintergrund (*Macmillan, MacLehose* etc.) oder nationale Konnotationen des Namens, etwa *Trübner* oder *Swan Sonnenschein* oder *Ballière,* die alle in London aktiv sind. Andere Verlage geben sich als Agenten von kulturellen Gruppen zu erkennen, etwa die *Society for Promoting Christian Knowlegde* (SPCK)[26], *The Rationalist Press Association*[27] oder jene Printing Clubs and Learned Societies, die im Appendix von *The English Catalogue of Books*[28] separat aufgeführt sind. Daneben haben die Universitäten als Verleger in England eine lange Tradition; nicht zuletzt, weil den Universitätsverlagen von Oxford und Cambridge das historische Privileg eingeräumt wurde, die Bibel und *The Book of Common Prayer* zu verlegen.

Eine weitere Dimension des Verlagsnamens, bislang unerforscht, ist das Alias oder das telegraphische Kürzel. Der Appendix des *English Catalogue of Books* listet diese Telegrammadressen, von denen viele eine spezifische Konnotation besitzen. Zur Ersparnis von Telegrammgebühren auf ein einziges Wort reduziert, wird in ihnen zugleich so etwas wie die *Persona* des Verlags unmittelbar aufgerufen. Aus dem Jahre 1908 stammen die folgenden ›Erklärungen‹ von Verlagsnamen aus dem Verzeichnis der Telegrammaddressen:

> Edward Arnold = Scholarly; Blackie & Son = Glossary; Black = Biblios; Cambridge University Press = Cantabrigia; Chapman & Hall = Pickwick; Chatto & Windus = Bookstore; Dent = Templarian [lässt sich bis 1986 nachweisen]; Gilbert & Rivington = Linguist; Heinemann = Sunlocks; Hutchinson= Literarius; Iliffe = Cyclist; John Lane = Bodleian; Macmillan = Publish; Elkin Mathews = Verbaliser; Methuen = Elegiacs; Murray = Guidebook; Oliphant = Publiant; Kegan Paul = Columnae; Review of Reviews = Vatican; Scientific Press = Ospedale; Walter Scott = Comprend; Simpkin = Vitrixa; Smith Elder = Senones; Sunday School Union = Bookful; Universities Mission Press = Slavery; William & Norgate = Librorum […].[29]

Die Frequenz der lateinischen Anspielungen in diesen Kürzeln bietet eine elegante und gelehrsame Verklärung eines industriellen Buchbetriebs, wo doch klassische Bildung immer weniger und Umsatz immer mehr bedeutet. Die *Persona* des Verlages, die in diesen Kürzeln hervortritt, unterstreicht eine weitgehend vergessene Dimension, mit der Verlage ihren Titeln eine gewisse Tendenz und Bedeutung verleihen können. Ein theologisches Buch von einem Verlag mit einer langen Liste juristischer Fachliteratur, ein wissenschaftliches Buch von der *Society for Promoting Christian Knowledge* – all das lässt sich rekonstruieren und muss berücksichtigt werden, bevor wir das Buch öffnen und zu lesen anfangen.

---

26 Clarke 1959.
27 Cooke 2004.
28 *The English Catalogue of Books for 1908.*

29 Ebd., S. 301–310 (Auswahl). Zur vollständigen Telegrammadresse gehört jeweils der Ortsname London.

Im England des 19. Jahrhunderts werden Verleger zu Spezialisten für unterschiedliche Märkte, einschließlich jener für nicht-spezialistische Literaturen. Nicht jeder hat die Geschäftsbeziehungen und das Kapital, um ein medizinisches Werk illustrieren zu lassen und nur der Verleger, der bereits ähnliche Werke herausgegeben hat, wird als ausgewiesener Lieferant in diesem Gebiet anerkannt. Insbesondere in einem beschleunigten Buchproduktionssystem ist daher der Ausweis des Verlages manchmal wichtiger als der Rang des Autors. Für einen unbekannten Verfasser bedeutet es einen Statusgewinn, wenn ein starker Verlag mit einem *Output* von konsistenter Qualität den Namen des Autors mit seiner Verlagsmarke besiegelt. Und umgekehrt: Eine markante Verlags-Serie kann den Autor auch ganz vom Thron der »Werkherrschaft«[30] verdrängen und ihn auf den Rang eines Schreiberlings für eine etablierte Serie verweisen.

In der Serie stehen Verleger, Serie und Autor in einem spannungsreichen Verhältnis, das die Buchgeschichte als Büchergeschichte zu rekonstruieren hat. Einerseits kann die Serie für einen speziellen Autor oder Herausgeber eingerichtet werden, andererseits aber kann eine Serie auch Titel publizieren, bei denen der Name des Autors kaum noch wichtig ist oder sogar ganz unterdrückt wird.

Temple of the Muses

Ein besonders interessanter Fall der diskursiven (oder rhetorischen) Konstruktion des Verlegers durch die publizistische Form der Serie bietet die Londoner Firma *Jones and Co.* 1827 brachte sie einen großen Bildband mit Kupferstichen heraus, der dem König (George IV) gewidmet wurde. Der Titel: *Metropolitan Improvements*. Imprint: *Mr. Jones & Co, Temple of the Muses*. Der Band ist die Kulmination einer verlegerischen Tätigkeit als ›Discounter‹, durch die Jones ein beträchtliches Vermögen angehäuft hat und er markiert als Edelbuch eine deutliche Distanz zu seinem eigentlichen Geschäft mit massenhaften Drucksachen. Dabei handelt es sich um eine idealisierende Selbstbespiegelung Londons mit einem besonderen Sinn für klassizistische Säulenarchitektur und zugleich um ein Luxusbuch, das jedem Verleger Ehre macht. Und inmitten der Kupferstiche von Kirchen, Universität, *St Pauls School, London Institution for the Advancement of Literature and the Diffusion of Useful Knowledge, College of Physicians* erscheint der Buchladen unseres Herausgebers, durchaus unbescheiden als *Temple of the Muses, Finsbury Square* bezeichnet. (Vgl. Abb. 1).

Jones übernahm den *Temple* vom britischen Buchhändler James Lackington, der sich seinerseits einen Namen durch die Einführung eines neuen und aggressiven Vertriebsmodells gemacht hatte. Zudem führte er gegen den Widerstand seiner Kollegen eine besondere Form des modernen Antiquariats (›Remaindering‹) ein und pries seinen *Temple* ohne Skrupel als »*the Cheapest Bookseller in the World*«[31] an.

In der Außenansicht deklariert Jones sein Geschäft dem Namen nach zum Sitz einer Religion (›Temple‹). Durch die Abfolge der Illustrationen in seinem Edelband reiht er sich fröhlich in die staatlichen Institutionen des Wissens ein. Dazu tauft er seine Verlagsserie auf den Namen *University Edition of British Classic Authors* und graviert diesen Serientitel zusammen mit dem Namen des Bandes in sein Gebäude ein, in dem die Abbildung dann erscheint. (Vgl. Abb. 2).

---

30   Bosse 1981.   31   Lackington 1830, S. v.

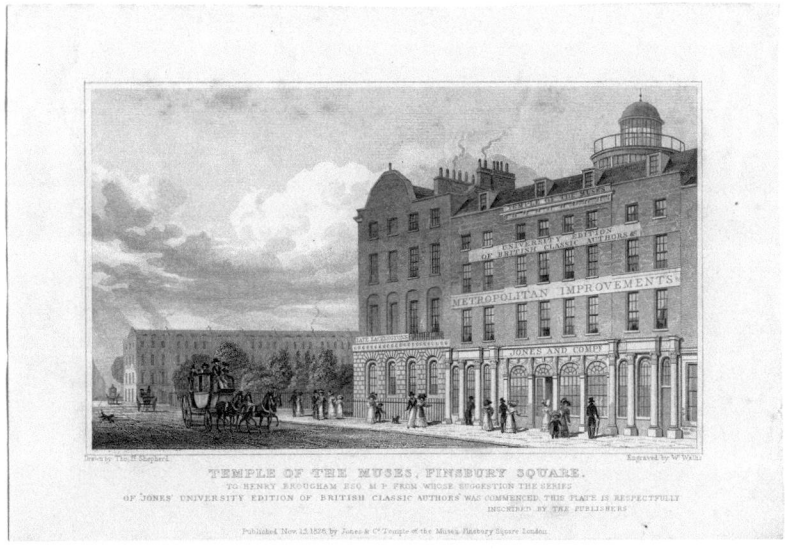

Abb. 1: *Temple of the Muses* (1827). Privatbesitz.

Diese komplexe graphische Semantik dieser Abbildung lässt sich hier nicht erschöpfend analysieren. Sie dient aber als frappierendes Beispiel für den Primat von Verleger und Serie, durch welchen die auf das einzelne Buch fixierte Buchgeschichte nachhaltig herausgefordert wird. Dabei sind die Implikationen des Serientitels, der ja mit großen Lettern an der Hauswand erscheint, durchaus einsichtig: Mit der *University Edition of British Classic Authors* steht die Universität für den akademischen Status, mit dem die Buchherstellung ihre Produkte gerne zu schmücken pflegt.[32] Der Begriff ›Edition‹ wird synonym mit ›Series‹ oder ›Library‹ benutzt, ›British‹ unterstreicht einen nationalen Markt und eine nationale Intention. Mit dem Wort ›Classic‹ wird eine literarische Qualität angedeutet, aber in Wirklichkeit nur die bequeme Abwesenheit vom Urheberschutz denotiert: *The University Edition of British Classic Authors*. An letzter Stelle stehen die Autoren, und der semantische Komplex aus University + Edition + British + Classic findet sich damit den Verfassern zugeschrieben, auch wenn diese keinen urheberrechtlichen Anteil an der Produktion haben. Der Autor ist das Schlusslicht in dieser Namensgebung, so als ob der Verleger damit jenen Kunden, die den Autor als die reine Quelle der Buchproduktion betrachten wollen, ein angemessenes Produkt anbieten kann.

Anders als der Rest der Kupferstiche bleibt die Illustration, mit der hier der Verleger sein Profil markiert und seinen Namen bewirbt, zunächst ohne Kommentar im Text. Erst auf der letzten Seite von *Metropolitan Improvements* erscheint jener Text, mit dem sich die Firma *Messrs. Jones & Co.* dem Leser vorstellt und die Geschichte des Gebäudes erzählt:

> It may be thought unseemly here to descant on the merits of these particular editions, nor can it be necessary, since the immense circulation, not only at home,

---

32 Die englische Verlagsproduktion des 19. Jahrhunderts bezieht sich in vielfacher Weise auf den akademischen Betrieb: Nicht nur durch Gegenstand oder Serientitel, sondern insbesondere auch durch die akademische Affiliationen, die als Ausweis von Rang und Respektabilität den Autornamen auf der Titelseite beigegeben werden.

but throughout the Continent of Europe, America, and India, is a sufficient test of superiority and of the successful issue of a bold and original plan. Suffice it to say, that the object was to combine a vast saving of expense, portability, and facility of reference, with correctness, typographical beauty, and good taste.[33]

Die schlecht gespielte Bescheidenheit geht im Verlaufe des Textes weitgehend verloren. Ganz offenbar genießt der Verleger hier die Gelegenheit, seine Produkte und sein Geschäftsmodell anzupreisen. Die letzte Seite des Textes, der traditionelle Ort des Kolophons, ist ohne Zweifel der angemessene Platz für diesen Werbespot, und demgemäß wäre die im Text platzierte Abbildung des buchhändlerischen Musentempels als ein Kolophonsatellit zu beschreiben. Es soll dabei zur Warnung vor einer allzu oberflächlichen Lektüre verlegerischer Selbstbeschreibung gesagt werden, dass *Messers. Jones & Co.* an dieser Stelle mit keinem Wort auf ihre entscheidende Innovation eingehen, nämlich den Buchvertrieb in wöchentlichen Teilen als Ratenkauf.

Abb. 2: *Temple of the Muses* (1827), Innenansicht. Privatbesitz.

Die Anzeige für *The Modern Poets of Great Britain*[34] (1824) vom selben Jones zeigt die Vorgeschichte dieser Innovation in flagranti:

The Modern Poets of Great Britain. In Weekly Nos. price 6d. or Parts, 1s. each, beautifully and closely printed, in a clear, bold type, double columns, 8vo, on fine vellum paper, hotpressed, and offering IMMENSE ADVANTAGE, in point of CHEAPNESS, over other Editions. [...] The whole forming one elegant Library Volume, uniting Taste, Utility, and Economy.

---

33 *Metropolitan Improvements* (1827), S. 171.
34 *Works Published by Jones and Company,* 2-seitige Verlagsanzeige, beigebunden der Ausgabe *The Poetical Works of John Milton* (1824), S 417 f. http://books.google.com/ books?id=bwk1AAAAMAAJ [März 2010]. Die Transkription vernachlässigt die vielfältigen typographischen Auszeichnungen des Textes.

Uniform with, and forming part of, the above Elegant Series, in 32 Weekly Nos. price 6d. or 16 Parts, 1s. each, embellished with beautiful Portrait, &c by Heath, The Complete Dramatic Works of Shakspeare. * The above forms the most Elegant Single Library Volume; uniting convenience for reference and portability, with typographical beauty and unparalleled cheapness. – The type, cast expressly for the Work, is of a peculiar bold face, so as to be read with pleasure, and without fatiguing the eye.

Uniform with, and intended as a Companion to, Jones's Shakspeare, in Weekly Numbers, price 6d. or Parts, 1s. each, beautifully printed in double columns, 8vo. on the finest vellum paper, hotpressed, [Most Numbers containing a Tragedy, Comedy, and Farce, for Sixpence!!!]

The Drama, or the new British Theatre. [...] When it is recollected that the usual published price of the Commonest Edition of a Play is Sixpence, and that most of these Numbers will contain THREE, viz. A Tragedy, Comedy and Frace, for Sixpence, the Unparallelled CHEAPNESS of the SERIES must be obvious. [...]

Hume and Smollett's England. Containing word for word the same as the original 8vo. Edition, in 13 volumes published at £5:4s. Complete in Two Elegant 8vo. Library Volumes, embellished with fine engravings, for twentyeight Shillings! Being a Saving of Four-Fifths!! / »Who would be without the History of their Country!« Franklin.

Jones nimmt mit seinem Programm eine Zwischenposition ein, die teilweise der Verlegerserie, teilweise der Publikation in Teilbänden entspricht. Er artikuliert einen Überschwang an typographischer Energie verbunden mit Billigkeitsversprechungen und jenem eigentümlichen Erscheinungsmodus (›in parts‹), der den Buchkauf auf Raten vorexerziert: Zunächst ist es ein wöchentlich erscheinender Shakespeare (›32 Weekly Parts‹), der in derselben Anzeige (Achtung, verlegerisches Selbstbewusstsein!) ›Jones's Shakspeare‹ genannt wird. Doch damit nicht genug, denn auf dieselbe Art wird die gesamte britische Theaterliteratur in wöchentlichen Lieferungen ver-jonest. Außerdem folgt noch, für jeden etwas und stets im einheitsstiftenden Einband, ›uniform [...] companion [...] volumes‹, ein Geschichtswerk zum Viertel seines ursprünglichen Preises (›Who would be without the History of their Country!‹). So wird die umständliche Versicherung ›[c]ontaining word for word the same as the original‹ für den modernen Leser in buchhistorischer Perspektive zum schlagenden Beweis dafür, dass die textuelle Perspektive auf die Wortgleichheit (›word for word‹) eben nur ein Viertel der Wahrheit liefert. Auch wenn sie buchstäblich übereinstimmen sollten, die Unterschiede in Vertrieb, Preis, Bandzahl, Einband, Seitenaufbau, Format, Auflagenhöhe etc. belegen die vielfältigen Differenzen sogenannter wortgleicher Ausgaben im Allgemeinen und verschieben das Argument der Wortgleichheit vom buchhistorischen oder editorischen Diskurs zum anpreiserischen Gestus.

Mit Jones haben wir die phantastische Vision des Verlegers als Priester und Prophet des Billigbuchs vor uns: Eine Fallgeschichte, wie ökonomischer Erfolg mit Büchern zu einem kulturellen, religiösen und architektonischen Phänomen werden kann. Dabei sind die Auflagenzahlen, mit denen Jones sein Allotria konstruiert, noch gering im Vergleich zu den Auflagen, die nach der Reform des öffentlichen Erziehungswesens in England seit 1844 erreicht werden.

Home University Library

Seit 1911 erscheint die *Home University Library of Modern Knowledge*. Die kleinen Bände sind durchaus erfolgreich und tragen im Laufe der Zeit (bis in die 1970er Jahre) die Namen einer Reihe von Verlegern: *Butterworth, Williams & Norgate, Washbourne, Oxford University Press* etc. Ein früher Schutzumschlag, gestaltet als generischer Serienschutzumschlag, bedruckt mit einer Liste der erschienenen Titel, stellt die Serie vor. Die Verbindung dieses Umschlags mit einem spezifischen Titel ist über eine Aussparung am Buchrücken organisiert, die den Blick auf den darunterliegenden Einband und seine Beschriftung freigibt. (Vgl. Abb. 3).

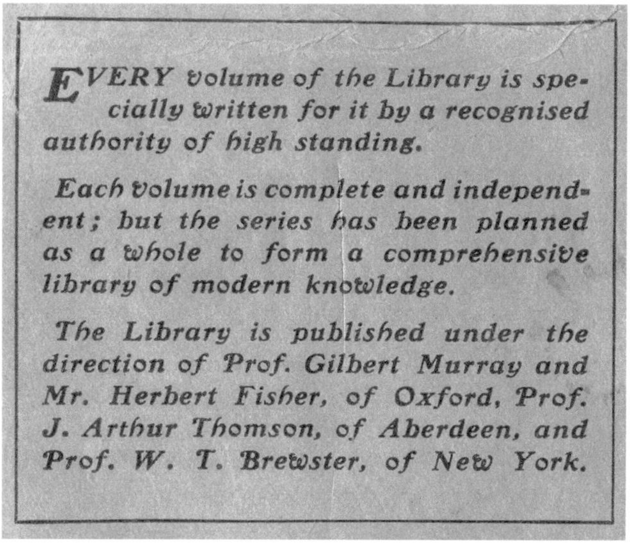

EVERY volume of the Library is specially written for it by a recognised authority of high standing.

Each volume is complete and independent; but the series has been planned as a whole to form a comprehensive library of modern knowledge.

The Library is published under the direction of Prof. Gilbert Murray and Mr. Herbert Fisher, of Oxford, Prof. J. Arthur Thomson, of Aberdeen, and Prof. W. T. Brewster, of New York.

Abb. 3: *Home University Library* (Schutzumschlag, 1914). Privatbesitz.

Das Versprechen universitärer Bildung im eigenen Heim, unterstrichen durch die Namen, Titel and akademische Herkunft der Herausgeber, erweist seine Radikalität erst mit dem Lineal. Gerade 17 Zentimeter hoch stehen diese kleinen, handlichen Bände (»these dainty, vivid little books«[35]). Ihre Größe widerspricht durchaus der akademischen Solidität, die sie für nur einen Schilling in jedes Haus zu bringen versprechen. Aber was dem einzelnen Band vertikal an Substanz fehlt, das versucht die Serie durch ihre horizontale Ausdehnung zu kompensieren: Die kleinen Bände sollen sich eben zu einer »comprehensive library of modern knowledge« (vgl. Abb. 3) verbinden.[36] Die Versicherung, dass der Zusammenhang der Bände von den Herausgebern bestimmt wurde (»has been planned as a whole«) bietet dem Buchkäufer Motiv und Trost, lässt sich aber in den Jahrzehnten ihres Erscheinens nicht wirklich belegen. Statt einer enzyklopädischen Struktur haben die Bände eher den Zusammenhang einer Zeitschrift, und in manchen Bibliothekskatalogen wird diese Serie tatsächlich als »periodical publication« behandelt.

---

35 *The Home University Library of Modern Knowledge* 1912, S. 6. Das Zitat stammt aus einer Rezension im *Daily Telegraph* und wird noch 1919 in der Verlagswerbung eingesetzt.

36 Im Laufe ihres Erscheinens und abhängig vom Erscheinungsort (London, New York, Bombay) werden in den Anzeigen jeweils unterschiedliche Aspekte hervorgehoben.

Dabei lässt sich die Periodizität der Bände für die ersten Jahre sehr genau bestimmen: Sie ist dezimal. Diese Serie wird in Zehnern gezählt. Im *Sociological Review* von 1911 heißt es: »The first batch of ten volumes has been published this month«[37] und eine spätere Nummer derselben Zeitschrift berichtet: »A further installment of ten volumes is sent to us just as we go to press.«[38] Auf dem alten Schutzumschlag ist ebenso die Rede von dezimalen Sets: »7th Ten Volumes« und das »8th Set of volumes« (allerdings umfasst das achte Set nur noch fünf Titel).[39] In den ersten Jahren erscheinen tatsächlich zehn Bände im Quartal; 1934 werden immerhin noch sechs Bände pro Jahr versprochen. Diese eigenwillige und beschleunigte Erscheinungsweise lässt die Bedeutung der einzelnen Titel nicht unberührt und eine daran anschließende Analyse müsste zeigen, wie diese Sets als Einheiten konstruiert wurden und ob sie auch als Einheiten wahrgenommen wurden. Der Vertrieb im Zehnerpack setzt diese Publikation in einen Kontext, der sich dem Leser des Einzelbandes niemals erschließen kann und der doch entscheidend ist für das Verständnis von Einzelband und Serie.

Diese doppelte Perspektive auf Titel und Serie markiert einen erkenntnistheoretischen Skandal: Die Serie stellt den Begriff der Lektüre als freien Akt in Frage. Der Käufer mag beim Griff nach einem weiteren Band derselben Serie eine bestimmte Bequemlichkeit reklamieren, aber diese Bequemlichkeit der quasi-Subskription geht einher mit der reduzierten Kontrolle über das Menü seiner Lektüren. So wie der Leser eines Buches seinem Autor jeweils einen Vertrauensvorschuss einräumt, so bringt man als Käufer eines weiteren Bandes einer Serie dem Herausgeber oder Verleger einen gewissen Vertrauensvorschuss entgegen und räumt ihm eine Rolle in der Steuerung der eigenen Lektüren ein. Die *Home University Library,* wie jede andere Serie auch, bietet eine willkommene Reduktion der Komplexität im ausufernden Buchmarkt, die mit einer gleichzeitigen Reduktion der Autonomie des Lesers einhergeht. Diese Vereinfachung der privaten Buchakquisition, angezeigt durch eine Konsistenz der Buchgestaltung, wird also mit einem Verlust an Leserautonomie bezahlt. Gerade für die *Home University Library* findet sich dieser Verlust an Autonomie schrill entblößt in der zeitgenössischen Reklame: »Specially recommended by the Board of Education for use in Camps, Libraries, in the Fleet, and for Prisoners of War.«[40] Wird hier nicht der Leser als Gefangener der Serie imaginiert? »Relaxation and profit combined in light pocket volumes suitable for the troops.«[41] – Mit solchen Anpreisungen nähern sich die Bände dem Phänomen der Feldpostausgabe und werden potenziell Teil der militärischen Ausrüstung.

Die Universität im Buchregal zu Hause, »A University on the Hearth«[42] mit einem billigen Eintrittspreis in die Sphäre der höheren Bildung, mit diesem Programm steht die *Home University Library* nicht alleine da. Die *Cambridge Manuals* (1910), die *Sammlung Göschen* (seit 1889), die *Manuali Hoepli* (seit 1875), aber auch die *International Scientific Series* (1871–1910), sie alle verknüpfen eine erwünschte Komplexitätsreduktion im unübersichtlichen Universum der Bücher mit einer nicht nur äußerlichen Homogenisierung des

---

37 *Sociological Review,* Bd 4, 1911, S.164.

38 Ebd., S.270. *The Home University Library of Modern Knowledge* 1912, S.21: »The Library is issued in periodical Sets of Ten Volumes each, beginning on April 5th, 1911.«

39 *Home University Library* (Schutzumschlag, 1914). Privatbesitz.

40 *Home University Library* 1916.

41 Ebd.

42 *The Home University Library* 1912, S.5 (Zwischenüberschrift).

populärwissenschaftlichen Diskurses und der Gestaltung des individuellen Lektüreprofils gemäß verlegerischer Leitplanken.

Ein wichtiger Anspruch dieser Serie ist die Verbindung von sehr niedrigem Preis und neuem wissenschaftlichen Material: Formulierungen wie »New books on the living issues by living men and women«[43] und die Rede von »specially written books«[44] versichern dem Leser und Käufer der *Home University Library,* dass hier, wider Erwarten, die Preisgünstigkeit nicht einhergeht mit dem Nachdruck (›Reprint‹) von erprobtem und erfolgreichem Material. Die anaphorische Verkettung von ›living issues‹ und lebendigen Autoren (›by living men and women‹) verrät sich durch ihre sprachliche Schräglage. Auch die absolute Beteuerung »There are no Reprints«[45] wird im Verlagswesen schon bei der zweiten Auflage falsch. Doch auch wenn diese Reklamesätze einer strengen Analyse kaum standhalten, muss man hier festhalten, dass in einem Verlagsuniversum, in dem Billigkeit mit Nachdruck (›Reprint‹) gleichgesetzt wird, der Hinweis auf lebendige Autoren zum wichtigen Zugmittel avanciert.[46]

Großbuch und Gigantismus

Die Serie bietet Konsistenz und Einheitlichkeit im Chaos der industriellen Buchproduktion. So wie die Form der ›Gesammelten Werke‹, die in den Nationalausgaben des 19. Jahrhunderts kulminieren, ist die Serie eine Strategie der typographischen Elitenbildung, die als Großbuchgestus beschrieben werden kann.[47] In der Serie gewinnt das ansonsten kleine Buch Format und Status; und zugleich lässt die Serie das einzelne Buch klein und einsam erscheinen. Die Serie tritt als eine kommerzielle Verlagsstrategie auf, die sich mit einem epistemischen Gestus der Buchüberbietung verbindet: Die Serie steht für ein erkenntnistheoretisches Niveau jenseits des Buches. Ihre Standardisierung der Produktion, ihre Rezeptionslenkung durch äußerliche Einheitlichkeit führt zu einer Verachtung des bloß einzelnen Buchs, verbunden mit dem Appell an ein imaginiertes Großbuch, das die Vielfalt der widersprüchlichen Titel hinter sich lassen soll.

Dieses Programm findet schließlich seine Erfüllung im Gigantismus des wissenschaftlichen Handbuchs, in dem eine Disziplin ihr Gebiet markiert, die Grenzen ihres Diskurses zieht und in dem, zumindest der Tendenz nach, die bibliographische und die erkenntnistheoretische Zone der Disziplin kongruent werden und zur Ruhe kommen.

Im wissenschaftlichen Handbuch verfolgt die Serie das paradoxe Ideal des singulären Titels, der das Ende aller Bücher in diesem disziplinären Feld markieren soll: Ein Buchprojekt, mit dem die Disziplin ihre Erfüllung finden würde. In erkenntnistheoretischer Hinsicht werden im Projekt der Handbücher und der disziplinären Wörterbücher die Signale der Verlässlichkeit und der Autorität der Serie aufgegriffen und zu einer absoluten akademi-

---

43 *The Home University Library* 1913.

44 *The Home University Library* 1912.

45 *The Home University Library* 1913.

46 Die Farbcodierung der Einbände, aber auch die Ikonographie der Volkserziehung, die im klassizistischen Portal um den Titel der *Home University Library* (1911?) illustriert wird, wären weiter auszuführen. (Alt und Jung, Mann und Frau, folgen rennend und dicht gedrängt der leuchtenden Fackel, die von einem Engel getragen wird.) Die Rede von »mental and moral uplifting of the masses of the nations« (*The Home University Library of Modern Knowledge* 1912, S. 3) mag zwar unmittelbar verständlich erscheinen, aber für den Buchhistoriker verstellt ein solches unmittelbares Verständnis den Blick auf die Phänomenologie der Serie, die hier im Vordergrund steht.

47 Vgl. dazu auch Rheinberger 2002; Cahn 2004; Nash 2003.

schen Expertise versteinert; versehen mit einer kontrafaktischen Illusion der Geschichtslo-
sigkeit: Als ob das Büchermachen je zu einem Ende kommen könnte.

Gemäß des griechischen *Enchiridion* intendieren Handbücher dem Namen nach Mobi-
lität und ›ready reference‹. In ihrer akademischen Großform jedoch passen sie in keine
Hand mehr – die *Beilsteins* und *Gmelins* lassen sich nicht mehr manuell bewegen. Aus
dem *Enchiridion* werden stattdessen ganze Regalwände, deren Übersichtlichkeit auch mit
der Strukturierung in Abteilungen, Teilbände, Lieferungen und Unterabteilungen nicht
immer gewährleistet ist: Sie erscheinen über viele Jahre und Jahrzehnte und errichten,
zusammen mit Papier und Druckerfarbe, Disziplingrenzen.

Dabei ist es bezeichnend, dass gerade diese größten, unpersönlichsten, gigantischen Titel
im akademischen Kontext eine Konvention der Kurz- und Kosenamen entwickeln, die
meistens zwei Herausgeber mit einem Bindestrich verbindet und das Auffinden im Bib-
liothekskatalog oft erschwert. *Pauly-Wissowa, Houben-Weyl, Abramowitz-Stegun, Gradsh-
teyn-Ryzhik, Vega-Bremiker, Thieme-Becker,* um nur eine Auswahl der Zungenbrecher und
Rechtschreibehürden zu nennen, in der sich die Intimität eines Kosenamens mit der Repräsentation einer zentralen und absoluten Wissenschaft verbindet. *Gmelins, Abegg, Lin-
cke, Dehio, Beilstein*[48] stehen für den Versuch, das Durcheinander der Einzelbücher durch
das eine große Handbuch und seine singuläre bibliographische Adresse aufzuheben. Die
Förderung der historischen Wörterbücher durch die *Deutsche Forschungsgemeinschaft* seit
den 80er Jahren gehört in dieselbe Kategorie, und das forschungspolitische Interesse an
dieser Form des Handbuchs spricht für die anhaltende Attraktion eines Genres, das klare
Grenzen der Disziplinen, abschließende Verlässlichkeit, und ein Ende der Konfusion der
Bücher verspricht.

Verleger, Professoren und Forschungsgelder verbünden sich in diesen wissenschaftlichen
Handbüchern zu einem Projekt, in dem sich alle Beteiligten verbessern können, indem
sie gegen die allgemeine Vielfalt der einzelnen Bücher das Handbuch als eine endgültige
Konsolidierung ihres Forschungsfeldes phantasieren, die doch immer nur die Konsolidierung partieller Positionen, besonderer Verleger und spezieller Geldgeber ist. Die großen
Buchprojekte, ob sie nun das gesamte Feld einer Disziplin ausmessen oder seine Begriffe
in historischer Analyse transparent machen wollen, operieren stets in der Nähe der fundamentalen Versuchung der Buches; nämlich die ihm eigene Historizität zu vergessen, oder
besser noch, ein Ende des wissenschaftlichen Diskurses zu versprechen. Handbücher sind
der Versuch, die Flut der Bücher zu stoppen und sie in ein großes wohlgeordnetes Buchprojekt einmünden zu lassen. Ganz ähnlich spielt jedes historische Wörterbuch mit einem
Endpunkt der Geschichte, von dem aus man rückblickend terminologische Entwicklungslinien analysieren könnte.

Die Serie ist eine Modalität des Buches im Zeitalter der Dampfdruckerei und der Massen-
buchproduktion. Für den Verleger vieler Bücher bieten Serien eine elegante Lösung: Sie
produzieren sowohl Konsistenzen im chaotischen Feld der Publikationen, als auch eine
Ordnung und Reduktion von Komplexitäten, die der Kunde und der Benutzer zu schätzen
und zu belohnen wissen. Es ist nicht leicht, jemanden zu finden, der die unordentliche

---

48 Der auf englisch publizierte *Beilstein Guide: A Manual for the Use of Beilstein's Handbuch* (1976) lässt den Gigantismus des Handbuchs evident werden, indem ihm ein wei-
teres Handbuch (Manual) zur Erläuterung beigesellt wird.

Vielfalt der Bücher verteidigt. Jede Wiederholung einer Äußerlichkeit, blaues Leinen aus Oxford, gelber Einband für die Mathematik von *Springer,* kleines rotes Format für die *Cambridge Manuals,* lässt die Welt schon besser aussehen. Serien stiften Trost wo die Masse der Bücher Konfusion bringt. Serien beruhigen die typographische Aufregung.

Literatur

Anon (1847): (Review of) »The Library of Choice Reading«. In: *The United States Magazine and Democratic Review,* Vol. 20, S. 238 ff.

Belloc, Hilaire (1903): *The Aftermath; or, Gleanings from a busy life. Called upon the outer cover for purposes of sale, Caliban's Guide to Letters.* London (Duckworth).

Babbage, Charles (1832): *Specimen of Logarithmic Tables Printed with Different Coloured Inks on Variously Coloured Papers.* Edinburgh (Blackwood).

Babbage, Charles (1834): *Table of the Logarithms of the Natural Numbers.* London (Knight).

Bosse, Heinrich (1981): *Autorschaft ist Werkherrschaft.* Paderborn (Schöningh).

Cahn, Michael (1997): »Wissenschaft im Medium der Typographie. Collected Papers aus Cambridge 1880–1910«. In: *Fachschrifttum, Bibliothek und Naturwissenschaft im 19. und 20. Jh.* Hg. von Christoph Meinel. Wiesbaden (Harrassowitz), S. 175–208.

Cahn, Michael (1996): »Die Rhetorik der Wissenschaft im Medium der Typographie. Zum Beispiel die Fußnote«. In: *Räume des Wissens. Repräsentation, Codierung, Spur.* Hg. von Hans-Jörg Rheinberger, Michael Hagner und Bettina Wahrig-Schmidt. Berlin (Akademie), S. 91–109.

Cahn, Michael (2004): »Opera Omnia. The Production of Cultural Authority«. In: *History of Science, History of Text.* Hg. von Karine Chemla. Dordrecht (Springer), S. 81–94.

Cantor, G. N. / Shuttleworth, Sally (2004): *Science Serialized: Representation of the Sciences in Nineteenth-Century Periodicals.* Cambridge (MIT Press).

Cantor, G. N. (2004): *Science in the Nineteenth-Century Periodical: Reading the Magazine of Nature.* Cambridge (Cambridge University Press).

Casper, Scott (2007) (Hg.): *A History of the Book in America.* Vol. 3: *The Industrial Book, 1840–1880.* Chapel Hill (North Carolina University Press).

Clarke, W. K. Lowther (1959): *A History of the S.P.C.K.* London (S.P.C.K.).

Cooke, Bill (2004): *The Gathering of Infidels: A Hundred Years of the Rationalist Press Association.* Amherst (Prometheus Books).

Decke, Carl (1916): *Die Bücherreihe im deutschen Buchhandel der letzten Jahre.* Gotha (Perthes).

Estermann, Monika / Schneider, Ute (2007): *Wissenschaftsverlage zwischen Professionalisierung und Popularisierung.* Wiesbaden (Harrassowitz).

Flatau, Elke (2005): *Einstein als wissenschaftlicher Autor.* Preprint / Max-Planck-Institut für Wissenschaftsgeschichte Nr. 293. Berlin.

Genette, Gérard (1992): *Paratexte. Das Buch vom Beiwerk des Buches.* Frankfurt/M. (Campus).

Grafton, Anthony (1997): *The Footnote: A Curious History.* Princeton (Harvard University Press).

Hall, David (2008): *A History of the Book in America*. Vol. 4: Print in Motion: The Expansion of Publishing and Reading in the United States, 1880–1940. Chapel Hill (North Carolina University Press).

Holl, Frank (1996): *Produktion und Distribution wissenschaftlicher Literatur: Der Physiker Max Born und sein Verleger Ferdinand Springer 1913–1970*. Frankfurt/M. (Buchhändler-Vereinigung).

Holman, Valerie (2008): *Print for Victory. Book Publishing in England, 1939–1945*. London (British Library).

Howsam, Leslie (1992): »Sustained Literary Ventures: The Series in Victorian Book Publishing«. In: *Publishing History*, Vol. 31, S. 5–26.

Howsam, Leslie (2000): »An experiment with science for the nineteenth-century book trade: the International Scientific Series«. In: *British Journal for the History of Science*, Vol. 33, S. 187–207.

Kubler, George (1941): *A New History of Stereotyping*. New York (Little & Yves).

Lackington, James (1830): *Memoirs of the forty-five first years of the life of James Lackington*. London (Whittaker).

Lembrecht, Christina (2007): »Wissenschaftsverlage im Feld der Physik. Profile Positionen Verschiebungen 1900–1933«. In: *Archiv für Geschichte des Buchwesens* 61. Berlin, New York (de Gruyter – Saur), S. 111–200.

Lowry, Martin (1979): *The World of Aldus Manutius: Business and Scholarship in Renaissance Venice*. Ithaca (Cornell University Press).

Luft, Sabine (2004): »*Visitenkarten eines Verlags*« – *Aufbau, Funktion und Entwicklung der Verlagsvorschau seit der 2. Hälfte des 20. Jahrhunderts*. (Alles Buch. Studien der Erlanger Buchwissenschaft 9).

MacLeod, Roy (1980): »Evolutionism, Internationalism and Commerical Enterprise in Science. The International Scientific Series 1871–1910«. In: *Development of Science Publishing in Europe*. Hg. von A. J. Meadows. Amsterdam (Elsevier).

McKitterick, David (2009): *The Cambridge History of the Book in Britain*. Vol. 6, 1830–1914. Cambridge (Cambridge University Press).

Müller, Helen (2004): *Wissenschaft und Markt um 1900: Das Verlagsunternehmen Walter de Gruyters im literarischen Feld der Jahrhundertwende*. Tübingen (Niemeyer).

Nash, Andrew (2003): *The Culture of Collected Editions*. New York (Palgrave).

Ong, Walter (1982): *Orality and Literacy: The Technologizing of the Word*. London (Routledge).

Parkes, Malcolm (1991): »The Influence of the Concepts of Ordinatio and Compilatio on the Development of the Book«. In: *Scribes, Scripts and Readers: Studies in the Communication, Presentation and Dissemination of Medieval Texts*. London (Hambledon Press), S. 35–70

Remmert, Volker / Schneider, Ute (2008): »Wissenschaftliche Publikation in der ökonomischen Krise der Weimarer Republik«. In: *Archiv für Geschichte des Buchwesens* 62. Berlin, New York (de Gruyter – Saur), S. 189–212.

Rheinberger, Hans-Jörg (2002): »Gesammelte Werke«. In: *Neuzeitliches Denken. Festschrift für Hans Poser zum 65. Geburtstag*. Hg. von Günter Abel, Hans-Jürgen Engfer und Christoph Hubig. Berlin (de Gruyter), S. 13–22.

Schneider, Ute (2007): »Mathematik im Verlag G. B. Teubner: Strategien der Programmprofilierung und der Positionierung auf einem Teilmarkt während des Kaiserreichs«. In:

Wissenschaftsverlage zwischen Professionalisierung und Popularisierung. Hg. von Monika Estermann und Ute Schneider. Wiesbaden (Harrassowitz), S. 129–145.

Strasser, Susan (1989): *Satisfaction Guaranteed: The Making of the American Mass Market.* New York (Pantheon Books).

Topham, Jonathan (2007): »Publishing ›Popular Science‹ in Early Nineteenth-Century Britain«. In: *Science in the Marketplace. 19th Century Sites and Experienes.* Hg. von Aileen Fyfe und Bernhard Lightman. Chicago (Chicago University Press).

Wendland, Henning (1984): *Signete. Deutsche Drucker- und Verlegerzeichen 1457–1600.* Hannover (Schlüter).

Texte ohne expliziten Verfasser

Books in Series, 1876–1949 (1982): *Original, Reprinted, In-print, and Out-of-print Books, Published or Distributed in the U.S. in Popular, Scholarly, and Professional Series.* New York (Bowker).

George Bell & Sons (1898): *A Classified Catalogue of Selected Works, Including an Alphabetical List of Bohn's Libraries.* London, New York, Cambridge (Bell).

The English Catalogue of Books 1898–1900 (1901). London (Sampson Low).

The English Catalogue of Books for 1908 (1909): *72nd Year of Issue. Giving in one Alphabet, under Author and Title, the Size, Price, Month of Publication and Publisher of Books Issued in the United Kingdom, Being a Continuation of the London and British Catalogues.* London (Sampson Low).

The Home University Library of Modern Knowledge (1912): *A Comprehensive Series of New and Specially Written Books. On Sale Everywhere.* London (Williams and Norgate). Privatbesitz.

The Home University Library (1913): *Cloth bound 50c per volume net, by mail 56c.* New York (Henry Holt & Co). Unpaginiertes Blatt, datiert »iii 13«. Privatbesitz.

Home University Library of Modern Knowledge (1916): *106 volumes in Cloth; 1s. 3d. net each Volume.* Unpaginiertes Blatt. Privatbesitz.

Metropolitan Improvements (1827): *Metropolitan Improvements; or London in the Nineteenth Century: Displayed in a Series of Engravings.* London (Jones & Co).

Williams and Norgate (1891): *A Catalogue of Williams and Norgate's Publications.* London (Williams and Norgate).

Zu den Autoren

Ernst-Peter Biesalski, Prof. Dr. phil., absolvierte eine Lehre im Buchbinderhandwerk und studierte Buchwissenschaft, Kunstgeschichte und Betriebswirtschaftslehre in Mainz. Zwischen 1989 und 1997 arbeitete er in verschiedenen Positionen in Buchverlagen und war als Lehrbeauftragter tätig. 1997 erhielt Biesalski einen Ruf als Professor für Buchhandel und Verlagswirtschaft an die *Hochschule für Technik, Wirtschaft und Kultur Leipzig* (FH).
Publikationen in Auswahl: Anforderungen an Bindematerialien (sowie weitere Beiträge), in: Lexikon der Bibliotheks- und Informationswissenschaft, hg. von Konrad Umlauf und Stefan Gradmann (Stuttgart 2009–2011); Print on Demand – Verlegen ohne Risiko? in: Das Buch in der Informationsgesellschaft (Wiesbaden 2006); Die Herstellungsfunktion im Verlag – heute und morgen, in: Forum Management, hg. von der Ausstellungs- und Messe GmbH des Börsenvereins des Deutschen Buchhandels (Frankfurt/M. 2005); mit Bernd Ahrendt: Operative Felder der Marketingkommunikation. Die Messebeteiligung, Fernstudienmaterial für den Weiterbildungsstudiengang Kulturmarketing (Berlin 2005).

Michael Cahn, Dr. phil. habil., studierte und unterrichtete Anglistik und vergleichende Literaturwissenschaft in Frankfurt/Main, Konstanz, Berlin, Buffalo (NY), Irvine und Siegen. Seine Arbeitsschwerpunkte sind Rhetorik, Buchgeschichte und das Fahrrad. Seit 2006 unterrichtet er Buchgeschichte in Los Angeles *(UCLA)*. Als Inhaber von *Plurabelle Books* (www.plurabellebooks.com) hat er eine Sammlung von Verlagskatalogen zusammengestellt, auf die seine Arbeit auch in diesem Band Bezug nimmt.
Publikationen in Auswahl: Kunst der Überlistung. Studien zur Wissenschaftsgeschichte der Rhetorik (München 1986); Der Druck des Wissens. Geschichte und Medium der wissenschaftlichen Publikation (Berlin 1991); Die Rhetorik der Wissenschaft im Medium der Typographie. Zum Beispiel die Fußnote, in: Räume des Wissens. Repräsentation, Codierung, Spur, hg. von Hans-Jörg Rheinberger, Michael Hagner, Bettina Wahrig-Schmidt (Berlin 1997); Fußnoten auf der Bühne, Maden im Text. Henry Fielding's ›Tom Thumb‹, in: Am Rande bemerkt. Anmerkungspraktiken in literarischen Texten (Berlin 2008).

Volker Mergenthaler, Dr. phil., Prof. für Neuere deutsche Literatur an der *Philipps-Universität Marburg.* Beschäftigungsfelder: Literatur, Kultur und Medien seit dem 18. Jahrhundert. Aktuelle Projekte zur Mythenrezeption, zu Joseph von Eichendorff und der Zeitschriftenkultur seiner Zeit, zum 11. September und zur Anstandsliteratur.
Publikationen in Auswahl: Sehen schreiben – Schreiben sehen. Literatur und visuelle Wahrnehmung im Zusammenspiel (Tübingen 2002); mit Nicola Kaminski (im Druck): »Der Dichtkunst Morgenröthe verließ der Erde Thal«. Viel Lärmen um Nichts. Modellstudie zu einer Literatur in Fortsetzungen mit einem Faksimile des Gesellschafters oder Blätter für Geist und Herz vom April 1832 (Hannover); (im Druck) »Unser Steuermann« – John Maynard und die Struktur kollektiver Identitätsbildung, in: Lyrikinterpretationen, hg. von Andrea Geier und Jochen Strobel (München); (im Druck) Wieland übersetzen. Goethes »dreyfache Operation« zu brüderlichem Andenken Wielands, in: Wieland/Übersetzen, hg. von Bettine Menke und Wolfgang Struck (Göttingen).

Patrick Rössler, Dr. rer. soc., ist Professor für Kommunikationswissenschaft an der *Universität Erfurt*. Sein Lehrstuhl trägt den Schwerpunkt Empirische Kommunikationsforschung. Zuvor studierte er Publizistik, Rechts- und Politikwissenschaft in Mainz und promovierte an der *Universität Stuttgart-Hohenheim* zur Medienwirkungsforschung. Von 2006 bis 2008 war er Mitglied der Arbeitsgruppe zur Zukunft der Medien- und Kommunikationswissenschaften des Wissenschaftsrats und Vorsitzender der nationalen Fachgesellschaft *DGPuK*. 2008 wurde er zum Vorsitzenden der *International Federation of Communication Associations* gewählt. Seit 20 Jahren kuratiert er Ausstellungen zur Geschichte der visuellen Kommunikation, u. a. zu illustrierten Zeitschriften, zu Umschlägen von Taschenbüchern und Kriminalromanen und zur Filmpublizistik der Weimarer Jahre.
Publikationen in Auswahl: Das Bauhaus am Kiosk. die neue linie 1929–1943 (Bielefeld 2007, 2009); Die Sprache des Stummfilms (Stuttgart 2006); anders denken (Erfurt 2008); Bauhauskommunikation (Hg.) (Berlin 2009).

Nina Schleif, Dr. phil., studierte Amerikanistik und Kunstgeschichte in Philadelphia, München und Frankfurt/Main. 2003 wurde sie an der *Universität Frankfurt* mit einer Arbeit zum Thema Schaufensterkunst promoviert. Sie ist Konservatorin der *Bayerischen Staatsgemäldesammlungen* in München.
Publikationen in Auswahl: From ›cultural factor‹ to propaganda instrument. The shop window in German cultural history 1907–33, in: Word on the street. Reading, writing & inhabiting public space, hg. vom Institute of Germanic & Romance Studies (London 2009); Werkkommentare und Bibliographie, in: Ausstellungskatalog, Blicke auf Europa. Europa und die deutsche Malerei des 19. Jahrhunderts, hg. von den Staatlichen Museen zu Berlin, Staatlichen Kunstsammlungen Dresden, Bayerischen Staatsgemäldesammlungen München (Ostfildern 2007); SchaufensterKunst. Berlin und New York (Köln 2004).

Christof Windgätter, Dr. phil., studierte Philosophie, Germanistik und Kulturwissenschaften in München, Los Angeles und Berlin. Seine Arbeitsschwerpunkte sind Sprachtheorien, Ästhetik, Wissenschafts- und Mediengeschichte. Zwischen 2002 und 2007 war er Lehrbeauftragter in Berlin, Cottbus und Jena. Von 2007 bis 2009 forschte er am *Max-Planck-Institut für Wissenschaftsgeschichte* in Berlin. Zurzeit schreibt er mit Unterstützung des *Referates Wissenschafts- und Forschungsförderung* der Stadt Wien an seiner Habilitation zu den Gestaltungsstrategien des Internationalen Psychoanalytischen Verlages, des Suhrkamp-Verlages und des Merve-Verlages.
Publikationen in Auswahl: Medienwechsel. Vom Nutzen und Nachteil der Sprache für die Schrift (Berlin 2006); mit Thomas Brandstetter (Hg.): Zeichen der Kraft. Wissensformationen 1800–1900 (Berlin 2007); ZeitSchriften. Von einer Revolution der Experimentalkultur im 19. Jahrhundert, in: Zeitkritische Medien, hg. von Axel Volmar (Berlin 2009); Zu den Akten. Verlags- und Wissenschaftsstrategien der frühen Wiener Psychoanalyse, in: Berichte zur Wissenschaftsgeschichte 3 (2009); Das Unbewusste im Schaufenster. Zur Typographie- und Farbpolitik des Internationalen Psychoanalytischen Verlages, in: Typographie und Literatur, hg. von Thomas Rahn und Rainer Falk (Frankfurt/M. 2010).

Danksagung

Die Aufsätze dieses Bandes sind aus Vorträgen zu einem Workshop hervorgegangen, den der Herausgeber im Dezember 2008 am *Max-Planck-Institut für Wissenschaftsgeschichte* (Abt. III) in Berlin veranstaltet hat.

An dieser Stelle noch einmal herzlichen Dank allen damals Beteiligten; insbesondere Hans-Jörg Rheinberger, Christoph Hoffmann und Karin Krauthausen sowie der Forschungsinitiative *Wissen im Entwurf*.

Während seiner Arbeit an der Druckversion hat der Herausgeber zuerst in der Stuttgarter *Akademie Schloss Solitude* und dann in den Cafés von Köln Station gemacht. Schließlich konnte er den Band als Research Fellow der Wiener Kulturabteilung *(Referat Wissenschafts- und Forschungsförderung)* abschließen.

Damit auch diese Vergangenheit nicht vergeht, möchte der Herausgeber hoffen, hier einen Anfang gemacht zu haben.

Wien, im Mai 2010